1968 — 2016

한마을 이야기 퐁니·퐁넛

Phong Nhị, Phong Nhất

한국, 베트남, 퐁니·퐁넛

고경태의 기록

1968 — 2016

한마을 이야기

Phong Nhị, Phong Nhất 퐁니·퐁넛

한국, 베트남, 퐁니·퐁넛

고경태의 기록

일러두기

* 이 책의 베트남어 표기는 국립국어원 외래어 표기법에 나오는 '베트남어 자모와 한글대조표'를 따랐다.
* 이 책은 2016년 9월9일부터 10월1일까지 서울 아트링크에서 열린 '한마을 이야기-퐁니·퐁넛 고경태 기록전'에 맞춰 출간되었다.

목 차

1968~2016
퐁니 · 퐁넛 48년,
두 명의 촬영자

고경태

48년 전, 스무 장의 사진에 붙은 설명문은 모호했다. 나는 그 사진 설명문의 수수께끼를 풀기 위해 현장에 갔다.

본(J. Vaughn) 상병은 사진을 찍었다.
미 해병 제3상륙전부대 소속인 그는 다낭으로부터 남쪽으로 25km 지점인 꽝남성 디엔반현 1번 국도에 위치한 연합작전중대 산하 경비대에서 근무했다. 1968년 2월12일 오전, 한국군 해병대가 서쪽 퐁니·퐁넛 마을로 들어서는 것을 보았다. 오후엔 그곳에서 총성과 폭음이 울리고 화염이 솟아오르는 것을 목격했지만 바로 진입하지 못했다. 1시간 반 뒤 무전 명령을 받고 상관인 실비아 중위와 함께 마을로 들어갔다. 평소 베트남전을 사진으로 남겨 보겠다는 생각을 하던 그의 손엔 카메라가 들려 있었다.

본 상병은 불타는 집터에서 구조를 하는 남베트남 민병대원과 주검을 수습하거나 부상자를 치료하는 미군, 공터에 널린 십여 구의 주검들, 홀로 쓰러진 여성과 아이를 향해 셔터를 눌렀다. 20여 장 필름을 흑백사진으로 인화해 상급 부대에 제출했다. 그리고 간단한 설명을 붙였다.

"처음으로 간 집."
"타 버린 집들."
"가슴이 잘린 채 살아 있는 여자."
"이 아이는 몸 어느 곳에도 상처가 없다."
"잿더미에 묻힌 마을 주민."
"총에 맞은 채 연못 근처에서 발견됨. 사진 가운데 임신한 여자는 가까운 거리에서 머리에 총을 맞음. 머리 앞이 날아감."

7 “어린이의 머리에 있는 벌어진 상처를 보면 근거리 사격이 분명하다.”
“여성들과 아이들이 가장 많이 발견된 곳 중의 하나.”

이 사진들은 74명이 주검으로 발견된 퐁니·퐁넛 사건의 미군 조사보고서에 첨부된 뒤, 군 당국에 의해 극비문서로 분류되었다. 미국 동부 메릴랜드의 미 국립문서보관소에서 관련 문서가 기밀해제된 것은 사건 뒤 32년 만인 2000년 6월1일이었다. 스무 장의 사진도 함께 빛을 보았다. 베트남전 당시 한국군의 민간인 학살 문제를 앞장서 보도해 온 한국의 시사주간지《한겨레21》은 2000년 11월23일치에 이 사진들과 관련 문서를 세계 최초로 보도했다. 표지 카피는 '베트남전 한국군 민간인 학살-미국 비밀보고서 최초공개!'로 뽑았다. 표지 이미지는 '가슴이 잘린 채 살아 있는 여자'의 사진이었다.

나는 사진을 찍었다.
2000년 5월부터 2016년 1월까지 총 6회 퐁니·퐁넛 마을을 방문했다. 나는 2000년 11월《한겨레21》에 본 상병이 촬영한 사진을 공개한 적이 있다. 2001년 4월 마을을 방문할 때는 본 상병의 사진 20장을 A4 크기로 출력해 갔다. 인민위원회를 통해 마을 주민들을 모아 사진 속 주검들을 보여 주었다. 이름은 무엇인지, 가족은 누구인지, 당시 사건의 앞뒤 정황은 어떠했는지를 조사했다. 주검 속 누군가의 아들, 엄마, 누이, 오빠, 형, 삼촌, 이웃들이 기억을 더듬어 입을 열었다.

익명의 주검들이 영화 속 등장인물처럼 부활했다. 대부분 한 문장에 불과했던 본 상병의 사진 설명문에 이야기의 살이 붙었다. '가슴이 잘린 채 살아 있다'라고 돼 있던 여자는 응우옌티탄으로 밝혀졌다. 동생 응우옌티호아가 증언했다. 옷을 짓는 일을 하던 열아홉 살 언니는 칼에 찔렸고, 당일 밤을 넘기지 못했다고 했다. “여성들과 아이들이 가장 많이 발견된 곳 중의 하나”라는 사진을 가리키며 가족들을 호명하는 이는 또 다른 여성 응우옌티탄이었다. 자신도 총에 맞아 죽을 뻔했다가 살아났다는 기적의 생존자였다. 그녀는 윗옷을 들어 올려 배의 상처를 보여 주었다. 한 노부부는 사진 한 귀퉁이에서 눈 뜨고 죽은 어린이가 아들 찐쩌라고 했다. 한 40대 남성은 젖가슴을 내놓고 죽은 여자가 어머니 하티지엔이라며 울먹였다. 그들의 얼굴을 향해 셔터를 눌렀다. 플래시를 터뜨렸다. 때로는 포즈를 요청했다.
12년간의 공백을 깨고, 조사는 2013년과 2014년을 지나 2016년까지 이어졌다. 나는 본 상병의 피상적인 설명문을 단서로 짤막한 에피소드를 넘어 수많은 주인공들의 고난과 눈물이 수록된 서사를 만들고자 했다. 이는《1968년 2월12일》(한겨레출판, 2015)이라는 책으로 하나의 매듭을 지었다.

1968년 2월12일 카메라를 들고 마을에 들어간 본 상병처럼

2000년부터 카메라를 메고 마을에 간 나는 프로 사진가가 아니었다.
적당히 노출과 포커스를 맞추고, 와이드샷과 클로즈업으로 밀거나 당겼다.
본 상병은 1968년 흑백 네거티브 필름을 썼을 것이다.
나는 2001년 컬러 슬라이드 필름을 썼고, 이후엔 디지털카메라를 썼다.
카메라와 필름 기술의 혁신만큼 그사이 세계는 롤러코스터를 탔다.
1973년과 1975년, 한국군과 미군은 베트남에서 무기력하게 철수했다.
1999년 한국에서는 베트남전 민간인 학살 문제가 쟁점으로 떠올랐다.
내가 일하는 한겨레신문사는 2000년 6월 참전군인들에 의해 점령되었다.
2015년 4월 나의 사진 속 생존자가 처음으로 한국을 찾아왔다.
자신의 사진이 수십 년 뒤 그 한국 신문사의 보도물이 될 줄 몰랐을 본 상병처럼
나도 내 사진이 아카이브전의 재료가 될 줄은 몰랐다.

본 상병이 1968년 2월12일에 찍은 흑백사진들은
내가 2000년대에 찍은 컬러사진으로 거듭났다.
주검들은 32년 만에 기밀 해제된 사진으로 자신의 존재를 알렸고
그 사진을 받아 들고 가족 또는 이웃과 뒤늦게 조우한 주민들은
내가 찍은 사진 속에서 그날의 사건을 증언했다.
본 상병의 사진은 참혹하다. 나의 사진은 담담하다.
담담한 표정 속에서 쏟아져 나오는 말들은 참혹한 사진보다 더 참혹하다.
학살이 시작됐다는 지점에 우뚝 선 아름드리 야유나무만 여전히 말이 없다.
그날 마을에선 무슨 일이 있었는가. 어떻게 죽었고 어떻게 살았는가.
살아남은 자들은 몸과 마음에 어떤 흉터를 간직해 왔는가.
지워지지 않는 흔적은 대한민국을 사는 이들에게 무엇을 말하는가.
한국과 베트남인들은 고통스러운 과거의 퍼즐을 오늘 어떻게 맞춰 나갈 것인가.

내가 만난 퐁니·퐁넛 사람들을 여러분에게 소개한다.

9

야유나무, 한 그루 살아 있는 향불

고경태 기록전 《한 마을 이야기 - 퐁니 · 퐁넛》

서해성 | 소설가 · 전시기획자

불의 기억으로 서 있는 나무 한 그루가 있다. 한국 말로 월남 광남성, 월남 말로 비엣남 꽝남Quảng Nam성 디엔반Điện Bàn현 퐁니Phong Nhị, · 퐁넛Phong Nhất 들판. 역사 지리적 위치로 볼 때 그 나무는 한국인이 부르는 세 가지 이름인 월남, 베트남, 비엣남 사이에 서 있다. 월남이 일찍부터 불러 온 이름이자 보통 쓰는 한자 이름이라면, 베트남은 발음 오류를 익숙하게 정당화하면서 한국인만이 사용해 온 호칭이고, 비엣남은 비엣남을 비엣남 자체로 보고자 하는 태도가 반영되어 있다고 할 수 있다.

퐁니 · 퐁넛 마을 사람 중 높이 십오 미터 남짓하고 큰 가지 열 몇 개를 산발하여 펼치고 있는 이 나무가 몇 살이나 먹었는지 정확히 아는 이는 없다. 어떤 노파는 백 년은 넘었다고도 하고 어떤 중씰한 사내는 1960년에 심었다고 제법 엄정하게 말하기도 한다. 어쨌든 그해 2월에도 이 나무는 거기 서 있었다.

나무는 독특한 생김새도 아니고 특별한 수종 또한 아니다. 비엣남 어딜 가든지 흔히 볼 수 있는, 한국으로 치자면 당산나무쯤 될 터이다. 푸른 벼가 자라고 있는 비엣남 들판을 건너다 보면 으레 만나게 되는 가지와 이파리 무성한 한 그루 열대 나무일 뿐이다.

나무 이름은 야유나무다. 야유나무 옆에는 마을 사당이 있고 거기에 돌 비석이 하나 서 있다. 빗돌에는 여러 사람들 이름을 새겨 놓았다. 모두 퐁니와 퐁넛 마을에서 죽은 사람들이다. 거기 이름이 박혀 있는 이들 대부분은 한 날 한 시에 세상을 떠났다. 해 질 무렵이면 야유나무의 그늘이 거기까지 드리워진다.

퐁니 마을은 260명이 사는 작은 동네였다.

퐁넛 마을은 300명이 사는 작은 동네였다.

그때나 지금이나 별반 다르지 않다.

1968년 2월12일 아침밥을 먹은 뒤, 한국군 청룡부대가 머물다 지나갔고 마을 사람들은 쓰러졌다. 74명이 죽었고 17명이 다쳤다. 유방이 잘린 소녀는 이튿날 죽었다. 그날 오후 미군이 마을에 들어왔고 누군가 사진을 찍었다. 야유나무 아래 비석은 그렇게 들어섰다.

죽은 자들이 그리우면 마을 사람들은 야유나무 아래로 갔다. 그날 칼에 찔렸다가 살아남은 자는 몸이 아파도 야유나무 그늘 밑으로 가 쉬었다. 바람이 불어오고 야유나무 나뭇잎이 흔들리면 사람들은 죽은 사람들이 돌아와 부르는 소리로 여겼다. 야유나무는 그늘 큰 어머니였고, 악기였고, 퐁니·퐁녓의 기억 저장소였고, 추모비였고, 한 그루 살아 있는 향불이었다.

이 전시는 그 나무 아래서 쓰러지고, 울고, 또 그걸 기억하며 살아가는 사람들에 관한 이야기다.

전쟁을 총체적으로 기억하는 보통 방식은 숫자다. 올해는 한국군이 월남전에 전투병을 파병한 지 51년이 되는 해이고 전쟁이 끝난 지 41년째가 된다. 한국군은 총 인원 32만 명을 파병했고 5,000명이 죽었다. 이 기록체계에서 인간의 죽음과 고통은 소멸해 버린다.

이 전시는 퐁니·퐁녓이라는 마을을 중심으로 전쟁을 기억하는 일에 관한 기록이다. 퐁니와 퐁녓은 두 마을이다. 다만 사건은 같은 날 일어났고 기록 또한 퐁니·퐁녓으로 전한다. 서로 지척인 까닭에 죽음과 고통 앞에서 두 마을은 하나의 운명이었다. 삶의 양식 또한 차이가 없다. 요컨대《한 마을 이야기》는 '한 개 마을'보다는 '어떤 마을 이야기'에 더 가깝다고 보면 되겠다. 핵심은 마을 중심의 전쟁기록이다.

간명히 말해 이 기록전은 3개의 장면으로 구성되어 있다고 할 수 있다. 그날 이전, 그날, 그날 이후다. '그날 이전'의 흑백 사진은 10장을 찾았는데 모두 인물사진이다. 단, '그날 이전'의 퐁니·퐁녓 마을이나 마을 공동체에 관한 기록은 한 장면도 없다. 퐁니·퐁녓은 한낱 한촌이기도 하지만 이전에 누구도 굳이 사진으로 남겨 놓지 않았다. 필시 대략 천 년 전에도 벼농사를 짓고 아이를 낳고 이와 같이 살아왔을 터였다. 진짜 오래 지속되는 건 따로 기록해 둘 필요가 없는 법이다.

'그날'을 수집하고 '그날 이후'를 기록해 온 이는 고경태다. 그는 한국군이 비엣남 땅에서 저지른 학살에 관한 보도를 맨 처음 시작한 시사주간지《한겨레21》기자 시절 이후 17년 동안 비엣남과 퐁니·퐁녓 마을을 찾아갔다. 귀신에 홀리지도 않았고 대단한 사명감으로 무장해 있었다고 짐짓 비장하게 꾸며 말하지도 않는다.

거기 죽음이 있었고, 죽음에서 살아 나온 자들이 있었고, 새로 태어나는 사람들이 있었다.

그는 야유나무를 중심으로 한 마을 이야기를 묵묵히 기록하고자 했을 따름이다.

야유나무에 향 한 줄기를 더하기 위하여.

1968~2016
48 năm Phong Nhất - Phong Nhị
Và hai người chụp ảnh

Koh Kyoung Tae

48 năm trước, dưới hai mươi tấm ảnh là mấy dòng chú thích mơ hồ.
Để tìm ra lời giải cho những câu đố ẩn sau mấy dòng chú thích đó, Koh Kyoung Tae đã tìm đến hiện trường.

Hạ sĩ J. Vaughn đã chụp ảnh.

Thuộc đơn vị Thủy bộ số 3 của thủy quân lục chiến Hoa Kỳ, hạ sĩ Vaughn phục vụ trong đội cảnh vệ của Chương trình phối hợp hoạt động cấp trung đội đóng trên quốc lộ 1, huyện Điện Bàn, tỉnh Quảng Nam, cách Đà Nẵng 25km về phía Nam. Sáng ngày 12 tháng 2 năm 1968, hạ sĩ Vaughn nhìn thấy một đơn vị thủy quân lục chiến Hàn Quốc tiến vào làng Phong Nhất – Phong Nhị. Đến chiều, nghe từ phía làng vang rền tiếng súng, lửa bốc ngùn ngụt nhưng đơn vị của ông không tiếp cận vào làng ngay được. Phải một tiếng rưỡi sau, sau khi nhận được mệnh lệnh qua máy điện đàm, ông mới cùng với cấp trên là trung úy Sylvia đi vào làng. Trên tay ông mang theo một chiếc máy ảnh bởi ông vẫn luôn muốn ghi lại chiến tranh Việt Nam bằng hình ảnh.

Hạ sĩ Vaughn hướng ống kính về nhóm địa phương quân Việt Nam Cộng hòa đang cứu trợ người bị nạn trên nền của những ngôi nhà đã bị lửa thiêu rụi, những lính Mỹ đang thu gom xác người hoặc đang cứu chữa người bị thương, hàng chục xác người trên một thửa đất trống, phụ nữ và trẻ em nằm chết trơ trọi… và bấm máy. Rửa hơn 20 tấm phim ra những tấm hình đen trắng, ông gởi lên cho đơn vị cấp trên. Kèm theo đó là mấy dòng chú thích sơ sài.

one of the first homes we came across.
"Những ngôi nhà chúng tôi tìm đến đầu tiên."

more burned homes.

"Những ngôi nhà bị thiêu cháy."

a young woman who was still alive and had her breast cut off.

"Một cô gái vẫn còn sống sau khi đã bị vạt đứt hai bên ngực."

This child did not have a mark on his entire body.

"Không có vết thương nào trên thân thể đứa trẻ này."

a dead villager buried under debris.

"Dân làng bị vùi trong tro bụi."

Both women found by pond shot. Pregnant woman in center was shot in head at close range. front of head blown out.

"Hai người phụ nữ bị đạn bắn được phát hiện gần ao nước. Người phụ nữ mang thai trong ảnh bị bắn vào đầu ở cự ly gần. Phần trước đầu bị văng ra ngoài."

a woman and her child, both shot at close range - evident by gaping wound in child's head.

"Nhìn vết thương trên đầu đứa trẻ, rõ ràng đã bị bắn ở cự ly gần."

one of the large groups of women and children, we found most of them dead.

"Một trong những nơi tìm thấy nhiều nhất xác phụ nữ và trẻ em."

Sau khi được gởi kèm theo báo cáo điều tra của lính Mỹ về vụ thảm sát ở làng Phong Nhất – Phong Nhị cùng với 74 xác người được phát hiện, những tấm ảnh này được cơ quan quân đội Mỹ phân loại thành tài liệu tuyệt mật. Ngày mà những tài liệu liên quan trong Khu Lưu trữ Văn thư Quốc gia Hoa Kỳ ở Maryland, miền Đông nước Mỹ được giải mật là ngày 1 tháng 6 năm 2000, tròn 32 năm sau vụ thảm sát. Hai mươi tấm ảnh cũng nhờ đó đã được đưa ra ánh sáng. Là tờ tạp chí tin tức đầu tiên đăng tải những bài báo về vấn đề thảm sát thường dân của quân đội Hàn Quốc trong chiến tranh Việt Nam, tờ《Hankyoreh 21》số ra ngày 23 tháng 11 năm 2000 lần đầu tiên đã công bố ra thế giới những hình ảnh và tài liệu liên quan đến sự kiện này. Trên trang bìa của báo in đậm dòng chữ "Thảm sát thường dân của quân đội Hàn Quốc trong chiến tranh Việt Nam - Lần đầu công khai hồ sơ mật của Mỹ". Hình ảnh được đưa lên trang bìa tờ báo là tấm hình "Một cô gái vẫn còn sống sau khi đã bị vạt đứt hai bên ngực".

Koh Kyoung Tae đã chụp ảnh.

Là một nhà ngôn luận, từ tháng 5 năm 2000 cho đến tháng 1 năm 2016, tổng cộng 6 lần anh tìm đến làng Phong Nhất – Phong Nhị. Chính anh là người đầu tiên công bố ra thế giới những tấm hình họa sĩ Vaughn đã chụp. Tháng 4 năm 2001, lần đầu tiên đến thăm làng, anh đã in 20 tấm hình của họa sĩ Vaughn ra cỡ A4 và mang theo. Được sự hỗ trợ của ủy ban xã, anh đã tập hợp những người dân trong làng và trình ra những tấm hình chụp những xác chết trong vụ thảm sát. Anh đã điều tra tên của những người trong ảnh là gì, gia đình gồm những ai, tình hình trước và sau vụ việc lúc đó như thế nào. Lần lượt, những người là con trai, là mẹ, là chị, là anh, là chú, là hàng xóm của một xác chết nào đó trong hình lần giở ký ức và bắt đầu kể những câu chuyện của ngày quá khứ.

Những xác chết vô danh đã hồi sinh, sống động như những nhân vật trong một bộ phim. Mấy dòng chú thích sơ sài không dài quá một câu của họa sĩ Vaughn nay đã có da có thịt với những câu chuyện kể của người còn sống. Cô gái được gọi là người "vẫn còn sống sau khi ngực đã bị vạt đứt" tên là Nguyễn Thị Thanh. Người em của cô là Nguyễn Thị Hoa kể, ngày ấy người chị 19 tuổi làm thợ may của cô đã bị đâm chém bằng dao, và chị cô đã không thể qua khỏi trong đêm ấy. Người vừa chỉ tay vào tấm hình "Một trong những nơi phát hiện thấy nhiều nhất xác phụ nữ và trẻ em", vừa hô tên những người trong gia đình mình lại là một cô Nguyễn Thị Thanh khác. Bản thân cô cũng là một nạn nhân còn sống của vụ thảm sát như một kỳ tích khi cô đã bị trúng đạn đến gần chết. Cô vén vạt áo lên chỉ vào vết sẹo trên bụng mình. Một cặp vợ chồng già nói rằng đứa trẻ chết không nhắm mắt ở một góc trong ảnh chính là đứa con trai của mình tên là Trịnh Chờ. Một người đàn ông độ tuổi 40 nghẹn ngào nói rằng người phụ nữ nằm chết với bộ ngực lộ ra chính là mẹ của mình, tên là Hà Thị Diên. Anh hướng máy về khuôn mặt của những người này và bấm máy. Đèn flash lóa lên. Đôi lúc, anh cho chỉnh lại những tư thế người để chụp.

12 năm vén bức màn che giấu sự thật, cuộc điều tra lại tiếp tục được thực hiện vào năm 2013, 2014 rồi kéo dài đến năm 2016. Koh Kyoung Tae đã cố gắng vượt qua khỏi thước phim ngắn dạo đầu là những lời chú thích miêu tả sơ sài của họa sĩ Vaughn để dựng nên một câu chuyện dài bất tận ghi lại những nỗi đau và những giọt nước mắt của bao nhiêu nhân vật chính. Câu chuyện dài này đã được đúc kết thành cuốn sách với tựa đề "Ngày 12 tháng 2 năm 1968" (NXB Hankyoreh, 2015).

Cũng như họa sĩ Vaughn, người đã mang máy ảnh đi vào làng vào ngày 12 tháng 2 năm 1968, Koh Kyoung Tae - người bắt đầu từ năm 2000 đã đeo máy ảnh lên vai bước vào làng, cũng không phải là một nhiếp ảnh gia chuyên nghiệp.

Anh chỉ biết nhắm cảnh nền, chỉnh tiêu điểm cho vừa vặn, biết đẩy tới hoặc kéo lùi để phóng to hay thu nhỏ.

Năm 1968, họa sĩ Vaughn có lẽ đã sử dụng phim âm bản trắng đen.
Năm 2001, Koh Kyoung Tae đã sử dụng phim màu, và sau này là máy ảnh kỹ thuật số.
Trong khoảng cách thời gian đủ cho sự nhảy vọt giữa phim âm bản và kỹ thuật số, thế giới cũng đã lao mình trên một con tàu lượn siêu tốc.
Năm 1973 và năm 1975, quân đội Hàn Quốc và quân đội Mỹ đã lầm lũi rút quân về nước.
Năm 1999, tại Hàn Quốc, vấn đề thảm sát thường dân trong chiến tranh Việt Nam nổi lên như một vấn đề gây tranh cãi gay gắt.

Tháng 6 năm 2000, tòa soạn báo Hankyoreh nơi Koh Kyoung Tae làm việc đã bị các cựu chiến binh Hàn Quốc bao vây chiếm lĩnh.
Tháng 4 năm 2015, nạn nhân còn sống sót trong bức hình chụp của Koh Kyoung Tae lần đầu tiên đặt chân đến Hàn Quốc.
Giống như họa sĩ Vaughn không bao giờ có thể ngờ rằng một bức ảnh của mình mấy chục năm sau lại được đăng tải trên báo chí Hàn Quốc, Koh Kyoung Tae cũng chưa từng nghĩ rằng những bức hình mình chụp một ngày nào đó lại trở thành tài liệu của triển lãm về lưu trữ.

Những bức ảnh đen trắng do họa sĩ Vaughn chụp vào ngày 12 tháng 2 năm 1968, đến những năm 2000 đã được Koh Kyoung Tae chụp lại thành những bức ảnh màu.
Những xác chết sau 32 năm đã lên tiếng về sự tồn tại của mình qua những tấm hình được giải mật.
Còn những người dân, mãi đến lúc cầm trên tay mình những tấm hình ấy, họ mới muộn màng tìm lại được người thân, hàng xóm của mình.
Và từ trong những tấm hình chụp của Koh Kyoung Tae, họ là người làm chứng cho sự kiện của ngày ấy.
Hình chụp của họa sĩ Vaughn là những bức hình ảnh thảm khốc. Hình chụp của Koh Kyoung Tae lại trầm tĩnh.

Nhưng những lời nói tuôn ra từ những khuôn mặt trầm lặng ấy còn thảm khốc hơn cả những bức hình thảm khốc.
Chỉ có cây da dù đứng sừng sững ở điểm bắt đầu vụ thảm sát vẫn thinh lặng, không nói một điều gì.
Chuyện gì đã xảy ra ở làng ngày ấy? Người trong làng đã chết như thế nào, đã sống dậy ra sao?
Những người còn sống mang theo trên người, mang theo trong lòng những vết sẹo gì?

Những hằn tích không thể xóa mờ này nói gì với những con người sống ở Đại Hàn Dân Quốc? Bằng cách nào để ngày hôm nay, người Hàn Quốc và người Việt Nam có thể hàn gắn lại những mảnh vỡ của quá khứ đau thương này?

Xin giới thiệu đến quý vị những con người Phong Nhất – Phong Nhị mà Koh Kyoung Tae từng gặp gỡ.

Cây da dù, Một nén hương sống

Triển lãm tài liệu lưu trữ của Koh Kyoung Tae

《Chuyện một làng quê – Phong Nhất-Phong Nhị》

Suh Hae Sung

Có một bóng cây lặng đứng với ký ức của lửa. Cánh đồng của thôn Phong Nhất, Phong Nhị, huyện Điện Bàn, thuộc tỉnh Quảng Nam, Việt Nam, mà tiếng Hàn Quốc vẫn gọi là tỉnh Gwang-nam, Wol-lam.
Xét về vị trí địa-lịch sử, cái cây này đứng ở khúc giữa của đất nước mà người Hàn Quốc thường gọi bằng ba tên gọi khác nhau: Wol-lam, Be-tu-nam, và Vi-et-nam.

Có thể nói rằng, nếu Wol-lam là tên gọi theo phiên âm Hán tự được sử dụng từ cách đây rất lâu, thì Be-tu-nam là tên gọi được hợp thức hóa cho thói quen phát âm sai và chỉ có người Hàn Quốc sử dụng từ đó đến nay. Còn Vi-et-nam là tên gọi phản ánh được lập trường nhìn nhận Việt Nam là Việt Nam, như tự thân của nó.

Không một ai trong làng Phong Nhất-Phong Nhị biết đích xác cái cây cao tầm hơn mười lăm thước, tỏa bóng với mười mấy cành vươn dài ra kia được bao nhiêu tuổi. Có cụ bà nói rằng cây đã hơn trăm tuổi, nhưng cũng có một người đàn ông trung niên khẳng định chắc nịch rằng cây này được trồng từ những năm 1960. Dẫu sao thì tháng 2 năm đó, cái cây đã có ở đây rồi.

Cây cũng không phải có hình thù độc đáo hay thuộc một giống cây đặc biệt nào. Đó là cái cây có thể bắt gặp ở bất cứ đâu ở Việt Nam, tương tự như mấy cây cổ thụ giữ làng của Hàn Quốc. Nó chỉ là một cái cây ở xứ nhiệt đới, sừng sững với cành lá sum sê mà ai cũng có thể bắt gặp khi phóng tầm nhìn ra xa qua khỏi cánh đồng lúaViệt Nam mượt mà, xanh tốt. Tên của cây là cây da dù. Bên cạnh cây da dù là miếu thờ thành hoàng của làng, và ở đó có dựng một bia đá. Trên bia đá có ghi khắc tên của nhiều người. Thảy đều là những người đã chết ở làng Phong Nhất và Phong Nhị này. Hầu hết những người có tên khắc trên bia đá này đều đã lìa đời trong cùng một ngày, cùng một giờ. Cứ hễ đến lúc mặt trời lặn, cây da dù lại vươn cành phủ bóng đến tận bia đá.

Làng Phong Nhị vốn là một xóm nhỏ với 260 người sinh sống.
Làng Phong Nhất vốn là một xóm nhỏ với 300 người sinh sống.
Ngày đó cũng không khác biệt gì.

Sau bữa cơm sáng ngày 12 tháng 2 năm 1968, đơn vị Rồng Xanh của quân đội Hàn Quốc kéo vào làng trong một lúc rồi bỏ đi, và nhiều dân làng đã nằm xuống. 74 người chết và 17 người bị thương. Cô gái bị vạt đứt hai bên ngực qua ngày hôm sau cũng chết. Buổi chiều hôm đó, lính Mỹ kéo vào làng, một ai đó đứng chụp hình. Tấm bia đã được dựng lên dưới cây da dù như thế.

Mỗi khi nhớ người đã chết, dân làng lại tìm đến gốc cây da dù. Ngày đó từng bị dao đâm nhưng may mắn còn sống, thân xác giờ có đau đớn vẫn thường tìm về dưới bóng cây da dù để nghỉ ngơi. Hễ thấy gió thổi và lá cây da dù rung rinh, dân làng lại tưởng đó là tiếng những người chết tìm về gọi vọng. Cây da dù là người mẹ tỏa bóng miên man, là nhạc khí, là nơi lưu giữ những ký ức của Phong Nhất-Phong Nhị, là bia tưởng niệm, là một nén hương sống.

Triển lãm này là câu chuyện về những người đã nằm xuống, những người đã khóc, và cả những người còn ôm giữ ký ức ấy mà tiếp tục sống dưới bóng cây da dù. Những con số vẫn là cách thông thường để ghi nhớ một cách tổng thể về một cuộc chiến tranh. Năm nay là kỷ niệm 51 năm ngày quân đội Hàn Quốc được phái sang tham chiến ở chiến trường Việt Nam, cũng là kỷ niệm 41 năm kết thúc chiến tranh. Quân đội Hàn Quốc đã phái đi tổng cộng 320.000 người, và hơn 5.000 người đã chết. Trong phương thức ghi chép này, cái chết và nỗi đau của con người hoàn toàn vắng mặt.

Triển lãm là một ghi chép về việc ghi nhớ về chiến tranh, lấy tâm điểm là làng Phong Nhất-Phong Nhị. Phong Nhất và Phong Nhị là hai làng riêng biệt. Thế nhưng vụ việc cùng xảy ra vào một ngày và trong ghi chép vẫn gọi chung thành Phong Nhất-Phong Nhị. Chỉ vì nằm cạnh nhau mà cả hai ngôi làng đành phải chịu chung một số phận trước cái chết và nỗi đau. Đến cả đời sống của hai làng cũng không có gì khác biệt. Rốt cuộc, chuyện một làng quê ở đây không hẳn là chuyện của chỉ "một ngôi làng" mà có lẽ nó sẽ gần hơn với "chuyện một ngôi làng nọ". Cái chính là những ghi chép chiến tranh xoay quanh ngôi làng. Một cách vắn tắt, có thể nói rằng triển lãm tài liệu lưu trữ này bao gồm 03 bối cảnh chính. Trước ngày ấy, ngày ấy, và sau ngày ấy. Những tấm hình đen trắng tìm được của "Trước ngày ấy" có khoảng hơn 10 tấm và đều là những ảnh chụp người. Tuyệt không một hình ảnh ghi chép nào về làng Phong Nhất-Phong Nhị, hay về cộng đồng dân cư trong làng của "Trước ngày ấy". Phong Nhất, Phong Nhị cũng chỉ là một thôn quê mà thôi, mà thời đó, không ai chụp ảnh nó làm gì. Hẳn từ ngàn năm trước, đây cũng đã là vùng đất nơi con người trồng lúa, đẻ con và cùng nhau sinh sống. Vốn dĩ những thứ đã có từ lâu thật lâu thì đâu cần gì mà phải ghi chép lại.

Người thu thập về "Ngày ấy" và ghi chép về "Sau ngày ấy" chính là Koh Kyoung Tae. Từ sau thời gian làm phóng viên tạp chí thời sự "Hankyoreh 21" đi đầu trong việc đăng tải loạt bài về những cuộc thảm sát mà quân đội Hàn Quốc gây ra ở Việt Nam, suốt 17 năm qua, anh đã nhiều lần sang Việt Nam, tìm đến làng Phong Nhất-Phong Nhị. Anh không phải bị ma quỷ ám, anh cũng chẳng hề cố tỏ ra mạnh mẽ, phô trương rằng mình đang gánh vác một sứ mệnh cao cả…

Ở nơi ấy đã có những chết chóc, có những người sống dậy từ chết chóc, và có những con người mới cất tiếng khóc chào đời. Anh chỉ lặng lẽ âm thầm ghi lại câu chuyện một làng quê có cây da dù là tâm điểm. Ấy cũng là để thắp thêm một nén hương dưới cây da dù.

베트남어 번역

응우옌응옥뚜옌(다낭대학교 강사 · 중앙대학교 국문학과 박사과정)

Dịch tiếng Việt: Nguyễn Ngọc Tuyền (Giảng viên tiếng Hàn Đại học Ngoại ngữ - Đại học Đà Nẵng, Nghiên cứu sinh khoa Ngữ văn tiếng Hàn, Đại học Chung-Ang)

19

1968~2016 Phong Nhi·Phong Nhat 48 years Two men with cameras

Koh Kyoung Tae

The stories behind the photographs from 48 years ago were mostly unknown. Koh Kyoung Tae went to the site to put together the painful puzzle of the past

Corporal J. Vaughn had always thought to document the Vietnam War in photographs, and on the morning of February 12, 1968, he saw the Korea Marine Corps entering Phong Nhi·Phong Nhat villages in the west. Vaughn belonged to the 3rd Assault Amphibian Battalion of the U.S. Marine Corps served in a guard platoon under the combined operation company located near Route 1 in Dien Ban prefecture, Quang Nam province, 25km to the south of Danang.

In the afternoon, he heard gunfire and explosions and saw flames blast off in the villages, but could not enter right away. One and a half hours later, after receiving a radio command, he went into the villages with First Lieutenant Silvia, his superior.

Vaughn captured images of South Korean soldiers rescuing civilians from burning houses, U.S. soldiers collecting dead bodies or treating the wounded, dozens of dead bodies scattered in a vacant lot, a woman who collapsed alone, and children. He submitted around 20 photographs to the upper level unit. He added brief caption information for each photograph.

"One of the first homes we came across."

"More burned homes."

"A young woman who was still alive and had her breast cut off."

"This child did not have a mark on his entire body."

"A dead villager buried under debris."

"Both women found by pond shot.
Pregnant woman in center was shot in head at close range.
Front of head blown out."

"A woman and her child, both shot at close range -
evident by gaping wound in child's head."

"One of the large groups of women and children,
we found most of them dead."

These photographs were classified as top-secret documents by the U.S. military after being attached to a U.S. military investigative report on the incident of Phong Nhi·Phong Nhat, in which there were 74 reported casualties. It was not until June 1, 2000, 32 years after the incident, that the relevant documents were declassified in the National Archives and Records Administration in Maryland.

The 20 photographs were also disclosed with the documents. The Hankyoreh21, a Korean weekly newsmagazine that played a leading role in reporting the issue of the massacre of unarmed civilians by ROK armed forces at the time of the Vietnam War. The Hankyoreh21 printed these photographs and the relevant documents on November 23, 2000 in a cover story titled, "The Massacre of Unarmed Civilians by the ROK Armed Forces during the Vietnam War - the First Disclosure of a Confidential U.S. Report." The cover image was "a photo of a young woman who was still alive and had her breast cut off".

Koh Kyoung Tae took photographs.
Koh, a journalist visited the villages of Phong Nhi·Phong Nhat a total of six times from May 2000 to January 2016. It was he who revealed Vaughn's photographs to the world for the first time. When he visited the villages in April 2001, he brought with him Vaughn's 20 A-4-sized photographs Through the Local People's Committee, the photographs were shown to the villagers. An investigation was carried out to determine the identities of the dead bodies, their families, and the circumstances of their deaths. The relatives, parents, children, siblings, and neighbors of those in the photos recalled

their faded memories and started to tell their stories.

The unidentified bodies were revived like characters in a movie.
Most of Vaughn's single-sentence captions began to acquire more detail. "A young woman who was still alive and had her breast cut off" was identified as Nguyen Thi Thanh. Her sister Nguyen Thi Hoa said that her elder sister made clothes for a living. 19 years old at the time, she was stabbed and did not make it through the night. Pointing at the photograph captioned "One of the large groups of women and children, we found most of them dead", another heroine Nguyen Thi Thanh called out the names of her family members. She was a miraculous survivor who was almost shot to death. She lifted her shirt to show a scar on her abdomen. An elderly couple said that the child who died with his eyes open, seen in a corner of the photograph, was their son Chin Tra. A man in his 40s sobbingly said that the woman who was killed with her breasts exposed was his mother Ha Thi Chien. Koh Kyoung Tae pressed the shutter of the camera and the flash flared up. He asked them to pose for a few photographs.

After a gap of 12 years, the investigation resumed in 2013 and has continued until 2016. Koh Kyoung Tae wanted to go beyond simply writing short episodes using clues that he could find out from Vaughn's captions, but to develop an epic story describing the suffering and tears of countless people. These anecdotes were compiled into a book titled "February 12th, 1968" (Hankyoreh Publishing, 2015).

Like Vaughn who stepped into the villages with a camera on February 12, 1968, Koh Kyoung Tae was not a professional photographer. After roughly setting the exposure and focus, he zoomed in and out using wide and closeup shots.

Cpl. J. Vaughn might have used black-and-white negative films in 1968.
Koh Kyoung Tae used color-slide films in 2001 and after that, switched to a digital camera. Like camera and film technology innovations, the world has been on a roller coster during that period of time. In 1973 and 1975, the ROK armies and US forces helplessly withdrew from Vietnam. In 1999 in Korea, the civilian massacres during the Vietnam war emerged as a hot issue. The headquarters of the Hankyoreh, a daily newspaper, for which Koh Kyoung Tae was working, was occupied in June 2000 by Vietnam War Korean veterans. April 2015, a survivor in one of Koh Kyoung Tae's photographs came to Korea for the first time. Like Vaughn who did not know that his photographs would be published in a Korean newspaper decades later, Koh Kyoung Tae never imagined that his

photographs would be displayed in an archive exhibition.

The black-and-white photographs taken on February 12 1968 by Vaughn were reborn into the color ones taken in the early 21st century by Koh Kyoung Tae. The photographs were declassified after 32 years and let the world know of the casualties. Through the photographs taken by Koh Kyoung Tae, belatedly being reunited with their family members or neighbors, villagers testified about that day's incident. Vaughn's photographs are horrific; Koh's photographs are calm.

Only the large banyan tree standing tall at the site of the massacre still remains silent. What happened in the villages on that day? How people died and how many survived? What kind of scars have those survivors kept in their bodies and hearts? What do the indelible marks say to those living in Korea? How will Koreans and Vietnamese put together the painful puzzle of the past?

You are going to be introduced to the people in Phong Nhi·Phong Nhat whom Koh, Kyoung Tae met.

The banyan tree : A kind of living Incense

Koh Kyoung Tae Photo Exhibition《A Village Story - Phong Nhi·Phong Nhat》

Suh Hae-Sung

There is a tree that stands with memories of fire. It is called Gwangnamseong Wollam in Korean or Quangnam Vietnam in Vietnamese.

Fields in Phong Nhi and Phong Nhat in Dien Ban county, Quang Nam province.

Given the history and geographical location, the tree is in Vietnam, which Koreans also call Wollam and Beteunam.

Koreans have called Vietnam Wollam, a Chinese character, for a long time. Beteunam is the way it is pronounced in Vietnam, and the same pronunciation has continuously been used only by Koreans. Vietnam may reflect Koreans' attitude to accept Vietnam as Vietnam itself.

No one in Phong Nhi and Phong Nhat knows exactly how old the tree is, which is about 15 meters high and has dozens of branches. An elderly lady says it is more than 100 years old and a middle-aged man quite firmly says it was planted in the 1960s. After all, the tree was also there in February of that year.

The tree does not look unique and is not special species. You can see these trees anywhere in Vietnam. They will probably be similar to village guardian trees in Korea. It is one of the tropical trees with lots of branches and leaves, which are commonly seen in paddy fields in Vietnam.

The tree's name is banyan tree. A village shrine is next to the tree and there is a stone monument. Many people's names are inscribed on a memorial stone. All of them died in Phong Nhi and Phong Nhat. Most of them died at the same time of the day. The tree cast a long shadow over the stone at dusk.

Phong Nhi was a small village in which only around 260 people lived.

Phong Nhat was a small village where only about 300 people lived.

That day was another typical day.

February 12, 1968, after breakfast, Blue Dragon units of ROK troops entered the village and the villagers began to collapse. 74 people died and 17 people were injured. A girl who had her breast cut off died the following day. US troops came to the village that afternoon and photographs were taken. Then the memorial stone was erected.

When villagers miss those who passed away, they go to the tree. Those who were stabbed and survived go to the tree to get some rest whenever they do not feel well. When the tree's leaves are shaken by the wind, the villagers believe it is the dead people come back and cause the shaking. The banyan tree is a mother with a great shadow, a musical instrument, a repository of memories of Phong Nhi and Phong Nhat, a monument, and a living incense stick.

The exhibition tells a story about people who died and are alive crying for and remembering those dead under the tree. An usual way to collectively remember a war is looking at numbers. This year marks 51st anniversary of Korea's dispatching troops to the Vietnam War, which ended 41 years ago. 320,000 Korean solders were sent and 5,000 of them died. Those numbers do not capture the agony many people experienced.

The exhibition is a record of what happened in Phong Nhi·Phong Nhat during the war. Phong Nhi and Phong Nhat are two villages. However, the incident took place on the same day and the record is also known as Phong Nhi·Phong Nhat, as the two villages were so close that they had the same destiny in respect to death and distress. The villagers' lifestyles were not different. In short, a village's story is more likely to be some villages' story rather than just one village's story. The key is a history of the war focusing on villages.

It can be said that the exhibition consists of three scenes, which are "before the day", "the day", and "after the day". Around 10 black and white photos were taken "before the day". They are all portraits. None of them show either Phong Nhi·Phong Nhat or the community. Phong Nhi·Phong Nhat are just rural villages, and no one bothered to take photographs of them. About a thousand years ago, the villagers must have planted rice and had children like anyone else. There isn't a need to record what lasts for a long time.

Koh Kyoung Tae is the one who has been collecting things about "the day" and recording what happened "after the day". He has visited Phong Nhi and Phong Nhat for 17 years since he became a reporter at Hankyoreh21, a Korean weekly newsmagazine which first reported on the massacre committed by Korean troops in the Vietnam War. He has never been haunted or has not exaggerated that he is fully and proudly committed to revealing the truth.

Some people died, some survived and babies have been born there. He just wanted to quietly talk about a village's story focusing on the banyan tree to add an incense stick to the tree.

영문번역

손영숙 (펄스어학원 강사 및 통번역사·서울외국어대학원대학교 번역 석사)

Son Young-sook (English instructor & Interpreter·Translator. Master of Translation, Seoul University of Foreign Studies Graduate School of Interpretation and Translation)

민미경 (통번역사·선문대학교 통번역대학원 통번역 석사)

Min Mi-Kyung (Interpreter·Translator. Master of Interpretation & Translation, Graduate School of Interpretation & Translation, Sun Moon University)

퐁니. 퐁넛과 나

1999~2016

두 명의
응우옌티탄 이야기를
축으로

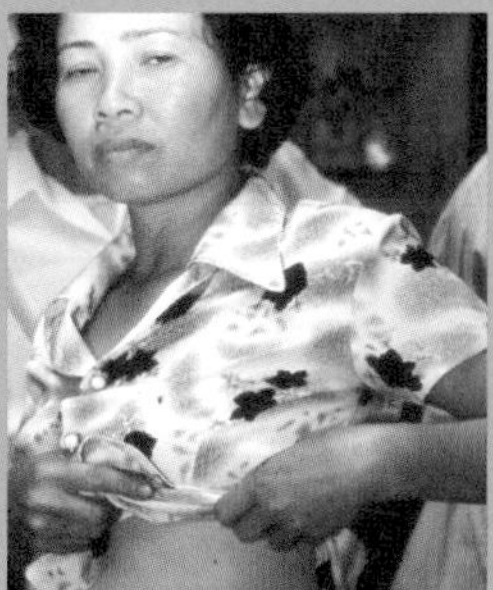

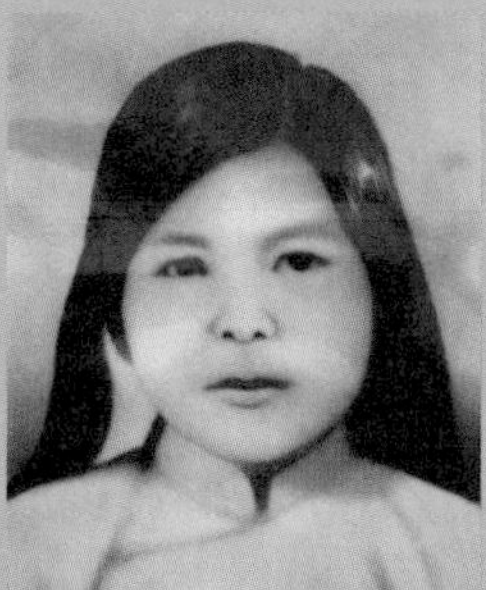

#1. 2015년 4월, 인천공항

식은땀이 났다. 카메라가 없었다.

탄 아주머니가 한국에 오기로 한 날이었다. 설마 가능할까 싶었는데, 이루어졌다. 한국 외무부에서 비자를 내주지 않을지 모른다고 걱정했다. 한국에 대한 두려움 탓에 본인이 강한 거부 의사를 표시할 지도 몰랐다. 초기에 봉착했던 여러 난제를 뚫고 마침내 오기로 했다. 탄, 그러니까 응우옌티탄 아주머니는 고향인 꽝남성 디엔반현 디엔안사 퐁니촌 1번국도변 집에서 나와 다낭을 거쳐 현재 호찌민에 있다고 했다. 떤선녓 공항에서 밤비행기를 타고 아침 6시경 인천공항에 도착한다고 했다.

2015년 4월4일, 그날 공항에 나가기로 했다. 그녀가 공항 입국장 문으로 나오는 장면을 카메라에 담고 싶었다. 역사적 순간이었다. 개인적 인연도 특별했다. 나는 그녀가 죽음의 수렁을 탈출해 한참의 시간이 흐른 뒤 처음 만난 한국인이었다. 그 이후에도 그녀를 여러 차례 인터뷰했다. 내 기록의 중심엔 탄 아주머니가 있었다.

그녀는 혼자 오지 않았다. 위로와 힘이 되는 두 사람이 동행했다. 공항에 나가는 이 또한 나 혼자가 아니었다. 그들을 초청한 한국 단체의 활동가들과 방송 촬영 팀 등 십여 명 넘는 환영단이 마중 나갈 계획이었다. 탄 아주머니는 왜 한국에 오기로 했을까. 한국에선 왜 환영단까지 꾸린 걸까. 나는 5일 전 그들의 한국 방문 소식을 다음과 같은 기사로 보도했다.

> 베트남전 당시 한국군 주둔 지역에서 발생한 민간인학살 피해자 2명이 한국에 온다. 사단법인 평화박물관(이사장 이해동)은 지난 28일 "광복 70년, 베트남전 종전 40년을 맞아 4월7일부터 개최하는 '이재갑 사진전-하나의 전쟁, 두 개의 기억'에 맞춰 전쟁 피해자 응우옌떤런(64), 응우옌티탄(55) 씨와 호찌민 시 전쟁증적박물관장 후인응옥번(53) 씨를 초청했다"고 밝혔다. 이들은 4월4일 인천공항으로 입국해 첫날 경기도 광주 나눔의 집 위안부 역사관 방문을 시작으로 일주일간 국회를 비롯해 서울·부산·대구에서 열리는 초청간담회에 참석한다. 베트남전 당시 한국군 주둔 지역의 민간인학살 생존자가 한국에 오기는 처음으로, 1965년 10월 한국군이 베트남전에 전투병력을 최초로 파병한 이후 50년 만이며, 1975년 4월30일 사이공 함락으로 베트남전이 종료되고 남베트남이 패망한 지 40년 만이다.
>
> 응우옌떤런 씨는 1966년 2월15일 주민 65명이 희생된 맹호부대 주둔지 인근 빈딘성 따이빈사

(옛 이름 빈안사) 안빈 마을에서, 응우옌티탄 씨는 1968년 2월12일 주민 74명이 희생된 청룡부대 주둔지 인근 꽝남성 디엔반현 퐁니·퐁넛 마을에서 왔다. 사건 당일 맹호부대원들의 민가 수색 과정에서 어머니와 누이동생을 잃고 하 반신에 수류탄 파편이 박혀 평생 고통을 받아온 응우옌떤런씨는 2003년 한국인 의료단체인 베트남평화의료연대의 도움으로 파편 제거수술을 받기도 했다. 응우옌티탄 씨는 마을로 들어온 청룡부대원들에 의해 어머니, 언니, 남동생, 이모, 사촌동생 등 가족 다섯 명을 잃고 오빠는 불구가 되었으며, 본인도 배에 총을 맞아 장기가 밖으로 나오는 중상을 입어 1년간 입원치료를 받았다. 그날의 기억과 후유증을 안고 평생을 살아왔다는 두 사람은 미리 준비한 성명서에서 "잔인한 학살과 고통스러운 비명으로 기억되는 '학살의 소리'는 아직도 머릿속에 살아 있다"며 "우리의 방문으로 한국 사회에서 베트남전쟁에 대한 깊이 있는 논의가 이뤄지길 기대한다"고 밝혔다.

(중략)

초청행사를 기획한 평화박물관의 석미화 사무처장은 "베트남전 한국군 피해자들의 첫 한국 방문은 종전 40주년을 맞아 시민사회 차원에서 두 나라 간에 아픈 역사를 새롭게 되돌아보자는 취지로, 1992년 위안부 출신 할머니들의 첫 도쿄 방문에 비견될 만한 일"이라고 말했다.

베트남전 기간인 1965~1973년 연인원 32만 명을 파병한 한국군은 베트남전 당시 북베트남군과 남베트남민족해방전선 게릴라(베트콩) 등 적군 5만여 명을 사살(아군 사망 5000명)했다는 전과만을 공식적으로 밝혀 왔지만, 1999년 9월 시사주간지 《한겨레21》이 베트남전 한국군 작전지역인 중부지방 5개 성 피해자 인터뷰를 처음 보도한 이후 9000명 이상의 민간인을 학살했다는 의혹과 논란에 휩싸여 왔다.

'베트남전 학살' 생존자 2명 첫 방한, 고경태, 《한겨레》 2015년 3월30일치

예측하지 못한 사태가 벌어졌다. 늦잠을 자고 말았다. 2015년 4월4일 아침, 5시 반으로 맞춰 놓은 알람을 듣지 못했다. 전날 신문 마감을 끝내고 술을 마시다 새벽에 귀가한 탓이었다. 눈을 뜨니 시곗바늘은 6시를 넘어서 있었다. 부리나케 일어나 세수도 하지 않고 옷을 입었다. 체념하기엔 일렀다. 비행기 도착이 지연되거나 입국수속이 늦어질 수 있으니 말이다.

공항으로 가는 좌석버스는 포기했다. 휴대폰으로 택시를 불렀다. 베란다 수납장 속에 넣어 둔 카메라가방을 뒤졌다. 카메라를 꺼내, 들고 갈 배낭에 옮겨 넣었다. 택시에 올라 숨을 돌렸다. 서둘러 가면 된다. 20분쯤 지났을까. 택시는 인천공항 톨게이트를 통과했다. 30여 분이 남았다. 나는 혹시나 하는 노파심에 배낭 지퍼를 열고 손을 넣어 카메라를 확인했다. 헉. 갑자기 머릿속이 하얘졌다. 배낭 속을 더듬는 내 손길에 렌즈가 잡히지 않았다. 급하게 챙기느라, 분리해 놓은 카메라 본체와 렌즈 중 본체만 가져온 것이다. 이제 그것은 무용한 쇳덩어리에 불과했다.

숨을 몰아쉬며 인천 공항 입국장 로비에 들어서니, 그녀를 비롯한 세 명의 손마다 꽃다발이 가득했다. 한국의 환영단 일행과 반가운 인사를 나누는 중이었다. 탄 아주머니는 환하게 웃었지만, 어두운 그늘이 완전히 가시지 않은 표정이었다. 처음으로 딛는 이국땅이었다. 자신의 가족

5명을 살해하고 오빠와 어린이였던 자신마저 죽이려 한 남자들의 나라였다. 난 쭈뼛쭈뼛 주변을 얼쩡거리다 탄 아주머니에게 알은척을 했다. 그녀가 나를 알아보고는 웃음을 지으며 손을 잡아 주었다. 휴대폰 카메라로 탄 아주머니의 입국 기념사진을 찍었다. 나중에 확인해 보니 초점이 나가 있었다. 나는 칠칠맞은 아마추어였다.

©고경태

2015년 4월4일 아침, 휴대폰으로 찍은 사진. 퐁니 마을 생존자 응우옌티탄(가운데)과 빈딘성 빈안 마을에서 온 응우옌떤런(왼쪽), 후인응옥번 호찌민 전쟁증적박물관장(오른쪽)

#2. 2001년 4월, 퐁니·퐁넛

마을 사람들이 몰려들었다.

꽝남성 디엔반현 디엔안사 인민위원회 직원 쩐꾸억또안이 마을방송을 했다. 집마다 전화를 돌렸다. 그날의 사건을 기억하는 주민들을 모두 불렀다. 퐁니촌의 한 주택 거실과 마당을 빌렸다. 나는 A4 용지 크기의 흑백사진 20장을 준비했다. 주검이 가득한 사진이었다. 어떤 사진엔 10여 구의 주검이 모여 있었다. 그들은 대자로 두 팔을 뻗은 채 반듯이 눕거나, 얼굴을 땅에 묻고 엎드려 있었다. 비스듬히 옆으로 누운 주검도 보였다. 주민들이 하나둘 모여들었다. 20장의 사진은 그들의 손에서 손으로 하나둘씩 건네졌다.

©고경태

퐁니·퐁넛 마을 주민들이 한국에서 가져온 1968년 2월12일의 주검 사진 속에 가족들이 있는지 확인하고 있다.

"여기, 여기 찾았어요." 첫 탄성이 터져 나왔다. "저도요, 저도요." 두 번째 주민이 손을 들었다. 주검이 누군지 안다는 이들은 연이어 나왔다. 사진의 주인공들은 누군가의 엄마였고, 아들이었고, 딸이었고, 누나였고, 동생이었고, 삼촌이었고, 이웃이었다. 일대일 조사를 시작했다.
"이 사진 안에 저희 가족이 다 있어요." "손가락으로 가리켜 주세요." "여기 가운데 하얀 옷을 입고 엎드려 있는 여자가 쫑(당시 11세) 언니예요. 오른쪽 군인 다리 사이에 있는 아기는 동생 쯔엉(당시 6세)이고요. 입이 다 날아갔다죠." "이름이 어떻게 되시죠?" "저요? 탄, 응우옌티탄입니다."

2001년 4월의 어느 날, 탄 아주머니를 그렇게 처음으로 대면했다. 2000년 5월에 이은 두 번째 마을 방문이었지만, 이날에서야 비로소 생존자를 만났다. 2000년엔 목격자 세 명의 증언을 들었을 뿐이다.

"나이는요?" "마흔하나예요. 그때 저는 여덟 살이었어요." "그날 이분들과 같이 있었나요?" "네. 저는 그날 아침 언니, 오빠, 동생, 이모, 사촌동생, 동네 친구와 함께 집에 있었어요." "무슨 일이 있었죠?" "총소리를 듣고 전부 땅굴로 피신했어요. 근데 한국군이 안을 들여다보더니 수류탄을 보여 주며 다 나오라고 했어요. 그 남자 군복과 얼굴도 잊히지 않아요."

엄마!

소녀는 뛰었다. 무작정 뛰었다. 머릿속은 엄마의 얼굴뿐이었다. 엄마를 찾아야 해. 엄마, 엄마, 엄마. 들판을 가로질렀다. 옆구리를 손으로 누르며 뛰었다. 극심한 통증이 몰려왔다. 손은 핏물로 흥건했다. 뛰다가 자꾸만 넘어졌다. 일어설 수 없어 기었다. 찢어진 옆구리 사이로 창자가 삐져나왔다. 손으로 눌러 집어넣고 다시 기었다. 하늘이 빙빙 돌았다. 누군가 손을 잡았다.

1968년 2월12일 오후. 퐁니·퐁넛 마을은 지옥의 풍경이었다. 한바탕 총성과 폭음이 머물다 간 뒤였다. 곳곳에 흩어진 주검들의 침묵을 뚫고 운 좋게 살아남은 자들의 신음이 한 줄기 연기처럼 새나왔다. 현장에 도착한 미군과 남베트남 민병대원들이 구조작업을 폈다. 마을 공터와 오솔길엔 주검이 끝도 없이 이어졌다. 여덟 살 소녀 응우옌티탄은 엄마 판티찌(34)를 어떻게 찾아야 할지 몰랐다. 고개를 두리번거리며 들판을 헤매다가 쓰러졌다. 엄마는 보이지 않았다. 피 흘리며 누워 있는 사람들 속에 섞여 있을까. 확인해 봐야 하는데, 기운이 없었다. 창자는 자꾸만 밖으로 나왔다. 이렇게 죽는 걸까. 그때 누군가 그녀의 손을 잡은 뒤 작은 몸을 들어 안았다. 남베트남 민병대원이었다. 그는 소녀를 근처에 도착한 헬리콥터 안으로 옮겼다. 프로펠러의 소음에 사람들의 고함과 외침이 묻혔다. 헬리콥터는 곧 하늘을 향해 날았다.

소년과 소녀의 전쟁, 《1968년 2월12일》 74~75쪽, 고경태

그녀는 쉬지 않고 말했다. 사건 당일 엄마와 언니, 동생과 이모, 사촌동생을 잃었다고 했다. 오빠는 중상을 입고 불구가 되었다. 본인도 총상을 입고 응급치료를 받은 뒤 1년간 병원에 입원해 있다가 살아 돌아왔다. 무한정 듣고 있을 수는 없었다. 사진에 나온 자기 가족 이야기를 하려고 뒤에 대기 중인 주민들이 많았다. 사건 당시 본인이 겪은 일, 가족 피해의 정도, 이후의 삶에 대해 요점정리식으로 증언을 받았다. 웬만큼 청취한 뒤엔 사진촬영으로 넘어갔다. 카메라를 들고 탄 아주머니에게 상처를 보여 줄 수 있냐고 조심스레 물었다. 하얀색 바탕에 검은 색과 갈색 무늬가 뒤섞인 투피스 생활복 차림이었다. 그녀는 두 손으로 윗옷의 왼쪽 아랫단을 잡고 들어 올렸다. 배와 왼쪽 옆구리가 훤히 드러났다. 30cm 넘는 길이의 깊게 파인 세 갈래 수술 자국이 눈에 들어왔다. 카메라 플래시를 터뜨리며 셔터를 눌렀다. 그녀는 촬영자를 응시하기도 하고, 눈길을 옆으로 돌리기도 하고, 눈을 지그시 감기도 했다.

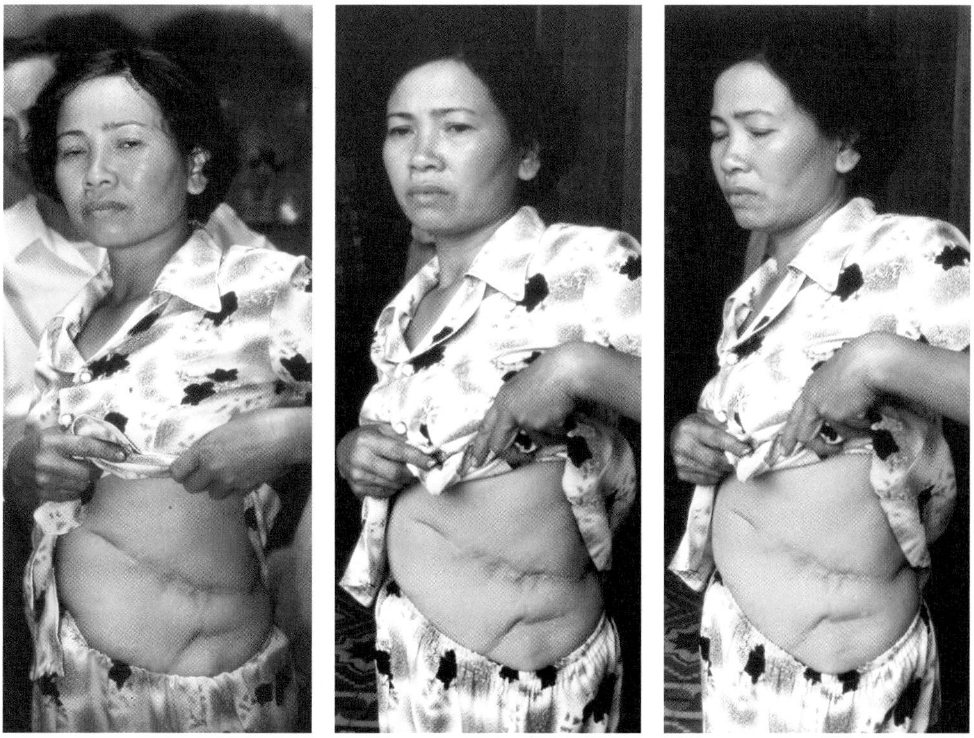

ⓒ고경태

2001년 4월 배와 옆구리의 상처를 보여 주는 응우옌티탄.

남편 찐떠이(78) 할아버지와 함께 온 쩐티드억(74) 할머니는 사진 속에 아들이 있다며 오른손으로 연신 눈가를 훔쳤다. 아들 찐쩌(당시 12세)는 주검 더미가 있는 한 사진의 오른쪽 아래에서 눈을 뜬 채 죽어 있었다. 찐쩌는 학교도 안 다니고 물소 꼴만 먹이러 다녔다고 했다. 할머니는 아들 생전에 고생만 시킨 것 같아 회한이 남는다고 했다.

마흔여섯 살 응우옌티호아는 두 장의 사진 속에서 논바닥에 홀로 누워 있는 여인이 자신의 언니 응우옌티탄이라고 말했다. 가족 5명을 잃고 가까스로 살아난 증언자 탄 아주머니와 이름이 같았다. 사진 속의 응우옌티탄(당시 19세)은 윗옷이 벗겨진 채 상반신을 공격당한 듯했다. 눈뜨고 보기 힘든, 가장 참혹한 사진이었다. 이 사진을 첨부한 문서엔 "가슴이 잘린 채 살아 있는 여자"(a young woman who was still alive and had her breast cut off)라는 설명이 적혀 있었다. 사건 당일 생존자라는 쩐티투언(42)은 그녀가 한국군에 의해 곤경을 당하던 장면을 보았다고 했다.

"한국군이 마을 사람들을 한 지점에 모아 놓고 총을 갈겼습니다. 저 역시 그곳에 있었지만 다행히도 맨 밑에 깔렸지요. 기어 나와 봤더니 한국군이 응우옌티탄 언니를 강간하고 있었어요. 그리고 대검으로 장난을 치고…."

"그날의 주검을 어찌 잊으랴", 고경태, 《한겨레21》 2001년 5월3일치 제356호

마흔세 살 레딘묵은 두 명의 여인이 쓰러진 사진을 가리키며, 윗옷이 올려진 채 젖가슴이 드러난 여자가 자신의 어머니라고 주장했다. 그는 어머니의 시민증을 가져와 보여 줬다. 어머니는 돌도 지나지 않은 자신의 동생 레딘먼을 안고 젖을 먹이다 군인의 총에 맞았다고 말했다. 바로 절명했지만, 안고 있던 아기 레딘먼은 털끝 하나 다치고 않고 살아남아 지금 퐁니에 거주한다고 했다.

통역을 거치느라 조사는 더디게 진행됐다. 사투리가 심한 중부지역의 특수성 탓에 이중통역을 받는 경우도 있었다. 희생자 가족과 생존자들의 증언을 취재수첩에 적으랴, 틈틈이 사진 찍으랴 정신이 없었다. 금방 날이 어두워졌다. 오후 3시쯤 마을에 도착했는데, 네 시간이 훌쩍 흘러갔다. 한 사람당 아무리 길어도 30분을 넘기 힘들었다. 주민들의 말은 쉬이 그치지 않았다. 33년 만에 주검 사진으로 돌아온 가족과 이웃들 앞에서 주민들은 분통을 터뜨렸다. 충혈된 눈을 감추지 못했다.

이날의 목표는 익명의 주검에게 이름을 찾아 주는 거였다. 사진들이 첨부돼 있던 기밀해제 미군문서에는 주검의 신상에 관한 아무 정보가 없었다. 그들의 가족을 찾아내어 사건 당일의 상황까지 알아내고 싶었다. 예정된 반나절의 시간은 턱없이 부족했지만, 그 정도 증언만으로도 성과는 적지 않았다. 여기까지 하기로 했다. 다음 날 아침 북부로 이동해야 했다. 렌트한 승용차에 몸을 싣고 해가 진 퐁니·퐁넛의 좁은 길을 빠져나왔다. 1번 국도를 탔다. 숙소가 있는 다낭으로 향했다. 그날, 나는 사진의 비밀을 풀었다. 아주 조금….

#3. 2000년 6월, 한겨레신문사

최악의 재난이 발생했다.

2000년 6월27일, 오전부터 50대 이상으로 보이는 중년의 남성들이 서울시 마포구 공덕동 116-25번지 한겨레신문사 앞으로 모여들었다. 경찰버스도 전투경찰 병력을 실어 왔다. 오전에는 한산한 편이었다. 군복을 입은 이들은 삼삼오오, 또는 십여 명씩 뭉쳐 신문사로 들어오려 했으나 경비직원과 경찰에 의해 번번이 제지당했다. 낮 12시를 넘기면서 그 수는 점점 불어났다. 전국 각지에서 지역별로 버스를 대절해 오는 모양이었다. 곧 2000여 명의 인파가 신문사 앞 도로를 점거했다. 고엽제후유의증전우회 회원(이하 전우회원)들이었다.

전우회원들은 피켓을 들고 구호를 외쳤다. "베트콩이 양민이면 한겨레 기자는 빨갱이냐!" "양민학살 허위보도 한겨레는 사과하라." 전투경찰 병력이 신문사를 에워싸고 이들을 제지했지만 힘에 부쳤다. 시위는 점점 더 험악해졌다. 전우회원들은 흥분했다. 그들 중 일부가 사방이 밀폐된 신문사 2층 주주센터에 불붙은 종이뭉치를 던져 방화를 시도했다. 신문사 앞에 주차된 10여 대의 차량을 뒤엎거나 두드려 부쉈다. 뒤편 공사장으로 간 전우회원들은 신문사 유리창을 향해 돌을 던졌다. 잠긴 뒷문을 강제로 뜯어 5층과 8층으로 침입해 사무실 책상에 쇠파이프를 휘둘렀다. 수십 명의 한겨레신문사 직원이 건물 안으로 난입한 전우회원들에게 구타를 당했다. 업무를 위해 신문사에 왔던 방문객들도 집단적인 발길질과 주먹세례을 받거나 목을 졸렸다. 왜 이런 전쟁이 벌어진 것인가.

국가보훈처 허가 제10호
사단법인 대한민국고엽제후유의증전우회

문서번호 : 고엽9712.10-83
시행일자 : 2000. 4. 20.
(경　유) : 내용증명
수　　신 : 한겨레신문사 사장
참　　조 : 편집국장
제　　목 : 베트남민 학살에 대한 사실규명 요구

1. 귀사의 번영을 기원합니다.
2. 귀 한겨레신문의 인터넷기사 2000.4.18. 20:14 및 4.18. 22:09 기사에 대하여 본회의 5만여 회원의 이름으로 다음과 같이 사실 규명을 요구하는 바 확실한 물증을 제시하여 주시기 바라며, 특정인의 구두진술에 의거 귀 신문은 1999년부터 수차에 걸쳐 32만 월남참전 전우들을 분노케 하고 있는 바 물적 증거를 제시하여 주고 양민학살을 주장하는 자와 공개토론을 정식 요구하는 바입니다.

질의 1) 확실한 물적 증거도 없이 참전자 개인의 헛튼 소리를 진실로 보도를 하였는데 지역과 지명 및 기타 학살증거 자료를 제시하여 줄 것.

질의 2) 본회의 사무총장을 맡고 있는 본인도 67년부터 16개월 동안 청룡부대 소총소대에서 근무하다 수많은 작전을 치르었는데 작전 1개월 전부터 선무방송을 하여 모든 양민은 특정지역으로 피신하도록 하고 어떠한 경우에도 100명의 적군을 놓쳐도 1명의 양민을 보호하라는 군율 속에서 작전을 수행하고 귀국하였는데 만화 같은 이야기를 진실로 보도한 물적 증거를 제시하여 줄 것.

질의 3) 《한겨레21》 주간지 등을 통해서도 수차에 걸쳐 한국군이 양민을 무참히 학살하였다고 보도하면서 당시 23세였다는 월남민의 손가락이 절단된 것을 사진으로 보도하였는데 집단학살을 했다면 어떻게 손가락이 절단되는가. 당시 베트콩으로 참전하여 부상당한 자의 말을 사실대로 보도한 내용은 대한민국의 국위는 물론 참전용사들을 인간사냥꾼으로 묘사하였는데 무엇으로 이런 기사를 사실화했는지 규명하여 주고

질의 4) 사실적인 물적 증거도 없이 허황된 영웅심에 정신병자 같은 말을 지껄이는 것을 사실인 양 확인 검증도 없이 보도하게 된 경위를 규명하여 주시고

질의 5) 위와 같은 내용을 확실한 물적 증거와 사실규명이 없을 경우 본회는 참전용사 전원을 대표하여 월남참전 전우들의 명예손상에 대한 확실한 책임을 귀사에 물을 것인 바, 2000.4.30.까지 확실한 증거와 진실규명을 하여 주기 바라며 그것이 안 될 경우 일어나는 모든 책임은 한겨레신문사에 있음을 주지하시기 바랍니다.

사단법인 대한민국고엽제후유의증전우회장

두 달 전 전우회가 보내온 공개질의서는 사실상 선전포고문이었다. 그들은 《한겨레21》이 1999년 가을부터 매주 내보내기 시작한 베트남전 민간인학살 보도가 참전군인인 자신들의 명예를 심각하게 훼손하고 있다며 학살보도에 대한 증거를 대고 해명을 하라고 요구했다. "그것이 안 될 경우, 일어나는 모든 책임은 한겨레신문사에 있음을 주지하시기 바랍니다." 이 날선 질의서에 상세한 배경설명을 달아 답한 뒤 회신절차를 밟았지만, 추가질의서는 오지 않았다. 이제 말이 아닌 몸이 올 차례였다.

지난 6월27일 오후 2시 한겨레신문사 5층 회의실. 사단법인 대한민국고엽제후유의증전우회 회

장 양상규 씨 등 7명이 경찰의 안내를 받으며 들어왔다. 예정된 공식면담을 위해서였다. 군복차림으로 통일한 그들의 가슴엔 빨간명찰이 달려 있었다. 그 시각, 한겨레신문사의 정문 출입관리 권한은 2천여 명의 전우회원들에게 '접수'되고 있었다.

사실 기묘한 만남이었다. 고엽제전우회원들이 분노를 터뜨릴 표적은 한겨레신문사가 아니었기 때문이다. 하지만 불청객도 맞아야 하는 법. 한겨레신문사 쪽에선 고영재 편집국장과 현이섭 출판국장, 고광헌 사회부장, 김종구 《한겨레21》 편집장이 면담 대표로 참여했다.

(중략)

"야이 XX새끼들아…." "…." "넌 이름이 뭐야." "…." "야, 이 새끼야. 관등성명 똑바로 못 대?" "…." "너 이 새끼들 전쟁이나 한번 해 봤어?" "…."

현이섭 출판국장의 가슴에 물통이 날아들었다(책상에 놓여 있던 사기 재떨이는 면담 전 미리 치워 화를 면했다). 현 국장은 그래도 묵묵히 있었다. 그들의 흥분을 가라앉혀야 했다. 한겨레신문사 쪽 참석자들은 계속되는 고엽제전우회 쪽 대표들의 황당한 욕설들을 잠자코 들었다.

(중략)

면담이 한 시간쯤 진행될 무렵, 30여 m 떨어진 5층 출판국에선 비명이 터져 나왔다. 출판국장과 《한겨레21》 부장 자리 뒤의 대형유리창 4장이 박살 났다. 건물 뒤편에서 전우회원들이 던진 돌이 날아든 것이다. 일부는 《씨네21》 부서 바로 옆에 있는 비상계단을 뜯고 침입해 노트북 등 사무기기를 향해 쇠파이프를 휘둘렀다. 8층 논설위원실에도 전우회원들이 들이닥쳤다.(경찰은 두 손을 든 것 같았다. 경찰에게 '백골단'의 전통은 남아 있지 않았다. 나이는 들었지만 참전용사들의 전투력은 젊은 경찰력을 완전히 압도했다.)

(하략)

베트남전 공포체험, 고경태, 《한겨레21》 2000년 7월13일치 제316호

참전군인들은 이성을 잃었다. 문제의 기사작성에 참여한 나는 빨갱이 기자가 되고 말았다. 전우회원들이 현역 시절 눈에 불을 켜고 찾았던 '베트콩'이 바로 나였다. 전장에서 당한 일을 전한 생존자들의 증언과 일부 참전군인들의 고백을 잡지에 게재한 행동은, 숲속에 숨은 베트콩의 저격처럼 여겨졌다. 반면 영문도 모른 채 한겨레신문사 5층 사무실에 앉아서 일을 보다가 전우회원이 던진 돌에 박살 난 유리창 파편이 날아와 정강이에 박힌 출판국 편집지원팀 여직원과, 신문사에 볼일을 보러 왔다가 이유 없이 멱살을 잡힌 통신회사 직원은 '양민'이었다. 베트콩과 양민은 영원히 식별할 수 없었던 것일까.

한겨레신문사와 전우회 간의 협상은 결렬됐다. 전우회원들은 한겨레신문사와 그 주변을 쑥대밭으로 만들었다. 주차장을 포함한 바깥 공간과 사무실 내부 곳곳이 폐허가 되었다. 침입자들이 철수한 뒤 고요가 찾아왔다. 파손된 유리창과 망가진 기물, 부상자 등 피해현황을 체크하는 총무부 직원들의 발걸음이 부산했다. 나중에 집계된 바로는, 피해금액 규모는 7천만 원에 이르렀다.

고엽제후유의증전우회원들이 난입하고 돌아간 뒤 한겨레신문사에 폭탄을 설치했다는 제보가 들어와 경찰특공대의 폭발물 탐지견이 지하1층 윤전실을 수색하고 있다.

전우회원들은 괴물이었을까. 아닐 것이다. 베트남인들의 상처를 햇볕에 드러내는 일과 참전군인의 인권 또는 명예가 양립하지 말라는 법은 없다. 군복만 벗으면, 우리의 아버지·삼촌·형이자, 친근한 이웃집 아저씨의 얼굴을 할 그들은 국가의 명령을 수행하기 위해 머나먼 땅에 갔던 또 다른 전쟁의 피해자였다. 아직도 벗지 못한 녹색 군복은, 그들이 쉰 살이 넘어서도 털어 내지 못한 분단시대의 냉전논리가 아로새겨진 패션이었다.

여러분들이야말로 대다수 국민들이 평온한 일상생활을 누릴 때 삶과 죽음이 교차하는 살벌한 이국의 전장에서 공포와 고독에 몸부림치며 피 흘렸던 분들이 아닙니까. 지금도 그 악몽에서 자유롭지 못함을 압니다. 그 몸서리치는 전장을 겪어 보지 않은 이들이 어찌 백분의 일이라도 여러분들의 고통을 제대로 헤아릴 수 있겠습니까.

그런 여러분의 억장이 《한겨레21》 기사를 보고 무너졌습니다. 목숨 걸고 남의 나라 가서 싸우다 돌아왔는데, 지금도 고엽제 후유증으로 온몸이 삭아 가는 고통에 시달리는데, 지금도 죽어 가던 전우의 처참한 비명소리가 귓전에 들리는 듯한데, 우리더러 '양민학살'이라니.

《한겨레21》은 여러분이 안고 있는 고통에 깊이 공감합니다. 그런데 왜 자꾸 베트남에서 있었던 옛이야기를 끄집어내냐고요? 고엽제전우회 일부의 주장처럼 베트남 정부로부터 한국정부의 보상을 전제로 한 커미션이라도 받아먹은 걸까요? 아니면 고엽제 제조회사인 다우케미컬로부터 촌지라도 얻어먹은 걸까요? 그도 저도 아니라면, 여러분이 플래카드에 쓰신 것처럼, 《한겨레21》 기자들이 '빨갱이'여서 이런 주장을 펴는 걸까요?

(중략)

참전군인들이 참다운 명예를 찾는 첫걸음은 이유 없이 전장에서 피 흘려야 했던 역사적 맥락을 냉정하게 직시하는 일입니다. 베트남전쟁이 20세기에 가장 부도덕한 전쟁이었다는 것을 아는 순간, 미스터리는 의외로 쉽게 풀릴지도 모릅니다. 고엽제 피해보상을 받는 일도 여기에서 출발해야 합니다.

진실은 전복될 수 없습니다-고엽제 전우회원에게 드리는 글, 고경태, 《한겨레21》 2000년7월13일치 제316호

위의 글은 베트남전의 진실을 밝히는 《한겨레21》의 보도가 다음 5가지 의의를 가진다고 강조했다.

"1. 《한겨레21》 캠페인은 반전평화운동이다. 2. 《한겨레21》 캠페인은 한국의 시계를 세계의 시계에 맞추는 운동이다. 3. 《한겨레21》 캠페인은 진실을 인정하는 운동이다. 4. 《한겨레21》 캠페인은 한국사회의 '명예'를 생각하는 운동이다. 5. 《한겨레21》 캠페인은 고엽제 피해자 등 참전군인들을 껴안는 운동이다."

간곡한 설득에도 그들의 마음은 움직이지 않았다. '학살' 운운은 그들에게 가당치 않은 논리였다. 전우회원들은 베트콩 수색·소탕작전을 펴듯 한겨레신문사 사옥을 공격했다. 2000년 6월27일은 베트남전을 둘러싼 상반된 두 기억이 마침내 처음으로 격렬하게 부딪친 날이었다. 반공성전의 기억과 학살의 기억. 그렇게 '기억투쟁'의 서막이 올랐다.

Cuộc bạo động chống lại tinh thần "tìm đến sự thật lịch sử"

Ngày 27-6, hơn 2.400 cựu chiến binh thuộc "Hội Chiến hữu chất độc màu da cam" đã xông vào tòa soạn báo *Hankyoreh* (*) ở Seoul (Hàn Quốc) và đập phá, đánh đập nhân viên, phản ứng chống lại việc tờ báo đăng tin về vụ thảm sát thường dân của lính Hàn Quốc tại VN "xúc phạm danh dự của chiến hữu".

Tòa soạn bị rừng người mặc quân phục vây kín, phóng viên không thể ra vào và các đường phố xung quanh bị tắc nghẽn. Họ giơ cao biểu ngữ: "Hãy đóng cửa tòa soạn *Hankyoreh* vu khống dũng sĩ tham chiến ở VN", "Nếu Việt cộng là thường dân thì phóng viên *Hankyoreh* là "người đỏ" (người cộng sản)"... Một số cựu chiến binh nằm ngang đường chặn xe hoặc leo lên cột và cắt dây điện. Khoảng 15 giờ, họ cố phá rào cản của cảnh sát và một số người đã lấn vào được bên trong. Họ cướp và đốt hồ sơ tư liệu, đập phá đồ đạc và đánh nhân viên làm 10 người bị thương, xe cộ và trang thiết bị điện tử... bị phá hỏng nặng. Sở cảnh sát đã bố trí 16 đại đội với 2.240 người nhưng không thể ngăn chặn được cuộc bạo động này.

Tại hiện trường, cảnh sát đã bắt được 40 người và đang tiến hành điều tra cả trong ban lãnh đạo của hội. Ông Yoon Ung Seop - giám đốc Sở Cảnh sát thủ đô Seoul - đã nói: "Sự kiện Hội Chiến hữu chất độc màu da cam tấn công vào tòa soạn *Hankyoreh* là một hành động bạo lực không thể chấp nhận" và hứa hẹn sẽ sớm bắt và xử lý nghiêm khắc những người dùng vũ lực để ngăn ngừa việc tái phạm.

Bên cạnh đó, "Liên đoàn Ngôn luận toàn quốc" đã phê phán sự kiện này là "cuộc chiến chống lại tự do ngôn luận". Còn Hiệp hội nhà báo Hàn Quốc cho rằng "đó là một sự kiện gây sốc rất nặng, không thể kiềm chế được phẫn nộ", lên tiếng yêu cầu Hội Chiến hữu chất độc màu da cam phải xin lỗi và bồi thường cho tòa soạn *Hankyoreh*. Hội Liên hiệp đạo diễn Hàn Quốc cũng lên án sự kiện này "là một cuộc bạo động phi dân chủ, chống lại tinh thần Hankyoreh là tinh thần tìm đến sự thật lịch sử và hướng tới con đường ngôn luận chân chính".

Sau khi Đài truyền hình Hàn Quốc (KBS) và Đài truyền hình Văn Hóa (MBC) đưa tin, hàng loạt cuộc điện thoại khuyến khích của người dân đã gọi tới tòa soạn: "Đừng bỏ cuộc trước sự đàn áp, hãy tiếp tục can đảm nói ra sự thật".

KU SU JEONG

(*) Tờ báo độc lập, được thành lập bởi số tiền mua cổ phiếu của 50.000 người dân Hàn Quốc. Từ ngày 2-9-1999 đến nay, Hankyoreh *liên tục đưa tin, bài về việc thảm sát dân thường VN của quân đội Đại Hàn trong cuộc chiến tranh vừa qua* (LTS).

Quang cảnh một góc trụ sở báo Hankyoreh bị các cựu binh Hàn Quốc đập phá

2000년 6월27일 고엽제후유의증전우회원들의 한겨레신문사 난입 사건을 보도한 베트남 일간지 《뚜오이쩨》 지면. '역사의 진실을 밝히고자 하는 정신을 반대하는 폭동'이라는 제목을 달았다.

#4. 2000년 4월, 중대장과 소대장들

그날의 장교들과 모두 접촉했다.
중대장 김석현, 1소대장 최영언, 2소대장 이상우, 3소대장 김기동. 중대장은 브라질 상파울루로 이민을 간 상태였지만 전화연결이 됐다. 1소대장과는 서울 여의도에서 만났다. 2소대장은 후배 황상철이 부산에서 만났다. 3소대장은 서울 면목동에서 만났다. 2000년 봄의 일이다. 이런 경우는 처음이었다.
베트남전 민간인 학살 문제를 최초로 연구하고 현장을 조사한 구수정 씨(전《한겨레21》 호찌민 통신원, 호찌민대학 역사학과 박사, 현 베트남 사회적기업 '아맙' 본부장)에 따르면, 한국군에 의해 80여 개 마을에서 9000여 명이 희생됐다. 그렇다면 9000여 명은 누가 죽였을까. 그 베트남 사람들과 마주쳤던 군인들은 누구였을까. 희생자와 생존자는 나왔지만, 학살의 현장에 있었노라고 스스로 밝힌 군인은 찾기 어려웠다.

해병 제2여단 장교들을 취재해 보도했던 《한겨레21》 2000년 5월4일치(왼쪽)와 4월27일치. 각각 1대대 1중대 1, 2, 3소대장(최영언, 이상우, 김기동)과 2대대 7중대장(김기태)을 인터뷰한 커버스토리다. 당시 황상철 기자와 함께 취재했다.

1966년 12월3일 꽝응아이성 빈선현 빈호아 마을에서 벌어진 참극의 희생자 규모는 430명이지만 그때 마을에 들어가 총격을 가했다고 말한 청룡부대(해병 제2여단) 대원은 없었다. 1966년 2월 한 달간 빈딘성 타이선현 타이빈사에서는 맹호부대(수도사단) 3개 중대에 의해 1004명이 학살당했다는 주민들의 증언이 나왔지만, 그때 작전에 참가했다고 밝힌 맹호부대원은 없었다. 1968년 2월22일 꽝남성 디엔반현 하미 마을에선 군인들이 주민들을 모아 놓고 일제사격을 가해 135명이 죽고 다음 날 주검마저 불도저로 밀어 버렸다는 생존자들의 주장이 나왔다. 역시 하미 마을 주민들을 향해 방아쇠를 당겼거나 불도저를 운전했다고 입을 연 청룡부대 장교와 사병은 없었다.

2000년 4월, 김석현을 비롯한 청룡부대 제1대대 1중대 장교 출신들은 조금 달랐다. 그들은 모두 "그날, 그곳에 갔다"고 인정했다. 사건이 터진 것에 관해서도 부인하지 않았다. 그중 절반은 한국군의 책임에 관해서도 수긍했다. 1968년 2월12일(음력 1월14일), 바로 탄 아주머니가 살던 퐁니·퐁넛 마을에서의 일이다. 이 마을에서 벌어진 사건에 관해선 1999년 가을부터 구수정 씨가 간헐적으로 《한겨레21》에 피해자 가족의 목소리를 보도했는데, 2000년 봄 관련 장교 인터뷰를 하면서 실체가 조금 더 뚜렷해졌다.

탄 아주머니가 밝힌 대로, 그날 그곳에서 그녀의 가족 5명이 죽었다. 전체 희생자는 74명이었다. 퐁니·퐁넛 마을 들머리에 세워진 위령비에 새겨진 희생자 명단을 보면, 그중 20대~30대 남자는 단 한 명도 없었다. 60대 이상의 노인이 9명이었고, 0~10세의 어린이가 26명이었다. 여성은 47명이었다. 대부분 부녀자와 노인, 어린이였다는 얘기다.

국방부가 펴낸 '파월한국군전사'는 1968년 2월12일 그 마을에 청룡부대 제1대대 1중대가 진입했다고 기록돼 있다. 청룡부대가 추라이에서 호이안으로 주둔기지를 옮긴 지 한 달도 되지 않은 시점이었다. 북베트남군과 베트콩들이 미군과 연합군을 상대로 남베트남 전역에서 일제공세를 벌인 구정대공세(1968년 1월30일) 직후의 일이었다.

최 중위는 눈을 감고 그날을 떠올려 보았다. 마을에서 만난 베트남 사람들의 형상이 머릿속 검은 스크린 위에 보였다. 위에 흰옷을 걸치고, 좀 짧은 듯한 까만 바지에 삿갓을 쓴 키 작은 농촌 사람들. 한국의 농촌마을 풍경과 별다를 바가 없었다. 그날 자신을 포함한 1소대원들은 무엇을 했던가.

"라이 라이." 그랬다. "라이 라이"라고 열심히 외치며 베트남인들에게 손짓을 보냈다. 한국 군인들이 가장 잘 아는 베트남어였다. '다 나오라'는 뜻이라고 생각했지만 정확한 어법은 아니었다. '라이 라이'는 중국어였다. 베트남어에서도 '라이'가 '오라'는 뜻으로 쓰이긴 했지만, 베트남인들의 귀엔 좀 어색하게 들렸다.

왜 굳이 집에서 다 나오라고 했을까. 수색이었다. 마을에 어떤 사람들이 있는지 파악하려는 목적이었다. 집을 뒤져 젊은 남자를 찾으려고 했다. 만약 집에 젊은 남자가 있다면 용의자로 몰릴 가능성이 높았다. 그 위험성을 알기에 베트남 민가의 청년들은 한국군이 작전하는 지역에서 미리 피했다. 그날도 그랬다. 노인과 여자, 아이들뿐이었다. 1소대가 뒤로 보낸 마을 주민들은 2소대를 거쳐 뒤따라오는 3소대 쪽으로 보내졌다. 이들은 한곳에 모였다.

중앙정보부에서의 하루, 고경태, 《1968년 2월12일》 225~226쪽

장교들의 기억은 엇갈렸다. 1소대장 최영언은 마을로 들어간 뒤 주민들을 밖으로 나오게 해 뒤에서 오던 2소대 쪽으로 보냈다고 말했다. 2소대장 이상우는 1소대로부터 넘겨받은 주민들을 다시 뒤 쪽의 3소대 쪽으로 보냈다고 말했다. 1, 2소대장은 그 후에 총소리를 들었다고 했다. 3소대장은 달랐다. 그는 오히려 "앞에서 나는 총소리를 들었다"고 했다. 중대장 김석현은 "모르겠다"고 했다. "중대 병력이 150명이 넘는데 그걸 어떻게 알겠냐"고 반문했다. 상파울루에 살고 있는 그는 "잊고 싶다. 다시는 이야기하고 싶지 않다"면서 전화를 끊었다. 《한겨레21》의 상파울루 통신원을 통한 대면 인터뷰 제의도 거절했다.

그들과 접촉하며 알게 되었다. 이 사건의 진상을 캐묻는 것이 내가 처음이 아님을. 취재 결과, 1968년 청룡부대 헌병대가 최초로 베트남에서 1중대 장교와 사병들을 수사했음이 드러났다. 수사를 받고 난 김석현 중대장은 바로 귀국했다. 파병 3개월 됐을 때였다. 보통의 파월 복무기간이 1년임을 감안할 때 이는 '조기귀국'에 해당한다. 뭔가 책임을 묻는 조치로 추측할 만하다. 당사자인 김석현 씨는 "통상적인 귀국이었다"고 주장했다.

사건 발생 1년 9개월 뒤인 1969년 11월엔 중앙정보부가 조사를 했다. 베트남에서 귀국한 뒤 포항과 진해 등 국내의 각 해병부대에서 복무하던 그들을 서울 남산 조사실로 부른 것이다. 당시 수사관들은 피조사자 신분으로 온 장교들에게 "박정희 대통령의 특명수사"라고 밝혔다고 한다. 베트남에서의 사건이 한국 정부와 남베트남 정부 또는 미국 정부와의 외교문제로 비화될 조짐을 보이고 있다는 식의 이야기도 덧붙였다고 한다.

퐁니·퐁넛 마을에서 벌어진 일은 여느 민간인 학살과는 달랐다. 숨기지 못했다. 발각되었다. 여러 참전 장교들의 증언을 종합하면, 청룡부대 장교들 사이에선 퐁니·퐁넛이 '한국판 밀라이'로 불렸다. 밀라이 사건이란 1968년 3월16일 꽝응아이성 선띤현 선미촌(작전지도명 밀라이)에서 미 육군 제23사단 11연대 1대대 찰리 중대원들에 의해 주민 500여 명이 살해된 대량 학살극이다.

이는 1년 8개월 뒤인 1969년 11월 뒤늦게 언론에 폭로되면서 세계의 반전여론을 극점으로 끌어올렸다. 당시 청룡부대 1중대 장교들이 중앙정보부로부터 수사를 받은 일도, 당시 국내 신문에까지 활자화되던 밀라이 사건과 무관치 않아 보인다.

퐁니·퐁넛 사건은 쉽게 발각될 조건을 갖췄다. 퐁니·퐁넛은 시골이지만 오지가 아니다. 미 해병대 사령부가 있던 베트남 제2의 도시 다낭으로부터 승용차로 30분 거리에 불과하다. 게다가 북부 하노이와 남부 사이공(현 호찌민)을 세로로 잇는 중심도로인 1번국도변에 있다. 미군과 남베트남군이 소대 규모로 함께 근무한 1번국도의 끼엠루 초소에서는 마을이 훤히 보였다. 퐁니촌엔 남베트남 민병대원들의 가족 중 상당수가 거주했다. 이 마을에 진입했던 1소대장 최영언 씨는 "미군과 협조관계를 지닌 '안전 마을'에서 발포를 해 나중에 문제가 된 것으로 안다"고 말했다.

1중대 장교들에 대한 인터뷰가 《한겨레21》에 기사화(2000년 5월4일치)되자 제보가 잇따라 들어왔다. 한 명은 관련 장교와 사병들을 수사해 거짓보고서를 꾸민 뒤 양심의 가책을 느끼며

 살아왔다는 해병 헌병대 수사계장 출신이었다. 나머지 한 명은 1중대 2소대 3분대에 근무했다는 사병 출신이었다.

1968년 5월에 내리쬐는 베트남 중부지방의 땡볕은 죽을 맛이었다. 호이안에 주둔 중인 해병 제2여단 헌병대 수사계장 성백우(31) 중사는 사무실에서 얼굴에 흐르는 땀을 닦으며 조사보고서를 읽어 내려갔다. 보고서는 석 달 전인 2월12일 꽝남성 디엔반현 퐁니·퐁넛 마을에서 발생한 한국군의 잔혹행위 의혹 사건의 조사 결과를 담고 있었다. 해병 제2여단 헌병대가 작성한 것으로, 상부 보고를 앞둔 상태였다. 헌병대장 박영길 소령의 지시에 따라 성 중사도 그 과정에 참여했다. 박영길 소령은 한 달 전 그를 조용히 불러 "상부에서 진상 조사 지시가 내려왔다"고 말했다. 눈치를 보아하니 상황이 간단치 않아 보였다. 먼저 작성된 미군 조사 보고서에 따르면, 그날 한국군이 거쳐간 뒤 60여 명 이상의 민간인이 주검으로 발견됐다. 미군은 마을 사건 현장에 들어가 부상자 응급조처를 했다. 살아남은 마을 주민들은 꽝남성청에 가해 군인들을 처벌해달라는 진정을 했다. 미군과 남베트남 정부가 개입돼 있어 스리슬쩍 넘어가기 곤란했다. 채명신 주월한국군사령관은 해병 제2여단본부에 조사를 지시할 수밖에 없었다. 웨스트몰랜드 주월미군사령관이 정식으로 어떻게 조처할지 묻는 서신을 보냈기 때문이다. 이는 결국 헌병대 성 중사의 출장조사로 이어졌다.

(중략)

성백우 중사는 서글펐다. 자신이 참여한 조사보고서가 사실이냐고 묻는다면 고개를 저을 수밖에 없었다. 애초 진실을 밝히는 조사는 무리였다. 박영길 소령은 조사를 지시하며 이렇게 덧붙였다. "지침에 따라 조서를 받아 와라." 그 지침은 헌병대에 불려온 1중대원들의 증언과 일치했다. "우리는 절대 양민을 학살한 일이 없다. 한국군 위장복으로 변장한 베트콩들의 소행이다." 일종의 짜맞추기 조사였다. 그것이 누구의 머리에서 나온 시나리오였는지는 성 중사도 몰랐다.

베트콩의 사악한 음모, 고경태, 《1968년 2월12일》 244~248쪽

양민학살에 대한 기사를 읽고 32년 전의 생각이 생생히 떠오릅니다. 저는 당시 2소대(소대장 이상우) 3분대에 근무한 일병이었습니다. 소대장님들의 증언 내용에 다소 의문점들이 있기도 합니다. 정확히 알려면 그때 당시의 소대원들의 증언을 들으면 더욱 확실한 내용이 되지 않을까 생각해 봅니다. 당시 중대장(김석현 씨)의 조기 귀국 사실은 전 중대원이 다 아는 사실이기도 합니다. 아무튼 당시 소대장님들의 참용기 증언에 대한 박수를 보내 드립니다. 언젠가는 모든 진실이 밝혀지리라 믿습니다.

대구시에 거주하는 김형X 씨가 2000년 5월 《한겨레21》에 보내온 독자엽서

헌병대의 수사결론은 '베트콩의 위장전술'이었다고 했다. 베트콩이 한국 군복으로 위장해 주민들을 죽였다는 것이다. 조사보고서를 작성한 헌병대 수사계장이 보기에도 터무니없었다. 그

는 2000년 《한겨레21》 취재팀과 만나 이런 말을 했다. "무고한 민간인들이 죽었는데 나는 거짓 보고서를 만들었다. 늘 인생의 빚으로 느끼고 살았다."

ⓒ고경태

2016년 6월26일 진해의 자택에서 만난 전 해병 제2여단 헌병대 수사계장 성백우 씨. 1968년 봄, 2월12일 퐁니·퐁녓에 들어갔던 1대대 1소대 장교와 사병들을 조사했다.

의문은 완전히 풀리지 않았다. 자신의 소대에서 발포를 했다는 소대장은 없었다. 중대장도 침묵했다. 다른 사건과는 비교할 수 없이 참전군인의 증언이 풍부했지만, 결정적인 게 빠졌다. "내가 쏘았다"라는 고백.

#5. 2000년 11월, 워싱턴과 메릴랜드

'미국에 증거가 있을 것이다.'

막연한 추측이었다. 퐁니·퐁넛 사건에 관계된 장교들 취재를 끝내고도 미진한 사실에 대한 갈증을 느꼈을 때 미국을 상상했다. 베트남전쟁의 당사국인 미국에서 국가기록물을 책임지고 관리하는 기관은 국립문서보관소(NARA)다. 이곳이라면 베트남전에 관한 자료들이 쌓여 있고, 그중에 한국군에 관한 것도 많지 않을까. 기밀로 분류되더라도 30년이 지나면 해제하는 게 미국의 정보공개 관행이었다. 관련문서를 발굴한다면 그동안 《한겨레21》이 보도해 온 기사 내용을 입증할 수 있다. 다음 타깃은 미 국립문서보관소였다.

©고경태

메릴랜드에 있는 미 국립문서보관소 내부 모습. 베트남전 관계 문서를 모아 놓은 곳이다.

맨땅에 헤딩이었다. 2000년 여름쯤으로 기억한다. 《한겨레》 워싱턴 특파원이었던 정연주 선배(2003~2008년 《한국방송》 사장 역임)께 무작정 전화를 드리고 도움을 청했다. 대략 이런 답을 들었다. "미국 국립문서보관소에 가서 원하는 자료를 찾으려면 작정을 하고 한 6개월은 체류해야 한다. 내가 도와주면 좋겠지만 그럴 만한 상황이 아니다." 다음엔 미국 뉴저지의 김민웅 목사(길벗교회, 현 '경희대 미래문명원' 교수)에게 전화를 걸었다. 그가 《한겨레21》에 외부

기고자로 글을 보내올 때였다. 김민웅 목사도 정연주 특파원과 비슷한 이야기를 해 주었다. 그러면서 한 가지 덧붙인 말이 힌트가 됐다. 국립문서보관소에 상주하면서 자료를 찾고 계신 방선주라는 역사학자가 계신데, 그분이 한림대 아시아문화연구소라는 곳과 연결되어 일하신다는 거였다.

바로 한림대 아시아문화연구소에 문의해 방선주 선생의 미국 연락처를 손에 넣었다. 방선주 선생은 1979년부터 미국 국립문서보관소를 드나들며 한국현대사 자료조사와 수집을 해온 분이었다. 일제강점기의 조선인 강제연행과 독립운동은 물론 해방 직후 미군정, 한국전쟁기의 미군·중국군과 관계된 200만 장 이상의 문서를 찾아내 국사편찬위원회, 한림대 등에 제공하셨다.(2007년 3월엔 한국근현대사 사료발굴과 연구를 통해 국민교육 발전에 기여한 공로로 교육부로부터 '국민훈장동백장'을 받았다.)

방선주 선생과 통화가 되었다. 신분을 밝히고, 한국군과 관련한 베트남전 자료를 찾는 경위를 말씀드렸다. 협조를 부탁드린다고 했다. 돌아온 답은 모호했다. 자신은 기독교 정신에 의거해 작업한다고 했다.(평양에서 기독교 성직자의 가정에서 태어난 개인사를 나중에 알게 된 뒤 그 말의 맥락을 알게 되었다.) 자료협조 여부에 관해선 말끝을 흐리셨다. 방선주 선생과 여러 차례 통화 끝에 "그 문서를 숙명여대 이만열 교수님에게 넘겼다"는 답을 들었다. 아마도 내가 전화를 드리기 전 이미 찾아 놓은 자료가 아니었나 싶다.

이만열 교수로부터는 거절을 당했다. 해당 문서를 언론사에 줄 수는 없고, 학문적으로만 활용할 계획이라고 했다. 일면식도 없는 기자에 대한 경계심이 느껴졌다. 결국 최후의 방법으로, 성공회대 한홍구 교수에게 SOS를 쳤다. 한 교수는 1999년 가을 《한겨레21》의 베트남전 보도 이후 시민단체들로 구성한 '베트남전 민간인학살 진실위원회'(이후 베트남전 진실위원회)에 합류해 활동해 왔다. 이만열 교수와 역사학계에서 친분이 있다고 들었기에, 가능성을 다시 타진해보기로 했다. 한 교수는 이만열 교수의 연구실을 방문했고, 기대했던 결과를 얻었다.

2000년 11월의 어느 날, 나는 서울 구로구 온수역 근처 성공회대 한홍구 교수 연구실을 방문했다. 그가 이만열 교수에게서 받은 자료뭉치를 들고 대학 구내 복사실로 갔다. A4 용지 크기로 550쪽이나 됐다. 1968년 다낭 주재 정치고문이었던 제임스 맥의 한국군 활동 분석보고서를 비롯해 주월미군사령부 내부 또는 사령부와 워싱턴의 미 국무부, 사이공의 미국대사관 사이에 오간 한국군의 잔혹행위 의혹에 관한 공문들이 주를 이뤘다. 이 공문들은 그동안 비밀보고서로 분류되었다가 30년이 지난 2000년 6월1일 기밀해제 됐다고 했다.

난 복사를 위해 자료를 훑어보다가 깜짝 놀랐다. 보고서 속의 한국군의 잔혹행위 의혹은 대략 세 가지였는데 그중 가장 큰 비중을 차지하는 사건의 무대가 퐁니·퐁넛이었다. 미군들은 이곳에서 민간인을 향해 발포한 경위에 대해 사실관계를 조사했고 상부에 보고했다. 이 보고서를 토대로 웨스트몰랜드 당시 주월미군사령관이 채명신 주월한국군사령관에게 사건의 진상을 묻는 편지도 나왔다. 채명신 사령관의 답장도 함께 있었다. 헌병대 수사계장 출신의 증언대로 "베트콩의 위장극"이라는 해명이 담겼다. 퐁니·퐁넛에서 발견된 주검이라는 설명과 함께 사진도 첨부되었다. 2001년 4월 퐁니·퐁넛 마을에 들고가 주민들과 함께 주검들의 신원을 밝혔던 바로 그 사진이었다.

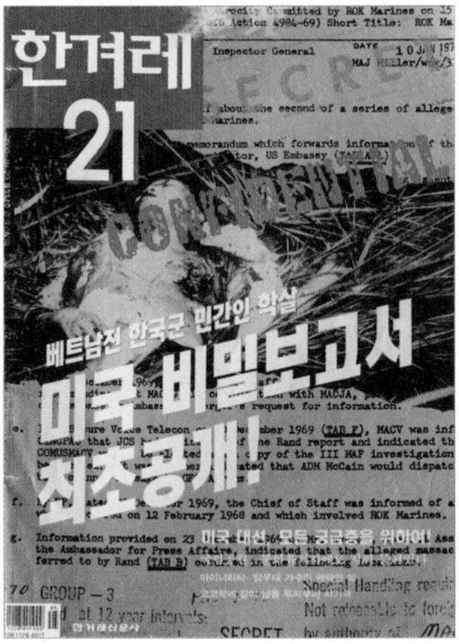

미 국립문서보관소의 베트남전 한국군 학살 관련 문서와 사진을 최초로 보도한 2000년 11월 23일치 《한겨레21》. 이때 보도한 퐁니·퐁넛의 주검 사진을 토대로 본격적인 마을 취재가 시작되었다.

《한겨레21》은 이 문서를 2000년 11월23일치 커버스토리로 보도하기로 했다. 보도시점에 맞춰 '베트남전 민간인학살 진실위원회'는 기자회견을 열 예정이었다. 그러려면 생생한 시각자료인 사진이 필요했다. 보고서에 첨부된 것들은 형체가 희미한 복사본이었다. 《한겨레21》과 베트남전 민간인학살 진실위원회는 위원회의 차미경 집행위원장을 미국 워싱턴 근교 메릴랜드의 미 국립문서보관소로 파견하여 상태가 좋은 사진을 확보하기로 했다.

10일 뒤, 차미경 집행위원장이 DHL 국제우편으로 보낸 사진들이 아슬아슬하게 《한겨레21》 원고마감 시간에 맞춰 신문사에 도착했다. 퐁니·퐁넛의 주검들이 한국군에 의한 희생자들을 대표하여 만인 앞에 모습을 드러낼 준비를 했다. 나는 관련 기사를 작성했다. 해당 《한겨레21》의 표지는 가장 참혹하게 공격당한 뒤 논바닥에서 신음하고 있는 응우옌티탄(앞에서 밝힌 대로 탄 아주머니와는 동명이인이다)의 이미지였다. 끔찍한 표지였다. 그 《한겨레21》이 나온 날, 나는 차미경 집행위원장이 추가 자료를 찾고 있는 워싱턴으로 날아갔다.

RG(Record Group) 472.

베트남전과 관계된 모든 문서는 RG472로 분류돼 있었다. 《한겨레21》이 지난 334호와 이번 339호에 보도한 '한국군의 민간인학살 의혹' 미군 비밀보고서도 RG472에 묶인 한 박스에서 나온 것이다.

워싱턴 근교 메릴랜드 콜리지 파크에 위치한 미국 국립문서보관소(NARA. National Archives and Records Administration)를 찾았다. 이곳은 2차대전 이후 발행된 미국의 군사기록과 문

> 서를 가장 많이 보존하고 있는 곳이다. 1934년 미국에서 가장 처음 생긴 국립문서보관소는 워싱턴 중심가 펜실베이니아 거리에 있지만, 1985년 메릴랜드에 또 다른 국립문서보관소가 생긴 이후 대다수의 군사정보는 이곳으로 옮겨진 상태다. 이도영 박사가 발굴했던 한국전쟁 당시 한국군의 민간인학살 사진들과 《AP》가 처음 보도한 '노근리학살' 공식문서도 모두 여기서 나온 것이다.
> 미국 국립문서보관소가 보존하고 있는 정보량은 실로 방대하다. RG472에 묶인 베트남전 자료의 양은 얼마나 될까. 군사정보 담당 아키비스트(Archivist. 문서보관소 연구원) 클리퍼드 신더(Clifford L.Snyder)는 "3만 8천 박스에 이를 것"이라고 말했다. 그는 2차대전과 한국전, 베트남전의 공식문서들이 집중적으로 소장돼 있는 문서보관실 270호로 기자를 안내하며 자세한 설명을 해 주었다. "이 방에만 14만 4천 박스가 있다. 1940년 이후 자료부터 보관하고 있는데, 이런 규모의 방이 21개나 된다."
>
> "톱 시크리트, 아직도 1천 박스", 고경태, 《한겨레21》 2000년 12월28일치 제339호

미국에서 국립문서보관소를 방문해 사진확보에 도움을 준 베트남전 담당 문서담당관을 인터뷰했다. 국립문서보관소를 취재한 뒤엔 워싱턴과 메릴랜드 근처에 있는 참전군인 단체들을 방문했다. 그들은 미래지향적이었다. 미국의 전쟁책임을 흔쾌히 인정했다. 반공논리의 이분법으로 전쟁을 되돌아보는 이는 없었다. 이들 단체들의 주요한 활동목표는 평화교육이었다. 베트남의 정글에 묻힌 지뢰제거와 피해자 의족제작 지원을 위해 기금을 모은다고 했다.
미국에서 가장 하고 싶은 일은 따로 있었다. 문서에 나온 사진 촬영자 찾기였다. 본(J.Vaughn) 상병이라는 인물. 미군의 보고서에서 그는 "베트남전을 사진으로 기록하고 싶어 카메라를 들고 현장으로 갔다"고 진술했다. 만나고 싶었다. 당시 20세로 알려진 본 상병이 살아 있다면 쉰두 살이었다. 잘 살고 있을까. 어떻게 베트남에 파병되었을까. 오기 직전 대학생활을 했을까. 젊은 날의 꿈은 무엇이었을까. 20장 말고도 추가 사진은 없을까. 본래 컬러필름으로 찍지는 않았을까. 혹시 필름을 보관하고 있을까. 주검이 가득한 현장에서 무엇을 느꼈을까. 그 사건은 이후 삶에 어떤 영향을 미쳤을까. 미국 참전군인단체를 통해 '본'이 살아 있는지 수소문했다. 그는 세상에 없었다. 6년 전, 마흔여섯 살에 병으로 죽었다고 했다.

#6. 1999년 9월, 르포의 충격

베트남이 피곤했다.

2000년 봄이었다. 술자리에서 베트남전 민간인학살 문제를 함께 취재해 온 후배와 이야기를 나누다가 베트남의 '베'자도 꺼내지 말라는 농담성 협박을 잔뜩 주고받았다. 베트남에 관한 화제가 무한정 꼬리에 꼬리를 물었기 때문이다. 다른 이야기가 나왔다가도, 결국 베트남으로 돌아왔다. 베트남은 다른 모든 이야기를 빨아들이는 블랙홀이었다. '그만 얘기하자, 질린다'는 엄살이 터져나왔다.

구수정 씨의 베트남 중부지방 르포를 특집기사로 보도한 《한겨레21》 1999년 9월2일치(왼쪽) 표지와 베트남전 민간인학살 문제를 처음 다룬 베트남 《일요뚜오이쩨》 1999년 9월18일치 표지.

1999년 가을부터 시작한 베트남전 보도가 절정에 이르던 때였다. 2000년 4~5월 몇몇 참전군인의 증언이 세 차례나 《한겨레21》 커버스토리를 장식하고, 고엽제후유의증전우회원들은 6월27일 신문사에 난입했다. 일주일 뒤 첫 회를 방송한 《문화방송》 시사프로그램 '유시민의 백분토론' 주제는 '베트남전 민간인 학살논란'이었다. 《한겨레21》의 베트남 성금모금운동에는 눈물나게 고마운 정성들이 밀려들었다. 마지막 월급이라며 현금 1만 6천 원을 편지봉투에 넣어 보낸 육군 병장, 런던에서 10파운드를 보내며 고국의 베트남 사죄운동을 외국인 친구에게 자랑했다는 교포 학생 등 돈의 액수는 보잘것없었지만 사연마다 가슴을 적셨다. 《뉴스위크》, 《BBC》,

《로이터》 등 외신도 한국에서 뒤늦게 떠오른 베트남전의 한국군 잔혹행위 의혹을 잇달아 비중 있게 보도했다. 베트남전은 뜨거운 이슈였다. 그래도, 이러다가 말겠지 했다. 나도 곧 발을 빼리라 여겼다. 그 뒤 20년 가까이 베트남이 내 인생을 파고들리라고는 상상하지 못했다.

1

©뚜오이쩨

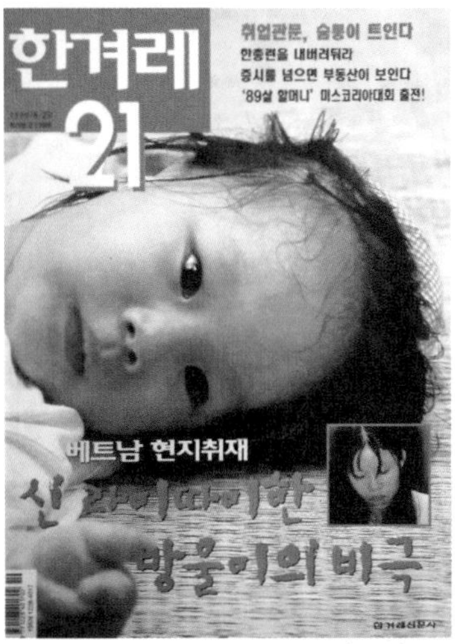

2

1. 1999년 11월28일 오전 필자(가운데)가 당시 구수정 《한겨레21》 통신원(오른쪽)과 함께 뚜오이쩨 신문사를 방문해 레반누이 편집국장을 인터뷰하는 모습.

2. 베트남과 첫 인연. 호찌민을 현지 취재해 신라이따이한 문제를 표지로 쓴 1999년 5월20일치 《한겨레21》.

베트남과의 첫 만남은 1999년 4월로 거슬러 올라간다. '라이따이한'을 취재하려고 베트남 비자를 받았다. 1992년 한국-베트남 수교 뒤 베트남으로 새로 이주한 한국인 남성들의 현지처 문제가 심각하다는 제보가 바탕이 되었다. 내 인생 처음으로 베트남 땅을 밟았다. 떤선녓 공항에 내리자마자 코를 공습하던 찐득찐득한 더위의 냄새, 삼엄한 분위기 속에 무뚝뚝한 표정으로 여권에 스템프를 찍어 주던 입국심사대의 공안들 모습을 잊을 수 없다. 호찌민 출장을 다녀와 '신라이따이한 방울이의 비극'이라는 제목의 《한겨레21》 커버스토리 기사를 내보냈다.(1999년 5월20일치 제258호) '라이따이한'이란 베트남전 당시 한국군 또는 한국인 기술자와 남베트남 여성 사이에서 태어난 2세를 가리키는 말이다. 베트남전 종전과 함께 베트남에 가족을 둔 한국인들은 떠나야 했고, 재수교가 되던 1992년까지 돌아가지 못했다. '신라이따이한'은 베트남전쟁기의 라이따이한과 1992년 한국-베트남 재수교 이후의 혼혈아들을 구별하기 위한 용어였다.

한국 이름 방울이(베트남 이름 미틴)는 50대 중반의 한국 교민이 열다섯 살 밖에 안 된 베트남 소녀와 강압적인 성관계를 가지면서 태어난 만 두 살의 여자아이였다. 방울이는 뇌성마비였다. 걷지도 못하고, 언어능력도 모자랐다. 아이의 병원치료와 아이 엄마의 생계를 책임져야 할 한국인 아빠는 한국으로 도망친 극적인 사례였다. 아이의 할머니는 베트남전 때 한국인 남성과 동거했다. 두 나라가 재수교한 뒤 할머니는 호찌민에 온 한국인들에게 그 남성을 찾아 달라 수소문했고, 그러다가 소개받은 사람이 방울이의 아빠였다. '방울이의 비극'은 베트남 전쟁과 연결되어 있었다.

베트남과의 두 번째 만남은 같은 해 11월이었다. 당시 《한겨레21》 호찌민 통신원이었던 구수정 씨가 호찌민 시 청년들과 이야기하는 행사를 취재하기 위해 현지출장을 갔다. 행사의 이름은 '구수정과의 교류'. 1999년 11월28일 일요일 오후 3시, 호찌민 청년문화회관 2층 교류관은 200여 명의 베트남 젊은이들로 북적였다. 두 달 전부터 본격화한 《한겨레21》의 베트남전 민간인 학살 보도가 베트남 언론의 주목을 받으면서 이뤄진 자리였다.

한국은 미국에 노근리 사건에 대해 사과하고 배상하라고 요구한다고 들었습니다. 그렇다면, 한국 정부는 언제쯤에나 우리 베트남에 사과할까요.

구수정 _ 이 문제에 대한 한국 정부의 입장은 아직까지 소극적인 게 사실입니다. 내가 더욱 부끄러운 것은 우리가 미국엔 사과하고 배상하라고 요구하면서도 우리 정부에는 이 문제를 해결하라고 아직 요구하고 있지 못한 것입니다. 그러나 나는 앞으로 이 문제에 대한 한국인들의 관심이 지속될 것이고, 언젠가는 한국인들이 우리 정부에 대해 사과와 배상을 요구하게 될 거라고 생각합니다.

그래도 한국군 양민학살의 문제는 이미 지나간 과거의 문제가 아닌가요? 당신은 여기에 대해 어떻게 생각합니까.

구수정 _ 한국군 양민학살 현장을 직접 돌아다니면서, 내가 가장 많이 들었던 얘기는 "우리는 이미 과거를 닫았다"였습니다. 그러나 나는 양민학살 현장마다 서 있는 증오비와 한국군 양민학살에 관한 방대한 자료들 앞에서 커다란 충격을 받았습니다. 그리고 이런 질문을 던졌지요. 과연 베트남 사람들은 과거를 닫았는가. 나는 베트남 사람들이 과거를 잊지도, 과거를 닫지도 않았다고 생각합니다. 오히려 베트남 사람들은 자신의 고통을 묵묵히 역사에 깊이 새기고 있습니다.

진정한 친구가 되기 위하여, 고경태, 《한겨레21》 1999년 12월16일치 제287호

구수정 씨는 베트남전 민간인학살을 한국 사회에 처음 알린 인물이다. 1990년대 초반 시사월간지 《사회평론》의 기자로 있다가 1993년 홀연히 베트남으로 유학을 떠났다. 잠시 삼성그룹의 현지합작기업인 삼성비나에서 일하기도 했다. 호찌민대 역사학과 대학원 석사과정을 밟으며 《한겨레21》에 통신원 자격으로 베트남 관련기사를 기고해 왔다. 이후 2008년에 박사과정을 졸업했다.

그녀가 《한겨레21》에 베트남전 민간인학살에 관한 '충격적인 르포'를 쓴 건 1999년 9월이다.(9월2일치 273호) 베트남전 민간인 학살에 관한 보도와 한국 시민사회 사죄운동의 역사는 이 르포 이전과 이후로 나뉜다. 베트남전 종전 이후 34년 만에 한국군 주둔지역 마을에서 피해자들과 한국 언론이 처음으로 만난 것이다. 르포가 나오기까지는 어떤 일이 있었을까.

구수정 씨는 1997년 한국군의 베트남전 참전에 관한 논문을 쓰려고 자료를 찾다가 하노이 외무부 국가문서보관센터에서 입수한 '남베트남에서 남조선 군대의 죄악'이라는 문건을 발견했다고 한다. 이 문건은 1980년대 베트남 정치국 전쟁범죄 조사위원회가 구성됐을 때 만들어진 자료였다. 문건에 등장하는 한국군의 야만성은 믿기 힘들었다. 문건을 묵혀 두던 중 1998년 국제적 시민단체의 이름이기도 한 일본의 '피스보트'를 타고 우연히 꽝남성의 투이보 등 한국군 학살지역을 둘러보게 된 한국 작가들이 구수정 씨에게 관련 사실의 진위 여부를 물어 왔다. 구수정 씨는 현장에 가 사실 확인을 해 보기로 마음먹는다.

결국 1999년 여름 45일간 봉고차를 빌려 한국군 작전지역이었던 중부 5개 성(칸호아, 푸옌, 빈딘, 꽝남, 꽝응아이)의 마을들을 돌며 학살 피해자 가족과 생존자들의 육성을 기록한다. 그 결과물이 1999년 9월의 르포였다. 르포 기사에서 생존자들은 한국군에 관한 기억을 낱낱이 떠올리며 말했다.

"한국군이 한 명 죽거나 다치면 그다음 날엔 줄초상이 났어. 마을에서 일을 하고 있는 사람들을 죄다 잡아다가 죽였지. 여자들은 강간한 뒤에 그 자리에서 총으로 쏴 죽이고…. 그 사람들은 다 전략촌에 있던 주민들이야. 베트콩들이 낮에 어떻게 마을에 내려와?"

"니들이 죽였어! 바로 니들이 그렇게 악랄했다고오. 들어 봐! 여기 사방천지 귀신들의 울음소리가 들리지 않아? 레레레렉! 총을 갈겨서 다 죽였어. 어엉."

"한국에 돌아가거든 높은 양반들한테 한번 물어봐! 어떻게 그렇게 잔인할 수 있었냐고. 어쩌면 그렇게 악독했느냐고…."

미군보다 잔인했던 용병-푸옌성에서의 학살, 구수정, 《한겨레21》 1999년 9월2일치 제273호

"1966년 12월3일(음력 10.22.) 빈호아사, 롱빈 마을의 쩌우레 언덕에 주둔하고 있던 청룡부대 1개 대대가 이곳 9개 마을에서 소탕작전을 펼치면서 학살이 일어났습니다. 3일에서 6일까지 모두 430명이 집단학살을 당했지요. 응옥홍 마을에서는 80살 노인인 후인의 목을 잘라서 논에 걸어

놓기도 했어요. 희생자들 중에는 임산부도 7명이 있었고, 2명의 여성이 강간당하기도 했지요. 또 2명이 산 채로 불구덩이에 던져졌고, 1명은 배가 갈라져 창자가 꺼내졌습니다."

영국·일본인이 달래준 상처-꽝남·꽝응아이에서의 학살, 구수정,
《한겨레21》 1999년 9월2일치 제273호

"반만년 동안 한민족은 외세로부터 셀 수 없이 침략을 당했지만, 단 한 번도 남을 침략한 적이 없다"고 믿어 온 독자들이 많았다. 독자들은 충격과 분노와 부끄러움을 느꼈다. 그리고 자발적으로 피해자 가족에게 전해 달라며 성금을 보내왔다. 《한겨레21》은 독자들의 이런 성화를 이기지 못하고 1999년 10월28일치(제280호)부터 '부끄러운 역사에 용서를 빌자'라는 제목으로 성금모금과 베트남전 관련 후속연재를 시작했다.

뜨거운 반향을 몰고 온 《한겨레21》의 잇단 보도는 베트남으로 옮겨 갔다. 《뚜오이쩨》라는 유력 언론이 움직였다. 《뚜오이쩨》의 자매지인 시사주간지 《일요뚜오이쩨》는 베트남에서는 최초로 1999년 9월18일치에 꽝응아이성에서 벌어진 빈호아 학살사건을 보도했다. 10월24일치에선 구수정 씨를 인터뷰했다. 베트남 청년들이 구수정 씨를 만나기까지엔 이런 일들이 있었던 것이다. 이 문제에 대한 감동의 농도는 어쩌면 베트남이 더욱 짙었다. 지우고 싶은 민감한 과거사 문제에 대해 한국인들이 먼저 언급하고 사회운동을 시작했다는 점이 포인트였다. 1999년 11월28일 호찌민 청년문화회관 2층 교류관에 모인 베트남 젊은이들은 구수정 씨에게 "한국인들의 용기를 사랑한다"고 말했다. "우리는 언제나 용서할 준비가 돼 있다"는 말도 했다. 베트남 언론에서 현지 한국기업 관리자들의 노동자 구타사건이 심심찮게 보도되던 때였다.

#7. 1999~2006년, 애면글면 베트남

이렇게 커질 줄 몰랐다. 이렇게 애면글면할 줄은 몰랐다.

베트남전 보도에서 초기의 내 역할은 편집과 코디네이션 정도였다. 《한겨레21》의 해외통신원 관리를 담당할 때였다. 당시 《한겨레21》은 유럽과 아시아, 아프리카, 남미 등 20개국에 비정규 해외통신원을 두고 기사를 받았다. 구수정 씨도 그중 한 명이었다. 그녀가 처음 베트남 중부 지방 피해자 르포를 써 나한테 보냈을 때만 해도, 기사의 가치를 고려해 파격적으로 키워 내보냈지만 일회성으로 그칠 거라고 보았다.

베트남전 이슈는 잠깐 들썩거리는 파도에 머물지 않았다. 해일처럼 변했다. 일은 점점 산더미가 되었다. 베트남에서 구수정 씨가 피해자를 인터뷰했으니, 한국에서도 참전 군인을 수소문해 만나야 했다. 그래야 사건의 아귀를 맞출 수 있었다. 성금모금과 후속 연재기사를 배정하느라 지면의 절대량이 늘어났다. 나는 베트남의 늪 속으로 서서히 빠져들었다.

매주 1~2쪽 고정지면을 베트남에 할애했다. 때로는 3~4쪽이 되기도 했다. 고정지면 외에도 커버스토리로 쓸 일이 생겼다. 이렇게 46주, 1년을 쉼없이 연재했다. 한국사회의 민감한 성역에 도전하는 일이었기에 더 잘하라는 격려가 줄을 이었지만, 한편에선 과도한 지면 편중 아니냐는 지적도 나왔다. 잡지를 만들면서 이렇게 한 이슈에 올인한 적은 없었다.

2000년 9월, 《한겨레21》의 베트남전 캠페인이 끝났다. 성금모금 창구는 계속 열어 두기로 했지만 매주 고정적으로 펼치던 지면 연재는 마침표를 찍었다. 베트남 피해자에 이어 한국 참전 군인들의 이야기를 최대한 보도했다. 빈 구멍이 아쉬웠다. 그래서 미국 문서를 찾아냈다. 문서에 첨부된 사진 속 주인공들을 알아내기 위해 퐁니·퐁넛에 갔다. 성금으로 모은 1억 3000여 만 원으로는 베트남 피해지역에 공원을 짓기로 했다. 본래는 병원을, 두 번째로는 학교를 짓기로 했었다. 그러나 모인 성금액수로는 턱없이 모자랐다. 다행히도 병원과 학교는 한국 정부가 지어 주기로 했다.

2001년 8월23일 김대중 대통령은 한국을 방문한 쩐득렁 베트남 국가주석과의 정상회담에서 불행했던 과거사에 대한 유감표명을 하며 한국군이 주둔했던 중부 5개 성에 500만 달러(병원 300만 달러, 학교 200만 달러)를 지원해 종합병원과 학교를 짓겠다고 발표한 것이다.

공원은 구수정 씨의 제안에 따라 푸옌성의 뚜이호아에 짓기로 했다. 뚜이호아는 중부 5개 성 중 유일하게 청룡부대, 맹호 26연대, 백마 28연대가 모두 거쳐 가거나 주둔한 상징적인 참전

지역이다. 이 지역에선 전쟁 당시 한국군에 의한 22건의 학살 사건으로 1729명이 희생되었다고 한다. 공원건립을 위한 실무자가 따로 있는 게 아니어서, 매주 잡지 편집마감은 마감대로 하면서 구수정 씨와 함께 이와 관련한 행정절차를 진행했다. 푸옌성 쪽에 보낼 서한을 작성해 번역했고, 문제가 발생하면 구수정 씨와 함께 하나둘 풀어 나갔다.

공원 이름은 '한-베 평화공원'(Han-Viet Peace Park)으로 정했다. 푸옌성 쪽에선 8500㎡(평방미터)의 공원 대지를 제공했다. 이곳에 평화를 상징하는 조형물을 세우고 잔디밭, 인공분수대 등을 짓기로 했다.

©고경태

2006년 3월6일 푸옌성 문화통신청과 함께 연 '한-베 평화공원 내 타일아트 벽화 준공식'에서 감사의 편지를 낭독하는 어린이 대표를 필자가 촬영하고 있다.

©고경태

2003년 1월21일 푸옌성과 함께 연 '한-베 평화공원' 준공식이 끝난 뒤 《한겨레21》 독자성금을 기리는 조형물인 '진실과 우정의 돌'앞에서 푸옌성의 사오비엔 예술단원들이 포즈를 취하고 있다.

기공식을 해야 했다. 준공식도 해야 했다. 조형물도 필요했다. 걸개그림으로 유명한 최병수 작가를 보내 피해자들의 넋을 달래는 '생명의 솟대'와 공원설립 취지를 적은 '진실과 우정의 돌'

을 세우기로 했다. '평화랑 뽀뽀해요'라는 슬로건 아래 한국-베트남(푸옌) 어린이 문예대회도 열었다. 포스터를 만들고, 시·산문·그림·만화 등 작품을 받고, 수상 어린이들에게 돌아갈 상품을 마련하고, 심사위원단을 구성해 수상작을 가리고, 한국어와 베트남어로 상장을 만들고, 시상식을 열고, 준공식 일정을 짜고, 방문단을 꾸리고, 푸옌성 인민위원회 허가 절차를 밟고…. 이 모든 굵직하거나 자잘한 일이 살인적인 업무로 떨어졌다.

©한겨레신문사

2002년 4월에 기공하고 2003년 1월에 준공한 푸옌성 뚜이호아현 중호아히엡사의 한-베 평화공원. 한국 작가 최병수 씨가 깎은 '생명의 솟대'를 푸옌성 직원들이 설치하고 있다.

아무튼 다 이루어졌다. 공원 기공식은 2002년 4월26일, 준공식은 2003년 1월21일 열렸다. 여기서 끝이 아니었다. 준공식이 끝나자마자 푸옌성의 공원을 활용할 이벤트를 기획했다. 한겨레신문사를 주최사로 한 '한-베 평화마라톤 대회'였다. 운 좋게도 협찬 기업이 붙었다. 경영관리직 선후배들과 함께 실무 TF팀을 조직해 일을 진척시켜 나갔다. 베트남 국영방송사인《V-TV》가 생중계를 하기로 했다. 베트남에서 뭔가 막히는 일들은 구수정 씨가 뚫어 나갔다. 1992년 바르셀로나올림픽 금메달리스트인 황영조 선수도 함께 뛸 수 있게 섭외했다.《머나먼 쏭바강》

의 작가 박영한(2006년 8월 작고)씨도 흔쾌히 동행을 승낙했다.

마라톤 대회는 2004년 2월29일로 예정돼 있었다. 마라톤 대회와 중부지역 평화기행을 함께 하는 여정이었다. 대대적인 홍보로 참가자 모집에 나섰다. 마라톤 대회 홈페이지도 만들었다. 푸옌성으로 답사를 두 번 다녀왔다. 한데 예상치 않은 '변고'가 생겼다. 조류독감이 동남아를 덮쳤다. 베트남의 64개 성 중 56개 성이 조류독감 발생을 공식 확인했다. 닭을 1천만 마리나 도살했다. 14명이 사망했다. 푸옌성은 예외지역이었지만 언제 어떻게 퍼질지 몰랐다. 참가자의 안전을 고려해야 했다. 강행할 것인가, 취소할 것인가. 논란을 거듭한 끝에 푸옌성 쪽과 "조금 미루더라도 행사를 안전하게 치르는 게 유익하다"는 결론에 합의했다. 사실상 마라톤 대회는 무산됐다.

나에게 베트남이란 무엇인가. 1999년 우연히 베트남이라는 자전거에 올라타 내리지 못한 채 페달을 밟아 왔다. 베트남 전문가도 아니면서 베트남을 열 번 넘게 오가고 각종 기사와 행사로 관계를 맺어 왔다. 《한겨레21》에서 특별한 인연을 맺기 전 나에게 베트남에 관한 기억은 두 가지다. 첫째, 정신 이상한 아저씨. 둘째, 혁명의 무대.

초등학교 다닐 적, 내가 다니던 교회엔 일정한 직업과 일거리가 없이 매일 동네를 배회하던 30대 아저씨가 있었다. 평소에는 말없이 점잖게 있다가도, 가끔 예배시간에 교인들에게 행패를 부리는 비정상적 행동 탓에 '요주의 인물'이었다. 사람들은 그 아저씨가 '월남에 다녀왔다'고 했다. 월남에서 무슨 일을 겪었기에 이상해졌을까. 그 문제에 강렬한 호기심을 느낄 만큼 세상을 알지 못했던 때다.

대학 시절, 베트남은 '혁명'의 이미지로 다가왔다. 남베트남 학생운동가들의 사랑과 투쟁을 그린 《사이공의 흰옷》('하얀 아오자이'로 재출간, 응우옌반봉)을 흥미롭게 읽었다. 이 책은 중요한 질문에 답을 주었다. 1975년 남베트남 정부의 패망은 국론분열이나 안보에 대한 해이 때문인가? '고딘디엠'(응오딘지엠)과 '티우'(응우옌반티에우)로 이어진 남베트남 정부의 부패에서 비롯됐다고 보는 편이 더 정확하지 않은가? 여기에 대항해 남베트남 민족해방전선(NLF, 베트콩)을 비롯한 민중세력이 어떻게 힘을 모아 나갔는지를 니카라과·쿠바혁명 등의 제3세계 혁명 모델과 함께 책으로 학습했던 때다.

1999년 《한겨레21》 기자로 다시 만난 베트남은 살육의 역사 무대였다. 어쩌면 대단히 숭고한 취재 대상이다. 베트남 학살 현장 곳곳에 있는 증오비나 위령비 앞에서 분향하는 마음으로 옷깃을 여미듯 취급해야 하는 주제 같았다. 현대사에 대한 이해와 사명감이 내 안에서 작동하지 않았다면 끈기를 발휘하기 어려웠으리라. 미국의 동맹국가로서 기적적인 경제성장를 했다는 대한민국 성장의 신화엔 베트남 사람들의 피눈물이 숨어 있다는 점에서 베트남은 가장 뜨겁고 민감한 토론주제였다. 나는 이 이슈를 제기하고 확산시킨 최초의 대열에 섰던 사람으로서 최소한의 도의적 책임감을 느껴 왔다.

2006년 3월, 한-베 평화공원이 있는 푸옌성 뚜이호아에 갔다. 한국문화예술위원회의 지원을 받아 김영현, 김병수 작가를 한 달 전 공원에 보냈던 터였다. 두 사람은 베트남 미술가와 함께 현지 어린이 200여 명을 지도해 작은 타일아트 작품을 만들었고, 이를 모아 벽화를 설치했다. 3월6일 푸옌성 문화통신청과 함께 공원 내 벽화 준공식을 하는 자리에《한겨레21》편집장 자격으로 참석했다. 그리고 7개월 뒤인 2006년 10월, 12년 8개월간 근무해 온《한겨레21》을 떠났다.《한겨레21》은 베트남전에 관해 책임감을 갖고 지속적인 보도를 해 온 거의 유일무이한 매체였다.《한겨레21》의 울타리 안에 있었기에 나는 베트남 문제를 꺼낼 수 있었다. '굿바이 21'이라는 제목의 마지막 편집장 칼럼을 쓰며 나는 '굿바이 베트남'을 예감했다.

#8. 2007~2012년, 망각과 환기

6년간 가지 않았다.

2007년에서 2012년까지 베트남 중부지방에 갈 일이 없었다. 《한겨레21》을 떠나 여러 매체와 부서를 떠돌아다닐 때다. 구수정 씨가 이런저런 일로 베트남 문제에 관해 상의를 해 올 때도 시큰둥했다. 《한겨레21》 보도 직후 시작된 치과의사들의 중부지역 진료 봉사활동과 현지 한국군 피해지역의 증오비와 위령비를 돌아보는 평화기행은 계속되었다. 시민단체, 학교, 노조별로 베트남 중부지방을 찾는 이들이 늘어났다. 안내는 구수정 씨가 도맡아 했다. 중부지역 현지 인민위원회와 긴밀한 연결망을 갖고 있고 베트남어와 현지 사정에 정통한 구수정 씨가 아니면 감당하기 힘든 일이었다. 그곳을 다녀온 이들 중 일부는 베트남전 당시 한국군의 만행을 고발하는 기행문을 《오마이뉴스》 등에 게재했다. 그 글들을 보면서 "이미 실컷 보도했는데 새삼스레 왜 다시 쓸까"하면서 의아해했다. 초기 《한겨레21》 보도의 성과와 영향력을 안일하게 과대평가했던 셈이다.

《한겨레21》 보도 직후 결성된 '베트남전 민간인학살 진실위원회'는 '평화박물관 건립추진위원회'(평화박물관)의 씨앗이 되었고, 2003년 사단법인 허가를 받아 양심적 병역거부 등 사회 현안에 가장 맹렬한 목소리를 내는 인권단체가 되었다. 이 단체의 종잣돈은 '위안부' 피해자 고 문명금 할머니가 베트남 민간인학살 피해자를 위해 써 달라며 쾌척한 위안부 피해자 생활지원금 전액 4300만 원이었다. 평화박물관을 끌고 가는 이는 한홍구 교수(성공회대)였다.

한편 구수정 씨는 2010년 말에 베트남 사회적 기업 '아맙'을 세웠다. 국내 공정무역의 베트남 생산지 조사와 계약을 돕고 중부지방 평화기행을 지속가능하고 체계적으로 정착시키려는 목적에서였다. '아맙'의 활동성과는 2016년 9월 현재, 강우일 주교(천주교 제주교구장), 노화욱 극동대 석좌교수, 치과의사 송필경·정상호 선생이 참여하는 '한-베 평화재단' 창립으로 이어지고 있다.

베트남과 멀어져만 가던 2009년 말의 어느 날, 구수정 씨가 '오음리' 이야기를 꺼냈다. 오음리란 강원도 화천군 간동면 오음리에 위치한 옛 파월장병교육대 터로, 강원도는 2008년 10월 이곳에 국비와 도비, 군비 총 180억 원을 들여 월남파병용사 만남의 장(옛 베트남참전용사 만남의 장, 이하 만남의 장)을 완공했다. 대지 13만 9천788㎡(평방미터), 건평 5만 3천296㎡의 공간에 참전기념탑과 참전용사 추모전시관, 구찌터널(옛 베트남 게릴라들의 땅굴 보급로)과 베트남 전통가옥을 조성했다. 대지 규모로만 치면《한겨레21》독자들 성금으로 지은 한-베 평화공원(8500㎡)의 16배가량이었다. 문제는 베트남참전용사 만남의 장이 전쟁의 불가피성과 정당성, 나아가 전쟁에서의 국익을 선전하는 폐쇄적 민족주의의 전형을 보여 준다는 점이었다.(《베트남전쟁의 한국사회사》, 윤충로, 푸른역사, 2015)

만남의 장만이 아니었다. 2010년 아맙은 각 지방자치단체 홈페이지를 조사했다. 지역마다 참전군인 단체들이 세운 참전 기념물이 전국 각지에 66개나 됐다. 월남참전기념비, 전상자 공적비, 추모비, 월남참전 자유평화수호탑, 유공자 명각비, 참전 전공비, 참전자 충훈비 등 이름도 제각각이었다. 기념비 설립이 예정된 곳은 그 두 배에 가까운 103개나 되었다. 2000년 6월 고엽제후유의증전우회원들의 한겨레신문사 난입으로 표출된 '베트남전 기억투쟁'은 그 뒤 10년간 한편에서 소리 없이 진행된 셈이었다. 참전을 정당화하고 한쪽 진실을 가리는 기념물 건립의 방식으로.

©고경태

강원도가 화천군 간동면 오음리에 국비와 도비를 들여 세운 베트남참전용사 만남의 장.

평화박물관과 아맙은 2009년 당시 이런 추세에 비판적 문제의식을 공유했다. 현장을 여러 차례 방문하면서 시민사회가 어떻게 대처해야 할지 의논했다. 먼저 사진기록 작업이 시작되었다. 평화박물관은 아맙과 함께 사진가 이재갑 씨를 파견해 한국의 참전기념탑은 물론 베트남의 한국인 희생자 위령비를 기록하기로 했다.(베트남 위령비 사진은 2015년 '이재갑 사진전-하나의 전쟁, 두 개의 기억'으로 이어졌고, 민간인 학살 희생자 초청의 계기가 되었다.)

©고경태

베트남참전용사 만남의 장은 구찌터널을 재현해 놓고, 출구에 한국군 마네킹을 설치해 놓았다. 2010년 2월 촬영.

2010년 봄 평화박물관 회원들과 함께 화천군 오음리 만남의 장을 방문했다. 추모전시관은 전쟁을 기억하는 방식을 떠나 기록물로서의 가치를 발견하기 어려웠다. 참전기념탑은 웅장하기만 했다. 재현해 놓은 구찌터널은 보는 이들을 경악하게 했다. 터널 출구에는 삿갓을 쓴 베트남인 마네킹이 손을 들고 서 있고 그 앞에서 한국군 마네킹이 앉아쏴 자세로 M16을 겨누고 있었다. 전쟁에 대한 일말의 성찰이 없는 공간이었다. 거기까지였다. 다시 기사를 써서 베트남전 문제를 환기시켜야 하겠다는 의지를 불태우지는 않았다. 대책을 마련하는 자리에 낄 생각도 없었다.

《한겨레21》을 떠난 뒤, 한겨레 생활문화섹션 esc팀장, 영화잡지 《씨네21》 편집장, 한겨레 오피니언넷부 기자로 근무지를 바꾸면서 베트남과의 심리적 거리가 멀어진 영향이 컸다. 나는 농담처럼 "베트남 학살 문제 지겹다, 그만해라"는 말을 구수정 씨를 만날 때마다 했다. 그러면서도 가끔 이 문제를 칼럼에 등장시켰다.

두부 심부름이 싫었다.

빨간 바가지 때문이었다. 어머니는 가끔 그 빨간 플라스틱 바가지를 손에 쥐여 주며 말했다. "두부 한 모만 사 오너라." 창피했다. 식료품 가게를 오가는 길에 동네 여자아이들을 만날까봐 두려웠다. 열네댓 살쯤 때의 일이다. 한사코 피하려 했지만, 결국 빨간 바가지에 담아 오던 두부의 야들야들한 느낌은 아직도 정감어린 기억으로 남아 있다.

'두부처럼',이라고 했다. 1980년대의 대학 교정에서 《오월의 노래》를 들으며, 나는 빨간 바가지 속의 두부를 떠올렸다. "두부처럼 잘려 나간 어여쁜 너의 젖가슴~." 소름이 끼쳤다. 공수부대원이 어린 여학생의 가슴을 대검으로 난자했다고 했다. 80년 5월 광주괴담이었다. 누가 언제 어떻게 당했는지는 아무도 모른다. 실증적인 조사 결과나 증언이 나온 적도 없다. 풍문이 돌았을 뿐이다. 뻥이거나 부풀려졌을 가능성도 없지 않다.

영화 《화려한 휴가》와 《므이》가 비슷한 시기에 개봉했다. 두 영화가 '흥행경쟁'을 벌인다는 보도를 접했다. 공수부대원들이 총을 겨눈 《화려한 휴가》의 스틸을 보며, 아오자이를 차려입은 여인이 무표정한 눈길을 쳐다보는 《므이》의 초상화 스틸을 보며 엉뚱한 장면이 뇌리를 스쳐 지나갔다. 가슴을 난자당하고 신음하는 여인이었다.

한국군은 1973년 베트남의 전장에서 철수했다. 광주의 비극은 그로부터 7년 뒤다. 광주 진압에 참여한 공수부대 하사관과 장교의 상당수는 베트남 게릴라 토벌에 참여한 실전 베테랑이었다. 동족을 상대한 5월의 광주보다, 이민족을 상대한 베트남이 몇 배는 더 무지막지했을 거라는 추정은 어렵지 않다. 실제로 그랬다. '두부 괴담'은 광주를 넘어 베트남의 이야기였으니까.

하이므이, 고경태, 《씨네21》 유토피아 디스토피아, 2007년 7월31일치 제614호

한겨레 생활문화섹션 esc팀장을 하던 2007년 7월, 《씨네21》에 쓴 칼럼이다. 베트남을 소재로 한 공포영화 《므이》와 광주학살을 다룬 영화 《화려한 휴가》가 동시에 개봉될 무렵, 나는 사진에서 본 한 여인의 압도적인 이미지를 떠올렸다. 퐁니·퐁넛사건의 희생자였던 그 여자, 응우옌티탄이었다.

그녀를 잊지 못한 것은 대학시절의 어떤 궁금증과 관련이 있다. 1980년 5월 광주의 거리에서 공수부대원이 여성의 젖가슴을 잘랐다는 풍문. 팩트로 확인되지는 않았으나, 그 이야기는 《오월의 노래》 가사에 스며들어 광주학살에 대한 젊은이들의 분노와 정의감을 자극했다. 정말 공수부대원은 광주에서 젊은 여성을 향해 그런 짓을 했을까. 80년 광주에 온 공수부대원의 행위를 증명한 언론은 없다. 그런데 나는 그보다 12년 전인 1968년 퐁니·퐁넛에서 베트남 여인의 가슴을 난도질한 한국 해병대원의 행위를 처음으로 보도했다. 문제는 그다음이다. 그들은 왜 그랬을까. 풀지 못한 퍼즐조각은 내 무의식 속에 늘 찜찜하게 박혀 있었다. 광주의 궁금증은 못 풀더라도, 내가 취재했던 베트남의 미스터리는 풀고 싶었다.

2006년 《한겨레21》 편집장 재직 시절, 대통령 비서실의 1급 비서관을 만난 자리에서 퐁니·퐁넛 사건 관련 장교와 사병들의 수사기록을 입수할 수 있는지 문의한 적이 있다. 그 비서관은 여러 부처에 전화를 돌렸지만 성과는 없었다. 알고 지내던 한 방송사 시사프로 PD에게는 퐁

 니·퐁넛을 소재로 다큐멘터리를 만들어 보라는 제안을 했다. 긍정적 반응을 얻었지만 그 후 다시 연락은 오지 않았다. 틈만 나면 퐁니·퐁넛의 수수께끼를 떠올렸다. 내가 아닌 그 누구라도 나서서 장기간에 걸쳐 정밀한 취재를 하면 좋겠다고 봤다. 《씨네21》 편집장 시절에 쓴 칼럼은 그런 바람의 한 조각이었다.

> 그러나 학살을 명령했다거나 비슷한 광경을 보았다는 이는 없었다. 소대장들은 모두 "우리 소대원들은 연루되지 않았다"고 말했다. 아이러니였다. 마치 《이태원 살인사건》에서 용의자로 지목된 피어슨과 알렉스가 "우리 둘 중 한 명이 죽였지만 나는 아니다"라고 했던 것처럼.
> (중략)
> "내가 죽였다"는 고백은 끝내 없었다. 마치 한 편의 '미스터리 전쟁물'을 접하는 기분이었다. 한국군도 미군을 따라 이라크와 아프가니스탄에 파병됐지만, 처절한 기억은 대부분 베트남에서 정지돼 있다. 시나리오를 찾는 영화 제작자들에게 권하고 싶다. 이거 영화로 한번 만들어 보시라고(사건이 벌어진 곳은 황석영 소설 《무기의 그늘》의 무대인 다낭 바로 밑 '퐁니·퐁넛' 마을이다)
>
> 또 하나의 배틀, 고경태, 《씨네21》 에디토리얼, 2009년 12월8일치 제731호

응답은 없었다. 가만히 생각을 해 보았다. 그 마을에 간 지 10년이 넘었지만, 여전히 관심의 끈을 놓지 않은 사람은 나였다. 두 번뿐이지만, 그곳에 가장 많이 다녀온 언론인도 나였다. 그래, 그냥 내가 가자! 2013년 1월의 어느 토요일, 나는 베트남 다낭행 비행기에 올랐다.

새삼 완벽한 진상규명을 하려는 욕심은 없었다. 김대중·노무현 정부 때의 '과거사위'(진실 화해를 위한 과거사 정리위원회) 같은 기구가 생겨 과거사 조사 범위를 베트남전까지 확대한다거나, 1969년 작성됐을 것으로 추정되는 중앙정보부의 퐁니·퐁넛 사건 관련 장교와 사병들의 수사기록을 입수한다거나 하는 일이 벌어지지 않는 한 불가능했다. 나는 1968년 2월12일에 관해 좀 더 세밀한 그림을 그리고 싶다는 소박한 욕심을 품었다. 2000년 5월과 2001년 4월, 두 차례에 걸쳐 마을에 갔지만 각각 단 하루만 체류했다. 겉치레 조사였다. 퐁니·퐁넛에 해병대가 들어간 1968년 2월12일, 주민 74명이 희생됐다. 30가구가 넘을 것이다. 어찌 단 이틀의 취재만으로 피해자들의 증언을 온전히 수집할 수 있을까. 당시 나는 아버지가 남긴 34년간의 스크랩북으로 《대한국민 현대사-아버지의 스크랩으로 본 현대사》라는 책 원고를 탈고한 직후였다. 퐁니·퐁넛 책도 역사책으로 엮을 수 있다는 감이 왔다.

1968년 2월이라는 사건 발생 시점도 흥미를 돋우었다. 북한의 1·21무장공비침투와 미군 정보함 푸에블로호 납치, 북베트남군과 베트콩의 구정대공세, 미군의 밀라이 학살사건, 유럽과 미국의 대학생 시위(이른바 68운동)로 소용돌이치던 그 시절, 베트남에 매해 5만 명을 파병한 한반도에선 남북간 군사충돌 규모가 이전보다 10배 이상 늘었다. 대한민국은 병영국가로 변모

했다. 안보가 모든 가치에 앞서는 준전시국가였다. 퐁니·퐁넛의 기록을, 1968년의 관점과 맥락으로 풀어 보면 그림이 나올 것 같았다.

퐁니·퐁넛 마을 취재는 2013년 1월, 2014년 2월에 각각 일주일간 했다. 2013년, 생존자 탄(응우옌티탄) 아주머니를 12년 만에 만났다. 마흔한 살인 그녀는 이제 쉰세 살이 되었다. 서른네 살이었던 나도 마흔여섯 살이 되었다. 나를 본 그녀는 옅은 미소를 지으며 "옛날엔 젊었는데"라고 말했다. 그녀와 이름이 같은, 젖가슴이 잘리어진 채 참혹하게 죽은 또 다른 응우옌티탄의 아버지와 언니와 동생을 만났다. 그녀의 생전 사진도 구했다. 쩐지엡과 쩐반타 등 미처 알지 못했던 생존자를 만났다. 죽은 엄마의 품에서 갓난아기로 살아난 레딘먼도 만났다. 저격수로 활동한 쩐반남도 만났다. 탄 아주머니가 중상을 입고 오빠와 함께 미군 헬기에 올랐을 때 보호자로 동승했던 응우옌티르엉도 만났다.

《한겨레21》의 취재가 시작되기 이전이었던 1995년에 퐁니·퐁넛 마을을 조사한 디엔반현 문화통신청 직원 르엉미린(2013년 당시 42세)을 인터뷰하기도 했다. 당시 디엔반현 문화통신청은 현 내 20개사에 특기할 만한 역사적 사건과 유적을 조사 중이었다. 르엉미린은 이틀 동안 마을에 와서 조사를 했고 보고서를 냈다. 보고서의 제목은 '야유나무 학살'이었다. 학살이 시작된 지점이 마을 내의 야유나무라는 점에 착안했던 것이다. 나는 2013~2014년 취재과정에서 디엔반현 문화통신청 조사보고서의 오류를 여럿 잡아낼 수 있었다. 보고서엔 이미 죽은 사람 여럿이 마치 당시를 경험한 것처럼 서술되어 있었다. 역시 이틀의 취재로는 부족했던 것이다. 한국에 돌아온 뒤엔, 사건 당일 마을에 들어갔던 장교들을 다시 수소문했다. 1소대장 최영언 씨의 소재를 찾아냈다. 1년간 그를 10여 회가량 만났다. 증언을 들었다.

2015년 2월 책을 냈다.《1968년 2월12일-베트남 퐁니·퐁넛 학살 그리고 세계》(한겨레출판). 우연이었는지, 한국사회에서 베트남 이슈도 다시 살아났다. 책을 발간하고 두 달도 되지 않아 탄 아주머니가 한국에 왔다. 뒤에서 밝히겠지만, 추억인 줄만 알았던 참전군인들의 난동도 재현됐다. 베트남전의 근원과 실상을 밝히는 책도 두 권이나 더 발간됐다. 박태균 교수(서울대 국제대학원)의《베트남전쟁》(한겨레출판)과 윤충로 연구원(한국학중앙연구원)의《베트남전쟁의 한국사회사》(푸른역사)가 그것이다.

그리고 요즘, 나는 1999년으로 되돌아간 듯한 어떤 기시감을 느낀다. 2011년부터 시사주간지와 성격이 비슷한 토요판 편집장(에디터)을 맡은 사정과 무관하지 않다. 정대협(한국정신대문제대책협의회)의 한국군 강간 피해 할머니 실태 조사를 다룬 '할머니의 어떤 기억'(2015년 4월25일치 커버스토리), 위안부 소녀상을 조각한 김서경 김운성 작가를 인터뷰한 '소녀상 친구, 베트남 피에타'(2016년 1월16일치 커버스토리), 1004명이 희생된 베트남 빈안학살 위령제 기행을 다룬 '파이 찌우 짝 니엠'("책임져라"는 뜻의 베트남어, 2016년 3월5일치 커버스토리) 등 여러 차례 베트남전 기획물을 실었다. 구수정 씨는 한베 평화재단 추진위원회가 한국과 베트남에 세우려는 베트남 피에타를 위해 1999~2000년처럼 성금모금 운동을 하자는 제안을 했다. 죽은 이슈로만 생각했는데, 독자들은 베트남전 학살 보도에 여전히 뜨겁게 공명하고 있다. 아직 끝나지 않았다. 나는 엄살을 부린다. 베트남의 깊은 늪 속에서 빠져 나오지 못했다고.

한겨레 토요판
hani.co.kr
국선전담변호사, 너의 목소리가 들려
정봉주의 식스팩은 삶의 기준!
의사 만삭부인 살해사건이 남긴 것
퐘티호아 할머니의 마지막 선물

한겨레 토요판
hani.co.kr
팝페라가수 정세훈의 성대
파격의 인간, 채현국 효암학원 이사장
한빛부대 총알타령, 무엇이 문제인가
베트남전 국군포로 1호
끝나지 않은 '발영·월북 조작' 드라마
안학수 하사의 진실과 동생의 투쟁

한겨레 토요판
hani.co.kr
박준기 사건, 국방부 재조사하나
임성한 작가 은퇴소식에 부쳐
남아공 대통령 제이컵 주마에게 배울 것
할머니의 어떤 기억
'위안부' 피해자들이 연대의 손 내민 베트남전 성폭력 피해자들 첫 증언

한겨레 토요판
hani.co.kr
직접 보지 못한 단원고 졸업식
심보선 고종석이 쓰다, 낭독하다
법정에서 가장 위험한 사람은 누구인가
소녀상 친구, 베트남 피에타
베트남 민간인 학살에 눈 돌린 김서경 김운성 작가 첫 인터뷰

한겨레 토요판
hani.co.kr
경침(驚蟄)
위대한 시성시인, 동주가 돌아왔다
초등학교 1학년 병아리들의 교실
개성공단 전 법무팀장 김광길
파이 찌우 짝 니엠
(phải chịu trách nhiệm·책임지라)
50년만에 한국정부 책임 촉구한 생존자 현
1004명 죽은 베트남 민안학살 위령제 기행

베트남전의 아픔을 다룬 《한겨레》 토요판 1면 커버스토리들. 타계한 꽝남성 하미 마을 생존자 퐘티호아 할머니(2013년 7월6일치), 베트남전 국군포로 안학수(2014년 1월4일치), 빈딘성의 한국군 강간피해 할머니들(2015년 4월25일치), 소녀상을 조각한 김서경 김운성 작가의 베트남 피에타상(2016년 1월6일치), 빈딘성 고자이 마을 위령제에 참가한 한국 평화기행단이 만난 학살 생존자 응우옌떤런(2016년 3월5일치).(위 왼쪽부터)

#9. 2015~2016년, 어떤 귀환

장병 여러분, 얼마나 수고하세요? 여러분들의 사랑 속에서 자라 온 고은아입니다.
이곳은 벌써 아침저녁 찬 바람이 여간 싱그러운 게 아니에요. 가을은 남성의 계절이라는데 고향산천의 빨간 단풍잎이 이따금씩 눈에 선하죠? 고향에서 기다리시는 정든 임에게 러브레터 많이 보내세요?
요즘 신문엘 보면 베트콩들의 난동이 꽤나 극성스러운 모양인데 우리 장병들이야 괜찮겠죠? 어딘가 믿어지면서도 어딘가 불안하실 때도 있어요. 그러나 문제없어요.
여러분들이 베트콩과 싸우고 있는 동안 여러분들의 고향산천은 몰라볼 만큼 변모해 가고 있어요. 경부고속도로가 힘차게 뻗어 가고 서울과 지방의 큼지막한 공장들이 굴뚝을 앞다퉈 올리고 있답니다. 승전하시고 돌아오시는 날, 여러분들의 고향산천이 정말 여기가 내 고향인가 하고 놀라실 거예요.
어? 제 얘기가 길어지면 중간 노래가 아쉽게 되겠네요. 그럼 장병 여러분, 부디 몸 건강하세요. 대한남아의 기력을 맘껏 발휘해 보세요. 여러분들을 사랑하고 아끼는 고향의 모든 임들과 함께 저 고은아도 여러분들의 무운을 빌겠습니다. 그럼 내내 안녕.

유튜브에 떠 있는 '1968년 파월 3주년 위문공연 필름'을 본다. 제작주체가 누구인지 확실하지 않지만, 파월 장병들을 위해 고국에서 이미자, 김추자, 배호, 현인 등 국내인기가수들이 출연한 쇼를 16밀리 영사기 필름으로 베트남 현지에 보낸 것이라고 한다. 쇼 막간에 등장한 영화배우 고은아는 낮고 허스키한 목소리로 장병들을 위로한다. 그 시절을 경험한 참전군인들이 본다면 감회에 젖을 만하다. 50분짜리 흑백영상을 보는 내내 내 감정도 흔들렸다.
2000년 7월13일 고엽제후유의증전우회 양상규 회장은 한겨레신문사 사장실을 예방했다. 그는 머리를 숙여 최학래 사장에게 6월27일의 불미스러운 난입사건에 관해 사과하고 재발방지를 약속했다. 한겨레신문사 쪽은 기물파손에 대한 손해배상 책임을 묻지 않기로 하고 구속된 전우회원들의 선처를 사법당국에 요청하기로 했다. 불상사는 그치지 않았다. 그해 10월13일 전우회원들은 '베트남전 민간인학살 진실위원회'가 주최하려 한 '베트남전쟁과 한국군 파병에 관한 심포지엄' 장소인 서울 중구 서울시의회 별관로비에 난입해 행사 관계자들을 폭행하고 방해해 토론회를 무산시켰다. 전남 목포에선《한겨레21》에 베트남전 피해자 돕기 성금과 함께 사연을 보낸 초등학교 교사의 이야기가 지역 라디오 방송에 나가자, 참전군인들이 해당 초등학교에 난입하는 일도 벌어졌다. 참전군인들은 베트남인들의 학살 피해에 관해 논하는 것을 자신들의 명예에 대한 테러로 여겼다. 앞에서 밝힌, 전국 각지의 참전기념탑 설립은 자신들의 명예를 수호하고 이를 대내외적으로 전파하겠다는 강력한 의지의 표출이었다.

1965~1969년 주월한국군사령관을 지낸 채명신 장군은 2006년에 발간한 자신의 회고록 《베트남전쟁과 나》의 머리말에서 "피가 거꾸로 솟았다"는 표현을 썼다. 2005년 11월17일 국방부 군사편찬연구소 주관으로 실시된 베트남전쟁에 대한 학술회의에서 한홍구 교수 등의 주제 발표를 들으며 집필을 결심하게 됐다고 했다.

> 분명한 역사의 왜곡이며 참전 전우에 대한 모독이었다. "강대국 미국이 약소국 베트남을 침략하기 위한 전쟁에 왜 한국군이 말려들어야 되는가?"라는 대목에서는 피가 거꾸로 솟는 분노가 치밀었다. 계속 이어지는 주제 발표자의 뜻밖의 발언은 이곳이 대한민국의 국방부 산하기관인가 하는 의문을 갖게 할 정도로 궤변과 이적발언으로 이어졌다.
>
> 채명신 회고록 《베트남전쟁과 나》, 팔복원, 2006년

세월이 흘렀다. 2000년 6월 한겨레신문사에 난입한 참전군인들의 평균 연령대는 50대 초중반이었다. 15년이 흘렀고, 그들의 주름살은 깊어졌다. 이제 대부분 70대로 접어든다. 지칠 만도 하다. 착각이다. 그들은 건재하다. 노병들은 죽지 않았다.

ⓒ한겨레신문사

2015년 4월9일 고엽제후유의증전우회 대구광역시지부 회원들이 응우옌티탄 씨의 증언 행사가 예고된 경북대학교 구내에 몰려와 집회를 하고 있다.

2015년 4월7일, 군복을 입은 베트남전 참전군인들이 서울공평동 사거리에 나타났다. 다음 날인 8일 부산 민주공원에 나타났다. 그다음 날인 9일 대구 경북대학교 교정에 나타났다. 탄 아주머니(응우옌티탄)를 비롯한 베트남 생존자 2명이 한국인들과 만나는 자리였다. 학살현장에서 살

아남은 이야기를 듣기 위해서였다. 대한민국 월남전참전자회와 고엽제 관련 단체 회원들은 "조작된 내용의 행사이기 때문에 이를 개최해선 안 된다. 좌시하지 않겠다"고 말했다. 또한 "좌경화된 반국가적인 일부 세력들이 민간인학살 피해자의 증언이라는 근거도, 증거도 없는 연극을 자행하려 한다. 인생 단축할 각오로 그들의 음모를 분쇄하겠다"고 말했다. 7, 8, 9일 3일간의 행사 중 7일의 행사는 파행을 겪은 끝에 정상적으로 치러지지 못했다. 장소를 빌려주기로 한 조계사가 "이념갈등과 안전상의 문제로 대관을 취소하기로 한다"고 밝힌 탓이다.

영화배우 고은아가 무운과 승전과 건강을 빌었던 장병들. 그녀의 말처럼, 경부고속도로가 힘차게 뻗어 가고 서울과 지방의 큼지막한 공장들이 굴뚝을 앞다퉈 올리는 동안, 베트콩과 싸웠던 그들. 누군가는 재가 되어 돌아오고, 누군가는 다쳐서 돌아오고, 누군가는 트라우마를 안고 돌아오고, 누군가는 돌아와 고엽제후유의증을 앓았다. 국가가 남긴 상처다. 국가는 동시에 그들 중 일부로 하여금 베트남에 원한을 남기고 돌아오게 만들었다.

나는 2016년 3월21일 베트남 참전군인 단체 관계자와 나란히 앉았다. 서울 중구 언론회관 15층 언론중재위 서울제4중재실. 맞은편에는 판사인 중재부장을 비롯한 4명의 중재위원이 자리했다. 내 옆에 앉은 이는 중재신청 기관인 '대한민국 월남전참전자회'를 대표해 온 70대의 참전군인이었다. 나는 피신청 기관인 한겨레신문사를 대표해서 그 자리에 갔다. '대한민국 월남전참전자회'는 베트남 빈안학살 위령제 기행을 다룬 3월6일치 《한겨레》 토요판 커버스토리 '파이 찌우 짝 니엠'에 관한 반론 요청이 한겨레 쪽에 의해 받아들여지지 않자 언론중재위원회에 중재를 요청했다. 이들은 처음엔 '정정보도'를 요구하다가 언론중재위로부터 실현성이 낮다는 이야기를 듣자 다음과 같은 '반론보도'를 《한겨레》에 실어 달라고 했다.

제목 : "파월 한국군 민간인 학살" 관련 반론보도문

본문 : 본지는 지난 3월5일자 1,3,4면 "파이 찌우 짝 니엠(책임져라)" 제목의 기사에서 파월 한국군이 민간인을 학살했다고 보도한 바 있습니다. 이에 대해 대한민국 월남전참전자회는 "한국군은 베트남 민간인을 학살한 사실이 없다"라고 알려 왔습니다.

이 보도는 언론중재위원회의 조정에 따른 것입니다.

언론중재위는 이 문안을 조금 다듬어 다음과 같이 반론보도를 해 줄 수 없겠느냐고 한겨레신문사 쪽에 물었다.

제목 : 동일

본문 : 본지는 지난 3월5일자 1,3,4면 "파이 찌우 짝 니엠(책임져라)" 제목의 기사에서 파월 한국군이 민간인을 학살했다고 보도한 바 있습니다. 이에 대해 대한민국월남전참전자회는 "한국군

은 베트남 민간인을 학살한 사실이 없으며 이는 당시 현장에 있던 참전용사들이 증언하고 있고, 대한민국 국방부에서도 그런 사실이 없다고 확인해 주고 있다"라고 알려 왔습니다.
이 보도는 언론중재위원회의 조정에 따른 것입니다.

나는 반론보도문 게재 의사가 없다고 밝혔다. 언론중재위 쪽은 최소한도로나마 수용해 줄 것을 권고했다. 나는 계속 고개를 저었다. "한국군은 베트남 민간인을 학살한 사실이 없다"는 주장을 군이 다시 신문에 실어 줄 필요는 없다고 보았다. 베트남전 한국군 학살 보도를 시작하던 1999년부터 한겨레는 채명신 전 사령관 등 여러 경로를 통해 참전군인들의 입장을 보도했던 터였다. 또한 참전단체 회원들이 2000년 6월 2000여 명이나 신문사로 몰려와 "학살은 허위보도"라며 집단행동을 하지 않았던가. 새삼스럽게 반론보도를 반복할 이유는 없었다. 중재는 결렬됐다. 참전군인 단체가 승복할 수 없다면, 그다음 만날 장소는 법정이다.

베트남전 민간인 학살 문제를 보도할 땐 반드시 참전군인단체의 반론을 실어 주거나, 그렇지 못했다면 사후에라도 반론보도 요구를 수용하는 게 유연하고 합리적인 태도가 아니냐고 볼 수도 있다. 그렇게 이야기하는 부서 후배도 있었다. 내 입장은 분명했다. "1980년 5월에 공수부대원의 발포에 의해 민간인들이 학살당했다는 기사를 쓰려면 특전사전우회에 전화라도 해서 사실관계를 확인해야 하나?"

이참에 광주와 베트남을 비교해 보자. 1980년 5월 광주에 투입된 공수부대원 출신들이 군복을 입고 금남로의 거리에서 광주의 피해자 유족들과 생존자를 욕보일 용기는 없을 것이다. 광주의 소요 진압으로 제5공화국의 안정적 집권토대와 함께 평화적 정권교체의 계기가 마련되고 88올림픽을 유치해 국가적 명예가 드높아졌다고 큰소리를 치지는 못할 것이다. 국가의 명령을 수행한 공수부대원들도 궁극적으로는 피해자이지만, 특전사 복장을 하고 광주학살의 유족과 생존자들을 손가락질하며 시위를 하지는 못한다. 베트남 참전군인들은 다르다. 베트콩 토벌작전이 주를 이룬 베트남전 참전으로 외화를 벌어들여 한국의 경제성장 토대가 마련됐다고 말한다. "학살은 없었다"고 감히 말한다. 이유는 하나다. 상대는 '국민'이 아니기 때문이다. 비국민!

#10. 2016년 1월, 퐁니·퐁넛

식은땀이 났다. 카메라가 없었다.

공항에 왔다. 오늘 베트남으로 간다. 언제나 그렇듯, 가장 중요한 것은 여권과 카메라다. 여권은 안주머니에 있다. 가방 속의 카메라를 더듬어 본다. 집에서 챙겨 온 기억이 있는데, 아무것도 없다. 렌즈를 본체에 결합해서 분명히 넣었다. 사라졌다. 비행기 탑승시간은 한 시간도 남지 않았다. 이번 출장은 망했다.

나는 3년 전 우연히 백화점에 갔다가 충동적으로 구입한 캐논 EOS 650D 카메라와 EFS 18~55mm 렌즈가 든 가방을 컨베이어벨트에 올려놓고 공항검색대를 통과했다. 카메라를 두고 오다니. 그건 꿈일 뿐이다. 간혹 꾸는 악몽이다. 시험 종이 울리는데 하나도 풀지 못하는 꿈과 유사하다. 실제로 겪은 적이 있기는 하다. 2015년 4월, 탄 아주머니를 만나러 급히 집을 나서다 낭패를 겪지 않았던가. 딱 한 번이었다.

2016년 1월16일 아침 다낭행 비행기를 탔다. 경기도 고양시의 이주노동자단체 '아시아의 친구들'이 주최한 '베트남 평화인권기행'에 동행했다. 17일 대량학살지인 꽝응아이성의 빈호아 마을과 밀라이 박물관을 거쳐 18일 퐁니의 탄 아주머니 집을 방문했다. 빨간 투피스를 입은 그녀의 얼굴은 밝았다. 머리 스타일도 세련돼졌다. 몸도 홀쭉해졌다. 탄 아주머니는 1년 전인 2015년 4월 한국을 다녀갔다. 그 전까지만 해도 (여러 차례 인터뷰한 나를 제외하고는) 한국 남성들을 대면하기가 두렵다고 말하곤 했다. 여덟 살 때 땅굴 위에서 수류탄을 들고 나오라고 윽박지르던 그 한국 남성이 떠올랐다고 했다. 한국을 다녀온 뒤 많이 좋아졌다. 대구의 경북대학교에서 만난 한국의 명진 스님은 자신이 참전군인이라며 사죄의 무릎을 꿇었다. 나눔의 집 위안부 피해자 할머니들한테도 따뜻한 위로를 받았다. 시민단체 회원들을 비롯해 소식을 듣고 행사장에 온 한국인들로부터 홍삼과 핸드백, 목도리, 앨범사진, 목걸이 등등 너무나 많은 선물을 받았다. 다 가져오지 못해 뒤따라 베트남에 오는 한국인들이 나눠 들고 올 정도였다. 한국은 두려운 나라에서 추억이 많은 나라로 바뀌었다. 한국 남성도 이젠 더 이상 무섭지 않다고 했다.

탄 아주머니는 한국에서 온 20여 명 앞에서 입을 열었다. 증언의 시간이었다. 곁에서 자꾸만 안기려는 손주가 음식물을 게우는 바람에 말은 자꾸만 끊겼다. 그녀의 집은 2010년 말부터 한국인 평화기행단의 단골코스가 되었다. 초기엔 중고교생들로 꾸려진 방문단 앞에서 체험을 들려주길 거부하기도 했다. 자신의 불우했던 어린 시절이 떠올라 잘사는 나라에서 온 학생들이 얄미웠다는 것이다. 네다섯 번쯤 방문단을 맞을 때가 돼서야 "내가 이 아이들을 어쩌겠냐"면서 침묵을 깼다. 그녀는 이날에도 당시의 일을 상기했다. "난 학살로 엄마도 잃고 학교도 못 다녔는데, 너희들은 잘 사는 나라에 태어나서 이렇게 해외여행도 왔구나 하는 생각이 드니 증언할 마음이 사라졌었지요."

한국을 다녀온 뒤에도 공개적으로 말하는 건 쉽지 않았다. 한국인 방문단 중 한 명이 "자신의 옛 상처를 들추는 게 힘들지 않느냐"라고 물었다. 그녀는 고개를 끄덕이며 "맞다"면서도 이런 말을 덧붙였다. "당시를 떠올리는 게 매우 어려운 일인 건 맞아요. 하지만 이렇게 한국 사람들에게 내가 겪은 일들을 이야기하고 나면 마음이 무척 편해집니다. 당신들은 제 이야기를 한국에 돌아가서 또 알릴 거잖아요. 계속 이야기해야 한다고 생각해요."

©고경태

2006년 1월18일 응우옌티탄 씨가 퐁니의 집에 찾아온 한국인 방문객에게 위로의 포옹을 받고 있다.

드디어 그녀가 기억하고 싶지 않은 참화의 시간들을 이야기했다. 수류탄을 든 남자, 총성과 폭음, 배에 상처를 입은 줄도 모르고 엄마를 찾아 마을을 헤매던 일, 병원에서 엄마가 돌아가신 줄도 모르고 누워 있던 이야기가 이어졌다. 그녀의 눈시울이 뜨거워졌다. 증언이 끝난 뒤엔 방문단 한 사람 한 사람과 눈을 맞추며 위로와 작별인사를 받았다. 나는 그저 사진을 찍었다. 그때도 그랬다. 2000년과 2001년과 2013년과 2014년에도, 나는 촬영을 했다. 1968년 퐁니·퐁넛 사건 현장에 들어가 20장의 주검 사진을 남긴 본 상병처럼, 나 역시 프로페셔널 사진가가 아니었다. 적당히 노출과 포커스를 맞추고 인물과 사물을 앵글에 담았다. 사건과 관계된 인물을 넘어 모든 마을 주민들을 찍으려 했다.

역사란 무엇인가. 존재했던 모든 사실이 역사가 되지는 않는다. 기록이 역사를 만든다. 오랫동안 적은 기록은 서사가 된다. 나는 퐁니·퐁넛 마을 사람들의 이야기를 기록하는 일에 가치와 흥미를 느꼈다. 지루함을 느꼈다면 이 작업을 끝내지 못했다. 아직까지 한 마을 단위로 베트남전 피해자들을 보여 준 경우는 없었다. 한 시대의 아픈 기억을 후세에 남겨야 한다는 무거운 각오는 없다. 나는 퐁니·퐁넛 사람들이 한 시대를 살아왔노라고, 어느 날 예기치 않게 한국인들을 마을에서 마주쳤노라고, 그리하여 무엇인가를 보았노라고 말해 주고 싶었다. 한 사람이라도 더 그들의 이야기를 한국인들에게 들려주고 싶었다. 그들의 배와 옆구리와 엉덩이와 발목과 마음에 남은 흉터를 보여 주고 싶었다. 그들의 눈물을 보여 주고 싶었다. 그들의 일상을 보여 주고 싶었다. 퐁니·퐁넛은, 베트남의 역사이자 대한민국의 역사이므로.

ⓒ고경태

퐁니 마을 입구의 희생자 위령비 진입로 풍경. 이 작은 길을 내기 위해 2004년 한국의 평화인권단체 '나와 우리' 회원들은 한국에서 재원을 모금하고 직접 공사에도 참여했다. 2015년 2월.

2014년 2월 촬영한 퐁니 마을의 야유나무와 희생자 위령비.
해가 지기 직전에 찍었다.

그들 말하다

1968~2016

II

** 사건 당시 마을에는 응우옌티탄과 쩐티드억이 각각 두 명씩 존재했다.

** 사건 당일의 마을 풍경과 주검들 사진은 미 국립문서보관소(NARA)에서 2000년 기밀해제된 것으로, 미 해병대 상병 본(J. Vaughn)이 찍은 것이다. 《한겨레21》의 최초보도(2000. 11. 23.) 뒤 여러 매체에 실린 바 있다.

** 한국군 해병제2여단1대대1중대 사진은 사건 당시 1소대장이었던 최영언 씨가 제공하였다.

** 현지 주민들 옛날 사진은 가족들이 제공했고, 주민들 사진은 고경태가 촬영하였다.

응우옌쑤 Nguyễn Xu(1929~2015)

프랑스 식민지 시절로 거슬러 가 보죠. 난 프랑스식 초등학교를 나왔어요.
1945년, 열여섯 살 되던 해 인도차이나 공산당에 입당했지요.
선전대 일을 하다 10년간 10번쯤은 프랑스군의 감옥에 끌려갔어요.
그다음엔 일본군이었죠. 다음엔 미군, 그리고 한국군이 왔어요.
1960년 베트콩이 활동을 개시했지만 난 그저 조용히 농사만 지었어요.
전사가 되려고 산에 올라가는 큰아들을 말릴 순 없었지요.
그날, 폭음을 들었어요. 둘째 아들과 함께 모든 걸 생생히 보고 말았어요.
미군이 죽였다면 이해를 하겠어요. 한국군은 그날 도대체 왜 그랬나요?

1 

1. 응우옌쑤 할아버지(왼쪽)와 그의 둘째 아들 응우옌탄꺼(1957년생). 응우옌쑤 부자를 2000년, 2001년, 2013년, 2014년, 네 해에 걸쳐 만났다. 2014년 2월.

2. 응우옌쑤 할아버지와 둘째 아들 응우옌탄꺼 부자가 사건 당시의 목격담을 수첩에 써 가며 전하고 있다. 가운데는 구수정 현 아맙(베트남 사회적 기업) 본부장. 2000년 5월.

3. 응우옌쑤 가족의 1960년대 모습. 부인 보티찌(1927년생)가 안은 쌍둥이 응우옌티응아(왼쪽, 1963년생), 응우옌티리엔. 앞줄 왼쪽부터 응우옌탄꺼와 응우옌탄끄엉(1954년생). 보티찌는 1973년 남베트남군의 총격을 받고 죽었다. 베트콩이었던 응우옌탄끄엉은 스무 살 되던 1974년 남베트남군이 버린 총으로 사격하다 총이 폭발해 목숨을 잃었다.

 2

3

응우옌티탄 Nguyễn Thị Thanh(1960~)

한국 남자만 봐도 심장이 뛰었어요. 한국 시민단체 분들이 와도 두려웠어요.
그날, 그 남자 때문이죠. 집 땅굴 위에서 수류탄을 들고 나를 노려보던.
언니도, 동생도, 사촌동생도, 엄마와 이모도 모두 저세상 사람이 됐어요.
오빠와 난 배에 총을 맞고 피투성이가 됐죠. 창자가 자꾸 밖으로 나왔어요.
이를 악물고 뛰어서, 기어서 탈출했어요. 동네 어른들이 우릴 발견했어요.
미군 헬기를 타고 병원에 갔고, 무려 1년 동안 입원한 끝에 살았어요.
그 기적이 없었다면, 47년 만에 학살 생존자 대표로 한국에 못 갔겠죠.
이제 한국 남자 안 무서워요. 한국은 추억이 많은 나라가 되었어요.

1

2

1. 12년 만에 응우옌티탄을 다시 만났다. 딸, 며느리, 손주들과의 한때. 2013년 1월.

2. 2015년 4월 평화박물관의 초청을 받아 베트남전 민간인 학살 생존자 대표로 한국을 찾은 응우옌티탄(맨 왼쪽)이 경기도 광주시 퇴촌면 나눔의 집을 방문해 마중 나온 이옥선 할머니(오른쪽)와 인사를 나누고 있다.

3. 응우옌티탄이 사건 당시 칼에 찔려 목숨을 잃었던 이모 판티응우(1936년생)가 묻힌 꽝남성 디엔남사 깜하 공동묘지를 찾아 흙이 묻은 비석을 닦고 있다. 2014년 2월.

3

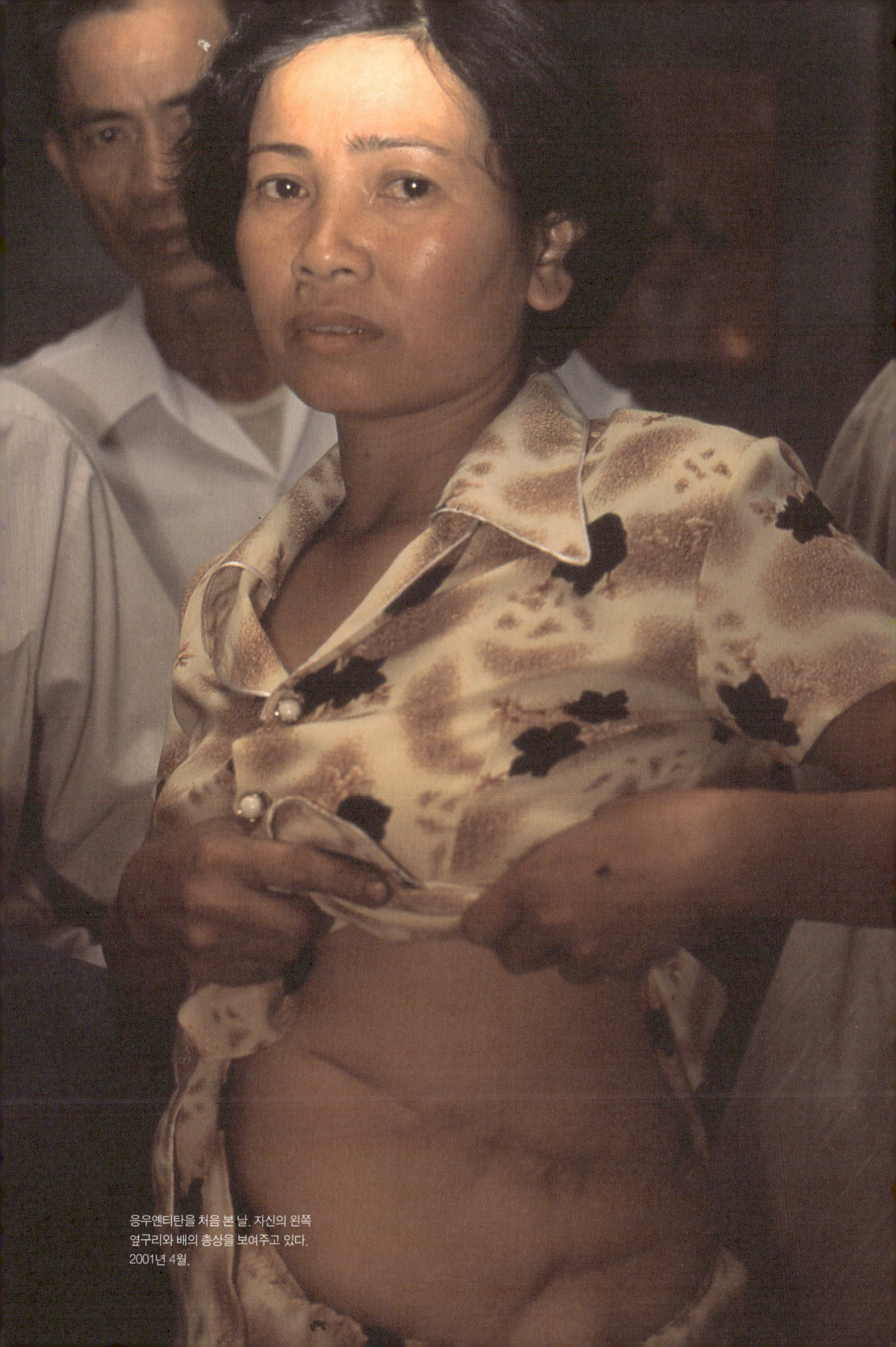

응우옌티탄을 처음 본 날. 자신의 왼쪽
옆구리와 배의 총상을 보여주고 있다.
2001년 4월.

응우옌득상 Nguyễn Đức Sang(1953~)

헬로! 헬로! 헬로! 따이한이 지나가면 그렇게 손을 들고 인사했어요.
거의 매일 마주쳤어요. 악수도 하고 장난도 치곤 했어요.
한국 군인들은 쌍꺼풀이 없었죠. 명찰엔 'Kim'이라는 글자가 많았어요.
그날, 무슨 일이 있었던 거죠? 왜 총을 쏘고 불을 지르며 그렇게 화를 냈죠?
7년간 병원에 있었어요. 동생 응우옌티탄과 함께 배에 치명상을 입었죠.
한동안 배꼽으로 똥이 나왔어요. 지금도 무거운 물건은 못 들어요.
고향을 떠나 호찌민에서 살아요. 아내와 함께 잡화점을 운영하지요.
아, 옛날 생각 하니 다시 감정이 북받치네요. 그만해요. 그만 물어보세요.

2

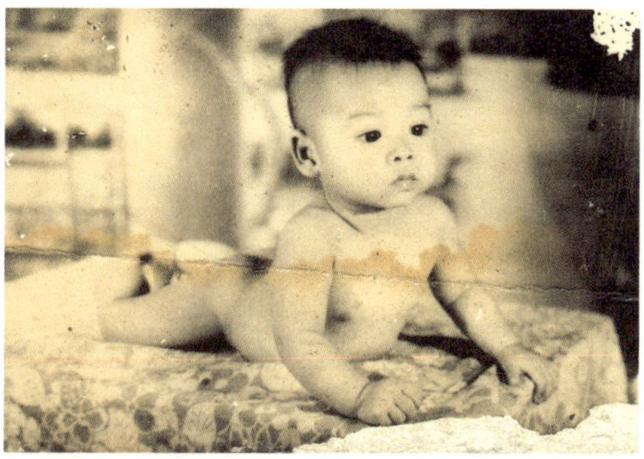

5

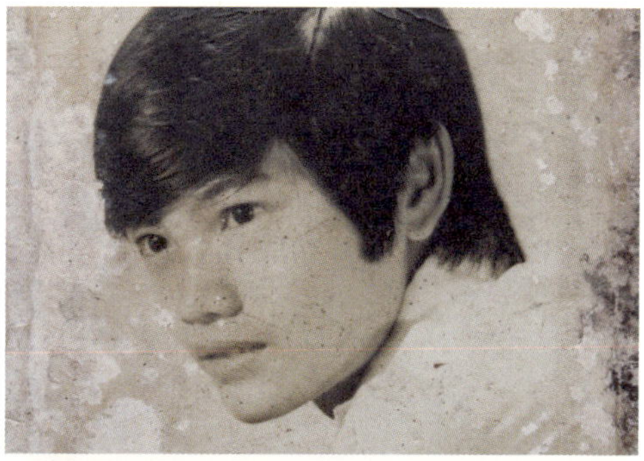

3

4

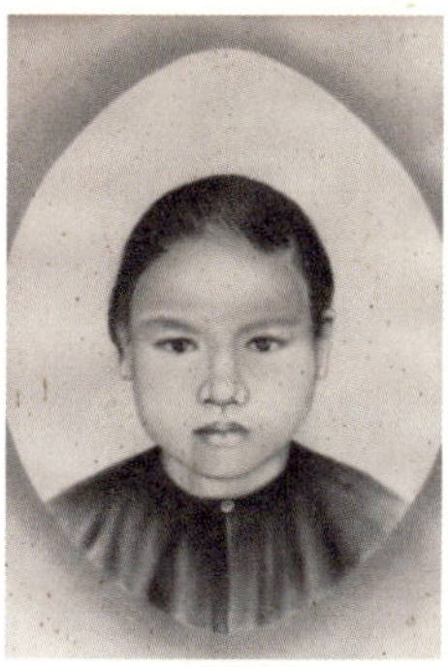

6

1, 2, 3, 4. 돌아올 수 없는 길을 간 응우옌티탄과 응우옌득상의 가족들. 번호순서대로 응우옌티쭝(1957년생), 남동생 응우옌득쯔엉(1962년생), 엄마 판티찌(1934년생), 이모 판티응우.

5. 응우옌득상의 20세 때 모습.

6. 응우옌티탄. 2016년 1월 촬영.

쩐반타 Trần Văn Tha(1957~)

우리 집 거실엔 동지들과 찍은 사진이 걸려 있어요.
1975년 해방을 축하하며 호이안의 사진관에서 촬영한 겁니다.
앳된 18세이지만, 너무 험한 일들을 겪어 마음은 어른이 다 돼 있었죠.
엄마는 미군에게 성폭행을 당한 뒤 우물에 버려져 죽었다고 해요.
따이한이 온 날엔 이웃집 가족이 땅굴에서 몰살당하는 걸 숨어서 보았고요.
누가 떠밀지도 않았는데, 4년 뒤 저는 산에 올라가 유격대가 되었습니다.
AK47 소총을 들고, B40 로켓포를 매고 남베트남군을 괴롭혔어요.
드디어 해방의 감격을 맞았을 땐, 동지들 중 절반이 사라진 뒤였답니다.

1

2

1. 쩐반타는 전쟁 뒤 군인으로 꽝남성에서 지뢰제거 작업을 했다. 1986년 대위로 예편한 뒤 공안으로 일했다. 퐁니·퐁넛이 속한 디엔안사 인민위원회 주석을 역임하기도 했다. 2014년 2월.

2. 퐁넛에 있는 쩐반타 집 앞 풍경. 개들이 논둑길까지 손님을 따라왔다. 2014년 2월.

3. 1975년 해방 뒤 호이안에서. 아래 왼쪽에서 두 번째가 쩐반타.

3

응우옌티탄 Nguyễn Thị Thanh(1949~1968)

축축해요. 난 왜 논바닥에 쓰러져 있나요. 무슨 일이 벌어진 거죠?
올해 고작 열아홉 살이에요. 다낭에서 옷을 지으며 살아왔지요.
명절 때마다 동생들에게 꽃무늬가 들어간 옷을 선물했어요.
설을 앞두고 엄마와 함께 고향 마을에 내려온 길이었어요.
제사도 다 지냈으니 올라가야 하는데, 계엄령이 떨어져 발이 묶였어요.
따이한은 나의 젖가슴과 왼쪽 팔을 칼로 도려내었습니다.
누군가 증언했죠. 군인들이 대검을 들고 날 희롱했다고. 내 옷이 찢겨졌다고.
나를 병원에 보내는군요. 아무래도 오늘 밤을 넘기지 못할 거 같아요.

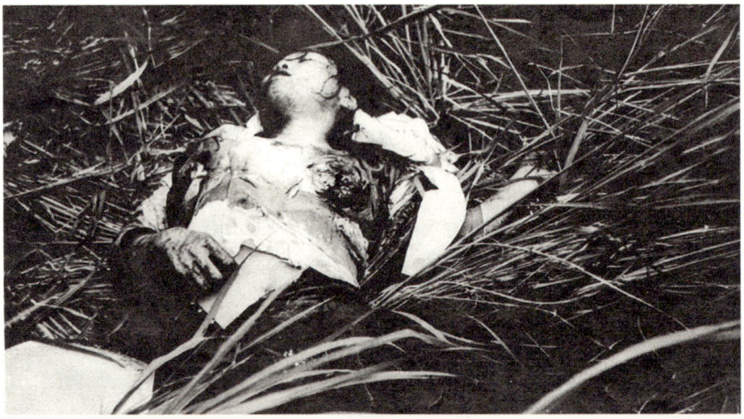
1

2

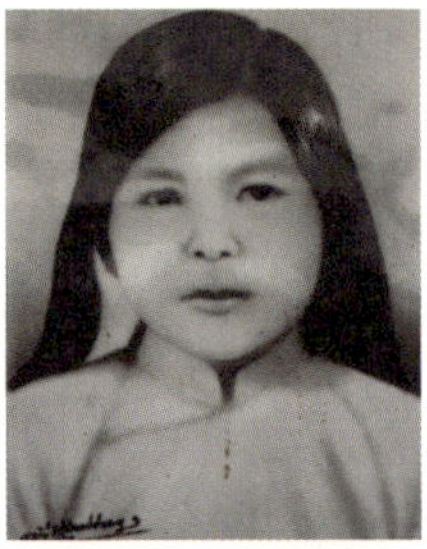
3

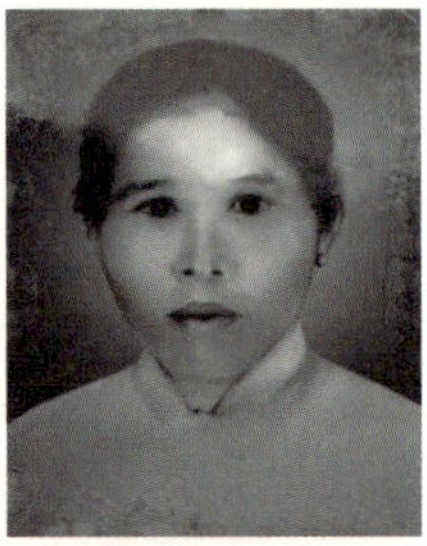
4

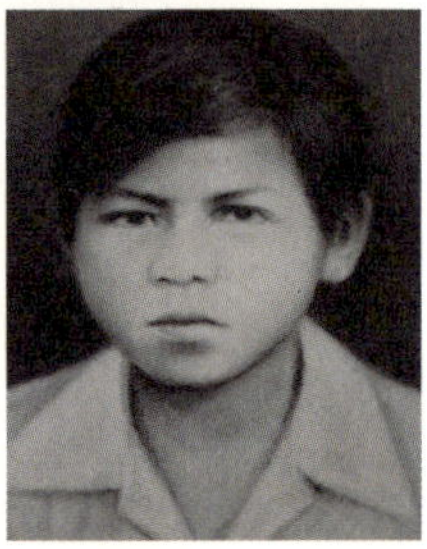
5

1, 2. 미군이 두 각도에서 찍은 응우옌티탄의 쓰러진 모습. 미군 문서에 첨부된 사진 설명엔 "가슴이 잘린 채 살아 있는 여자"라고 적혀 있다.

3. 응우옌티탄의 생전 모습.

4. 응우옌티탄과 함께 화를 당한 어머니 팜티깜(1928년생).

5. 응우옌티탄의 막냇동생으로 엉덩이가 날아갔던 젖먹이 응우옌디엔칸(1967년생). 열 살이 못 되어 숨을 거뒀다.

6. 응우옌티탄의 언니 응우옌티바(1951년생)가 자신의 집에서 손자에게 우유를 먹이고 있다. 2013년 1월.

7, 8. 응우옌티탄의 제삿날 4대에 걸친 온 가족이 모였다. 2014년 2월12일.

9. 응우옌티탄의 아버지 응우옌전(1927년생). 2013년 1월.

10. 응우옌티탄의 동생 응우옌티호아(1955년생). 2013년 1월.

11. 응우옌티탄의 마지막 모습을 증언하는 생존자 쩐티투언(1959년생). 그녀는 총에 맞아 쓰러진 무리들 맨 밑에 깔렸다가 가까스로 살아났다. 2008년 암으로 세상을 떠났다. 2001년 4월.

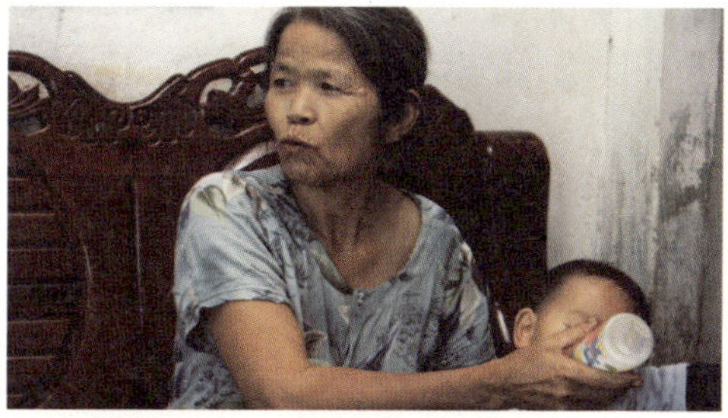

6

7

8

9, 10

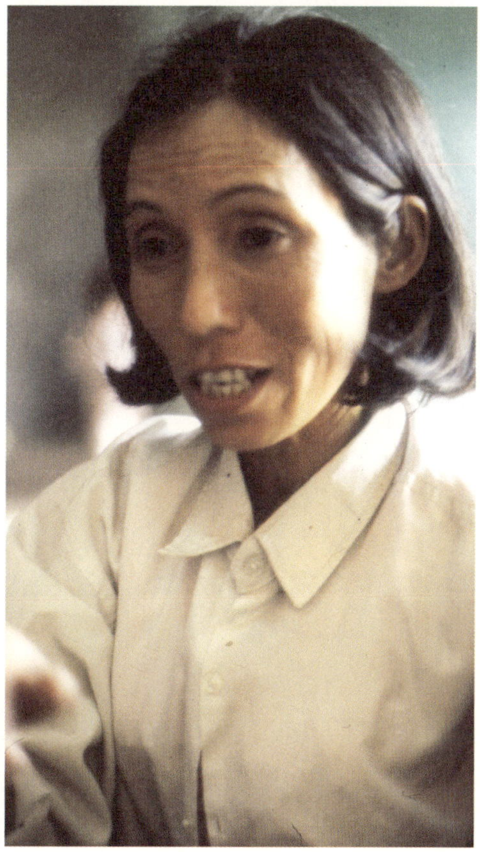

11

레딘먼 Lê Đình Mận(1967~)

나는 목수입니다. 책장도 만들고 가구도 만들어요.
아내는 멀리 공업단지에 있는 구두공장에서 일하죠. 새벽 4시 반에 출근해요.
우리 부부는 농사도 지어요. 가축도 기르고요. 아이는 셋이나 된답니다.
다 합해 한 달 600만동(30만 원) 정도 벌어요. 빠듯하지만 행복합니다.
엄마 덕분이에요. 숨이 끊어지던 그 순간에도 날 지켜 주셨어요.
난 그때 갓난아기였어요. 엄마 품에서 젖을 먹고 잠이 들었죠.
엄마 얼굴은 못 봤지만 어릴 적 꿈에 많이 나오셨어요. 흰옷을 입은 엄마.
우리 엄마한테 왜 총을 겨누셨나요? 엄마는 내게 젖을 먹이고 있었다고요.

1

2

1. 레딘먼이 퐁니에 있는 자신의 목공소 앞에서 포즈를 취했다. 2013년 1월.

2. 어머니의 제삿날 가족이 차린 제삿상.

3. 레딘먼의 가족사진. 부인 응오티뚱(1970년생)과 아이들.

3

레딘묵 Lê Đình Mực(1958~)

동생들 굶기지 않으려고 고생 참 많이 했어요.
나는 그날 돌아가신 엄마 품에서 살아난 막내 레딘먼의 형이에요.
막내를 제외한 세 남매는 전날 아버지의 일터에서 자서 무사했어요.
아버지는 남베트남 민병대원으로 1번 국도의 초소에서 일했지요.
그날 할아버지와 고모까지 잃었어요. 할머니는 중상을 입었고요.
4년 뒤엔 아버지마저 베트콩의 총탄에 세상을 떠났어요.
열네 살 나이에 가장이 됐지요. 어떻게든 세 동생을 먹여 살려야 했어요.
휴, 그럭저럭 잘 헤쳐 왔네요. 다들 가정을 꾸려 화목하게 살고 있으니.

4

5

6

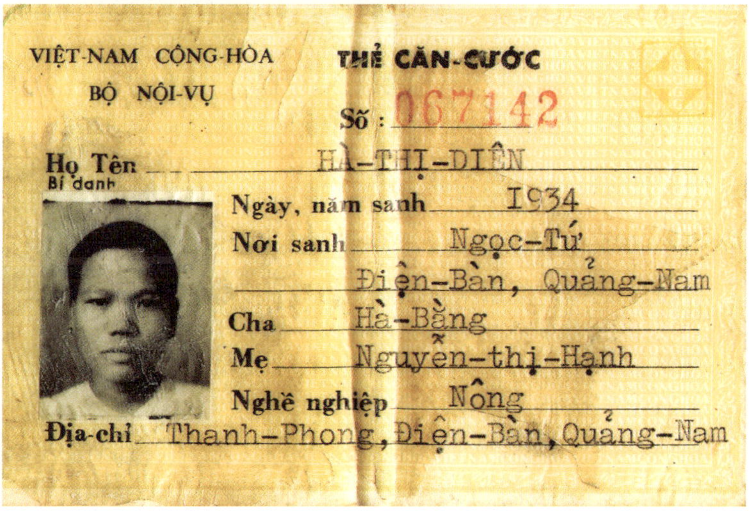

VIỆT-NAM CỘNG-HÒA
BỘ NỘI-VỤ
THẺ CĂN-CƯỚC
Số : 067142
Họ Tên HÀ-THỊ-DIÊN
Bí danh
Ngày, năm sanh 1934
Nơi sanh Ngọc-Tứ
Điện-Bàn, Quảng-Nam
Cha Hà-Bằng
Mẹ Nguyễn-thị-Hạnh
Nghề nghiệp Nông
Địa-chỉ Thanh-Phong, Điện-Bàn, Quảng-Nam

4. 레딘먼의 형 레딘묵. 2013년 1월.

5, 6. 아기 레딘먼을 안고 있다가 총에 맞고 쓰러진 하티지엔. 윗옷이 올려진 채 젖가슴이 드러나 있다. 엄마 하티지엔의 시민증.

쩐티드억 Trần Thị Được(1927~)

뭐라고요? 뭐라는지 도무지 안 들려요. 무슨 이야기를 하는 거예요?
나는 귀가 어두워요. 눈도 침침해요. 곧 90세가 돼요.
2001년엔 괜찮았지요. 그때 상세하게 증언을 다 했어요.
한국 기자가 가져온 주검 사진 속에 셋째 아들 찐쩌가 있었어요.
그날, 개 찾느라 한참을 헤맸어요. 장 보러 가다 총소리 듣고 돌아왔잖아요.
그러다가 나도 총을 맞고 쓰러졌어요. 하늘이 도와줘 살았지요.
학교도 안 다니고 물소 꼴을 먹인 찐쩌만 떠올리면 마음이 아파요.
남들은 나보고 치매라지만 건강해요. 채소도 심고 닭도 돌보며 살거든요.

2

2. 사진 속에서 찐쩌를 발견한 쩐티드억 할머니 부부가 눈물을 흘리고 있다. 2001년 4월.

3. 미군이 촬영한 주검 사진. 쩐티드억 할머니의 아들 찐쩌(1956년생)가 오른쪽 아래에 있다.

3

쩐티드억 Trần Thị Được(1952~1999)

2001년 4월 마을에 오신 한국 기자님, 2년만 더 일찍 오시지 그랬어요.
사진 속 유일한 부상자인 팔찌 두른 16세 소녀의 현재가 궁금했겠죠?
주검 사진들 속에도 엎드려 있는 제가 많이 보일 거예요. 기절한 상태였죠.
그 뒤 베트콩이 돼서도 부비트랩 설치하다 여러 번 생사의 고비를 넘겼어요.
그렇게 명이 길었는데 47세이던 1999년에 유방암이 발병했어요.
기자님, 2014년에도 다낭에 사는 제 남편과 두 딸을 수소문했다면서요.
10대의 식모살이, 20대의 감옥 생활 등 살아온 이야기가 궁금했겠지요.
투쟁만 하다, 고생만 하다 살 만해지니까 인생이 지네요. 좀 더 일찍 오시지.

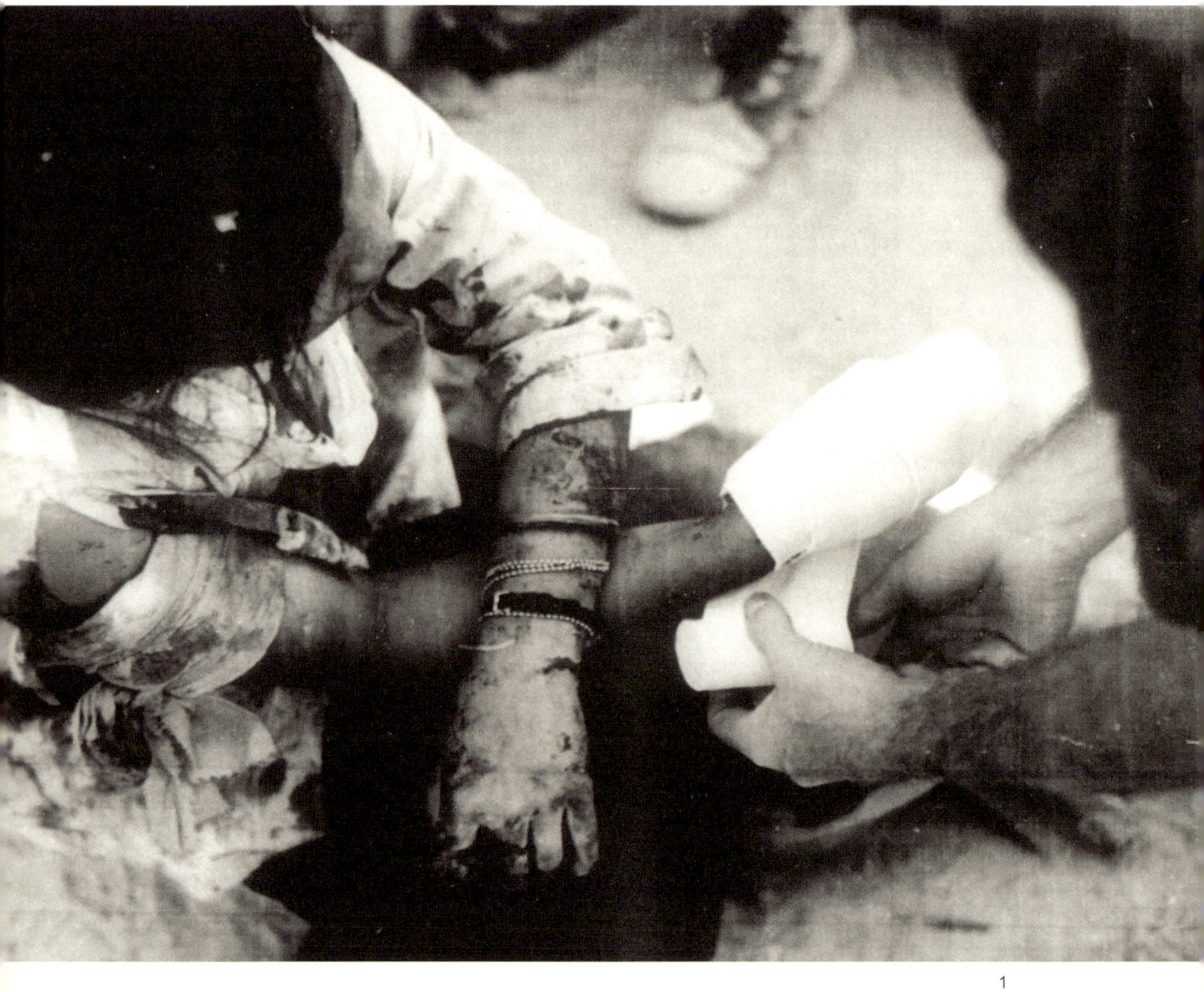

1

2

3

1. 1968년 2월12일, 퐁니 마을에서 마지막으로 찍힌 사진. 미군 병사가 16세 소녀 쩐티드억의 부상당한 손에 붕대를 감아 주고 있다.

2. 왼쪽 두 번째로 점선 안에 쩐티드억의 모습이 보인다.

3. 무더기 주검 속에서 기절한 쩐티드억의 모습이 보인다.(점선 표시) 그 왼쪽에 큰대자로 누운 남성이 쩐티드억의 아버지 쩐반끄다.

쩐지엡 Trần Diệp(1953~)

무서운 얘기 하나 해 줄까요?
마을엔 시체가 널려 있었어요. 시체마다 바나나 잎사귀들이 덮여 있었죠.
저는 겁도 안 내고 그 잎사귀들을 치웠어요. 한 명씩 한 명씩 확인했어요.
하나, 둘, 셋, 넷, 다섯! 드디어 찾았어요. 총에 맞고 칼에 찔린 동생 쩐트.
나도 외양간에 물소를 살피러 나갔다가 다리에 총상을 입은 상태였어요.
군인들이 떠난 뒤, 다리를 절면서도 집에 없는 동생을 찾아 나서야 했어요.
엄마가 막냇동생 낳으러 병원 가면서 동생 잘 돌보라고 신신당부했거든요.
엄마는 오히려 안도했대요. 그 와중에 가족 중 단 한 명만 죽어서 말이죠.

1. 쩐지엡의 부모는 전쟁기간에 지뢰를 밟고 모두 세상을 떠났다. 사건 당일의 목격자이기도 한 고모 쩐티옷(1938년생 · 오른쪽)은 거의 유일한 혈육이다. 2013년 1월.

2. 쩐지엡. 자신이 운영하는 퐁니의 잡화점에서. 2014년 2월.

1

2

응우옌싸 Nguyễn Xá(1938~2006)

나는 남베트남 민병대원입니다. 나는 한국 군대의 동맹군 병사입니다.
1번 국도변 초소에서 쌍안경으로 불타는 마을을 목격했습니다.
마을에 들어가려고 했어요. 형수와 조카들을 구하려고 했어요.
미군 장교가 말렸습니다. 한국 군인들이 흥분했다고, 당신도 위험하다고.
불길이 꺼진 뒤 마을에서 부상당한 조카 2명을 찾아내 헬기로 보냈습니다.
나머지 조카들과 형수는 처참한 주검으로 변해 있었어요.
나는 베트콩을 반대하는 남베트남 군인이에요. 나는 전의를 상실했어요.
1년 뒤 정찰을 나갔다가 지뢰를 밟았어요. 오른쪽 발목을 잘라 냈습니다.

1

1. 응우옌싸. 남베트남군 출신인 그는 해방 뒤 감옥에 들어가 재교육을 받기도 했다. 2000년 5월.

2. 아들, 손자와 함께한 응우옌싸. 지뢰로 잃은 오른쪽 발목을 의족이 대신한다. 2000년 5월.

쩐반남 Trần Văn Năm(1944~)

2014년 1월 어느 날 벼들이 춤추는 퐁니의 들판 한가운데 섰습니다.
그 주변 어딘가에 숨어 AK47 소총의 방아쇠를 당기던 때가 있었지요.
나는 냉혹했던 저격수. 소규모 적의 대열에서 한 명을 노려 한 방에 보냈어요.
후에의 남베트남군 신병훈련소를 탈영해 선택한 베트콩의 길이랍니다.
그땐 탈영병이 얼마나 많았는지 몰라요. 미군에서도 탈영병이 쏟아졌다죠.
부모님과 누나는 폭격에 죽고, 형은 감옥에서 의문의 죽음을 당했어요.
처음에는 산에서 무기를 나르는 일을 하다가 총을 들기 시작했습니다.
해방 뒤 남베트남군 출신 마을 사람들과는 잘 지내냐고요? 허허, 안 친해요.

1

2

1. 퐁니 들녘에 선 쩐반남. 2014년 2월.

2. 퐁니의 집 앞마당에서 아내 응우옌티사우(1945년생)와 함께 선 쩐반남. 2014년 2월.

판 르엉 Phan Lường(1926~)

미안합니다. 마을 사람들이 74명 희생됐는데 우리 가족은 모두 무사했어요.
아들딸이 아홉이나 되는데, 다친 사람도 한 명 없어요. 운이 좋았죠.
그날, 초가집이 탈까 봐 우리 가족은 옆집으로 피신해 침대 밑에 숨었어요.
따이한 병사들이 다가오는 소리가 들렸어요. 떨려서 심장이 터질 뻔했어요.
위기의 순간을 그 집 물소 덕분에 넘겼어요. 물소가 비켜 주질 않았대요.
군인들은 애꿎은 물소에게 수류탄을 던져 화풀이를 한 뒤 돌아갔어요.
그 뒤에도 우리 부부는 아이를 두 명 더 나았어요. 참 행복했는데 말이에요.
전쟁 후에 태어난 막내가 좀 모자라요. 고엽제후유의증이라나요. 에고, 참.

판 르엉과 응우옌티도이(1933년생) 부부. 부인 응우옌티도이는 2013년 가을 세상을 떠났다. 2013년 1월.

응우옌티응이어 Nguyễn Thị Nghĩa(1938~)

아유, 민망해. 사진 찍지 말아요. 나 숨을래요.
할 말은 할게요. 그날 총소리를 들었어요. 따이한 병사들을 봤어요.
그들은 음식을 말리는 채반에 아이들의 주검을 담아 논에 버렸어요.
농수를 대는 우물에 주검을 던지기도 했어요. 마치 짐승을 버리듯이.
그 몇 달 뒤 큰길에서 한국 군대 행렬을 구경하던 이야기도 들려줄까요?
장교 한 명이 다가와 가족사진을 보여 주며 애들한테 과자를 줬어요.
군인은 친절했지만 그날이 떠올라 팔에 소름이 돋을 지경이었어요.
기자 양반 얼굴이 굳어지네요. 괜찮아요. 이제는 한국 사람 안 미워하니까.

1

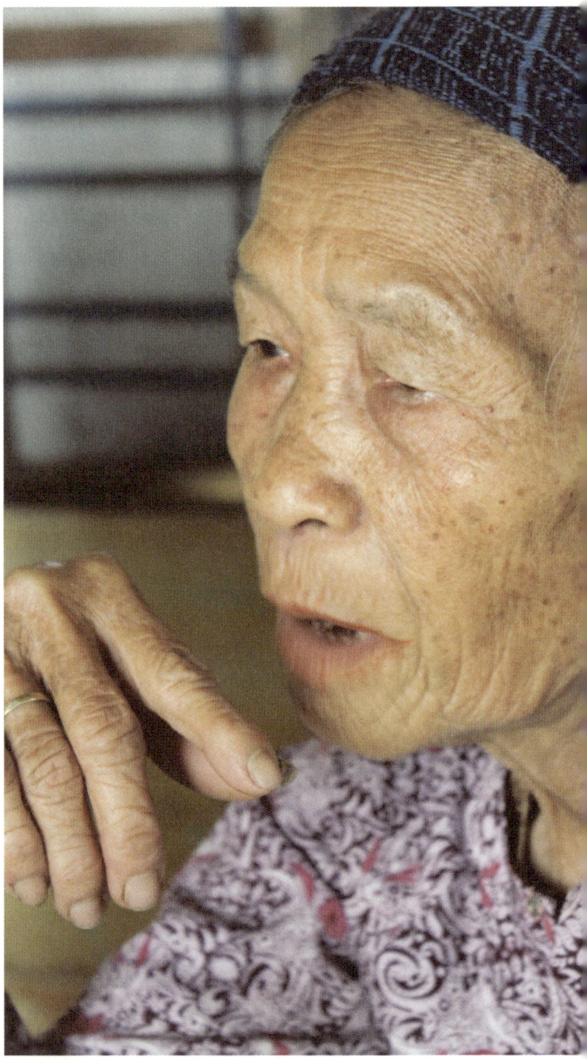

2

1. 응우옌티응이어 할머니 집에 있는 채반. 과일이나 채소를 말리는 용도로 쓰이지만, 1968년 2월12일엔 그 위에 주검을 놓고 운반했다. 2014년 2월.

2. 응우옌티응이어 할머니는 카메라를 향해 눈을 두지 못했다. 2014년 2월.

3. 퐁니와 퐁넛 마을 곳곳에 있는 우물 속으로 그날 수많은 주검이 던져졌다. 2014년 2월.

초판 1쇄에서는 '응우옌티니아'로 표기했다. 국립국어원 외래어 표기법 베트남어 자모와 한글대조표에 따라 '응우옌티응이어'로 바로잡는다.

3

응우옌티르엉 Nguyễn Thị Lượng((1939~)

동네 오빠 레딘다이는 그날 부인과 아들을 잃었어요.
저는 안전한 땅굴에 있었지요. 친척 오빠의 부탁으로 미군 헬기까지 탔고요.
중상을 입은 그분 조카 두 명의 보호자로 병원까지 함께 가 달라고 했어요.
검은 안경 쓰고 권총 찬, 덩치가 산만 한 미군이 함께 타 오금이 저렸답니다.
그날 슬픔에 빠졌던 동네 오빠 레딘다이와 3년 뒤 결혼했어요.
저에게도 약혼자가 있었지만 전사했어요. 남베트남 군인이었죠.
오빠가 재혼한 뒤 나한테 잘했냐고요? 고맙게도 늘 아끼고 사랑해 줬어요.
오늘은 음력 1월13일. 남편의 전 부인과 아들 제삿날이죠. 향을 피워야 해요.

남편의 전 부인과 아들 제삿날에 집 앞에 선 응우옌티르엉. 2014년 2월.

쩐뜨우 TrầnTửu(1944~)

자, 이렇게 주먹을 불끈 쥐고 저를 따라 해 보세요.
"남부해방 조국통일! 미군을 물리치고 괴뢰군을 몰아내자!"
난 그때 공산당위원회 비서로 정치선전 담당이었습니다.
퐁니와 달리 정부 행정력이 덜 미치는 퐁넛은 해방구에 가까웠죠.
석 달에 한 번쯤 마을 주민 수백여 명을 모아 놓고 연설을 했어요.
왜 혁명을 해야 하는지, 왜 호찌민이 옳은지 논리적으로 설명했어요.
내가 말을 좀 잘했죠. 산에 올라 유격대에서 특별 선전훈련도 받았거든요.
평생 살아온 내 고향 퐁넛. 그때가 인생에서 가장 빛나던 순간이랍니다.

쩐뜨우(오른쪽)가 베트남전 기간에 어떻게 선전활동을 했는지 설명하고 있다. 옆은 베트콩 저격수 출신 쩐반남, 뒤는 쩐뜨우의 부인.

하푹마우 Hà Phước Mậu(1957~)

어디서 오셨어요? 한국에서요? 무슨 일이죠? 아무튼 반가워요.
오늘 친구들과 술한잔 했거든요. 얼굴이 좀 빨갛죠?
아, 그 사건은 들은 적 있어요. 난 나중에 이 마을로 이사 왔어요.
옛날옛날, 지금 우리 집에 쩐로와 보티칸이라는 60대 부부가 살았대요.
금실이 좋았는데, 슬하에 자식은 없었다는군요. 다른 후손도 없나 봐요.
그날, 두 분 모두 완전히 불에 타 형체도 알아볼 수 없었다고 해요.
난 그분들과 아무런 연고가 없지만 매년 제사를 지내 줘요.
죽은 영혼들에게 잘해야 나도 죽은 뒤에 좋은 곳에 가지 않겠어요?

하푹마우를 퐁니에서 우연히 만났다.
2013년 1월.

잿더미에 묻힌 마을 주민. 주민들의 증언으로 미루어 짐작할 때 두 사람은 하푹마우가 매년 제사를 지내 주는 쩐로(1901년생)와 보티칸(1904년생) 중 한 사람으로 보인다.

1

2

BIA TƯỞNG NIỆM
74 NGƯỜI DÂN BỊ LÍNH NAM TRIỀU TIÊN
THẢM SÁT TẠI CÂY DA DÙ XÃ ĐIỆN AN
HUYỆN ĐIỆN BÀN - TỈNH QUẢNG NAM
NGÀY 12 - 2 - 1968
(NHẰM NGÀY 14 THÁNG GIÊNG NĂM MẬU THÂN)
QUỸ HANBEOT

3

4

6

5

1. 야유나무 근처 들녘. 쟁기를 든 한 농부가 지나간다. 2000년 5월.

2. 한국 시민단체 '나와 우리'회원들이 성금을 모으고 직접 땀 흘려 만든 야유나무 옆 위령비 앞에 한국의 시민단체가 보낸 조화들이 서 있다. 2014년 2월12일.

3. 마을 사람들은 야유나무를 영험하게 생각한다. 나무 앞에 향로를 놓고 기도를 드리기도 한다. 2013년 1월.

4. 퐁니와 퐁넛 마을의 중간에 있는 대나무 숲. 주검 무더기가 발견된 장소는 총 세 곳이었는데 이곳에서 가장 많은 주검이 발견되었다. 2014년 2월.

5. 한국에서 가져온 주검 사진들 속에 자신의 가족이 있는지 살펴보는 퐁니 · 퐁넛 마을주민들. 2001년 4월.

6. 위령비 가장 아랫부분은 1967년생과 1968년생 갓난아기들이 차지하고 있다. 2014년 2월.

해병 제2여단 1대대 1중대

1968년 2월12일, 그날
해병 제2여단(청룡부대) 제1대대 1중대 병사 150여 명이 수색정찰을 나갔다.
1968년 2월12일 오전, 꽝남성 퐁니 · 퐁넛 마을 측면을 동에서 서로 이동했다.
지뢰가 터졌고, 1소대원 중 한 명이 저격을 당했다. 부상병은 후송 조치됐다.
중대장은 마을 진입을 지시했다. 1소대가 앞에 서고 2, 3소대가 뒤를 따랐다.
노인과 부녀자, 아이들뿐이었다. 겁에 질린 주민들을 밖으로 나오게 했다.
퐁니를 거쳐 퐁넛 끝에 왔을 때 1소대장은 M16 연발사격 총성을 들었다.
다음 날 동이 트자 1중대는 퐁니 · 퐁넛 인근 1번 국도로 다시 정찰을 나갔다.
도로변에 수십 구의 주검이 놓여 있었다. 그 곁에서 주민들이 웅성거렸다.

1

2

3

4

5

6

1. 1968년 봄, 꽝남성 디엔반현 인근에서 캘리버 30 기관총을 거치해 놓고 작전을 벌이는 해병 제2여단(청룡여단) 제1대대 1중대 병사들.

2. 꽝남성 디엔반현 일대에서 작전을 마친 뒤 돌아오는 1중대원들.

3. 1중대원들이 작전을 마치고 호이안 인근의 중대 기지로 돌아오고 있다. 민간인들이 길 한쪽으로 피해 걷고 있다.

4. 한국군이 미군에게 제공받은 수륙양용 장갑차(LVT)를 타고 작전 지역으로 이동하고 있다. 장갑차 위에는 민간인들도 탔다.

5. 1968년 봄, 1중대 부중대장 최영언 중위가 베트남 아이들에게 시레이션 상자에서 가져온 사탕과 비스킷을 나눠 주고 있다. 최영언 중위는 퐁니·퐁넛 사건 당시 1소대장이었다.

6. 1968년 봄, 꽝남성 디엔반현 일대에서 작전을 하던 1중대원들이 베트남 할머니를 발견하고 상부에 무전연락을 취해 처리방법을 묻고 있다.

숨 쉬는 기록

폼니 · 퐁넛 사건 관련 미군 문서
베트남 꽝남성 자료집
꽝남성에 보내는 편지
한국 국방부 문서

III

퐁니 · 퐁넛 사건 관련 미군 문서

퐁니 · 퐁넛 사건에 관한 미군 조사의 핵심 대목을 다룬 문서 원본과 일부 번역본을 싣는다.

문서는 지난 2000년 6월1일 미 국립문서보관소에서 30년 만에 기밀해제된 것으로 해제 직후인 2000년 《한겨레21》이 334호(11월23일치)에서 핵심 내용을 보도한 바 있다. 공개된 문서들은 주월미군사령부 감찰부에서 주월미군사령부 및 군부 고위 장성에게 보낸 보고서와 사진, 각종 첨부문서 중심으로 구성돼 있다. 전체 분량은 A4용지 크기로 총 554장에 이르지만, 겹치는 부분을 제외하면 실제로는 150여 장이다. 보고서는 꽝남성 디엔반현 퐁니 · 퐁넛 마을을 비롯해 같은 성 내 푹미 마을과 호앙쩌우 마을에서 일어난 한국군 해병대의 잔혹행위 의혹을 다루고 있는데, 가장 방대한 조사자료와 사진이 첨부된 사건의 무대는 퐁니 · 퐁넛이다.

이 사건 보고서는 한국과 필리핀 · 타이 · 대만 등 베트남전 파병국을 대상으로 한 1970년 2월 미 의회의 사이밍턴 청문회를 앞두고 《뉴욕타임스》 등 언론들이 한국군의 잔혹행위 의혹을 보도하자 미국 외무당국이 사실관계 파악을 위해 미 국방성에 자료요청을 요구하는 과정에서 드러나게 되었다.

문서를 보면 퐁니 · 퐁넛 사건에 대한 미군의 조사과정이 생생하게 드러난다. 사건현장을 목격한 미군 병사들과 남베트남군, 마을 생존자들이 조사관에게 진술한 내용을 토대로 사건의 전개과정을 시간대별로 재구성해 놓았다. 조사결과에 따라 웨스트몰랜드 주월미군사령관은 공식서한을 통해 한국군 쪽에 사건에 관해 해명을 요구했고, 채명신 주월한국군 사령관은 자체 조사보고서를 첨부해 답신을 보냈다. 미군은 또 다른 보고서를 통해 그 답신의 진위 여부를 평가하기도 했다.

지면 사정 등으로 전체 문서는 물론 완벽한 번역본을 제공하지 못했다. 전체 문서 번역본은 2000년 11월 당시 '베트남전 민간인학살 진실위원회' 차원에서 초벌로 한 것이 있지만 공개자료로 내놓기에는 불충분하다고 판단했다. 미군의 조사보고서 또한 광범위한 주민 진술을 기초로 한 것이 아니어서 부정확한 내용이 있다. 희생자 숫자와 몇몇 주민들의 이름도 각각 공식집계와 차이가 나거나 오기(誤記)로 확인되었다. 그럼에도 미군 문서 원본 일부와 부분적인 번역본을 굳이 실은 것은 퐁니 · 퐁넛 사건 자료의 공유에 의의를 두었기 때문이다.

SECRET

INSPECTOR GENERAL

MILITARY ASSISTANCE COMMAND VIETNAM

Report of Investigation

CONCERNING ALLEGED ATROCITY COMMITTED BY ROK MARINES ON 12 FEBRUARY 1968 (COFS ACTION 4984-69).
(SHORT TITLE: ROK MARINES)

MIV-60-69 VOLUME 1A OF 1 VOLUME

(CORRECTIVE/FOLLOW-UP ACTION)

FOR OFFICIAL USE ONLY

This document contains privileged information and dissemination is prohibited except as authorized by COMUSMACV. Protective marking is excluded from automatic termination (paragraph 13, AR 340-16).

MACIG FORM 17
16 Jan 71

SECRET

OFFICE OF THE CHIEF OF STAFF
MACV

Suspense:

Date: 29 Dec 1969

TO:...... ......See me
...... J1 ...X.Appropriate Action
...... J2 ......Prepare reply for sig of ....
...... J3 ......Staff reply
...... J4 ......Note in turn and return
...... J5 ......Information
...... J6 ......File
...... MACCORDS
..X...MAC. IG..........
......DCG, USARV (ATTN: SGS)

SUBJECT: ROK Marines (U)

For future reports of this nature, request letters such as those attached (i. e., one for CJCS and one for CINCPAC) be drafted and submitted for signature with the package(s).

FOR THE CHIEF OF STAFF:

J R Cochran
J. R. COCHRAN
LTC, USAF
Asst Secy Joint Staff

of return
4984-69

SECRET

HEADQUARTERS
UNITED STATES MILITARY ASSISTANCE COMMAND, VIETNAM
APO SAN FRANCISCO 96222

MACJ02 29 December 1969

SUBJECT: Alleged Korean Atrocities (C)

General Earle G. Wheeler
Chairman, Joint Chiefs of Staff
Washington, D.C. 20301

1. (S) DEPSTATE, recognizing that the Symington Sub-committee of the Senate Foreign Relations Committee probably will be holding hearings in January on Korea and US support of Korean forces in RVN, has requested "fullest possible information" on subject allegations. Accordingly, the attached chronology of a 12 February 1968 incident (TAB A) has been passed from MACV to AMEMB Saigon. In extension, this Headquarters will continue to cooperate fully with the Embassy in providing data on other such incidents.

2. (S) In view of the secure voice telecon (200110Z [illegible]) from PACOM that alerted MACV with respect to the significance of a [illegible] investigation in terms of a Rand Report entitled "VC Style of Politics" (RM 5487-ISA/ARPA Jul 68), the attached additional data (TABS B-H) are forwarded herewith. Under separate cover, an identical compilation has been forwarded for information and retention to CINCPAC.

FOR THE COMMANDER:

8 Incls
as

ELIAS C. TOWNSEND
Major General, USA
Chief of Staff

Cy 1 of
Pg 1 of 1
IG 248A69
C/S action # 4984-69

MIV-60-69

cy 1R of 2 cys
Page 1 of 1 pp

GROUP 4
Downgraded at 3 year intervals; declassified after 12 years

SECRET

AS TRANSMITTED TO CJCS (VIA AG COURIER)

SECRET

HEADQUARTERS
UNITED STATES MILITARY ASSISTANCE COMMAND, VIETNAM
APO SAN FRANCISCO 96222

MACJ02 29 December 1969

SUBJECT: Alleged Korean Atrocities (C)

Admiral John S. McCain, Jr.
Commander in Chief, Pacific
FPO San Francisco 96610

1. (S) DEPSTATE, recognizing that the Symington Sub-committee of the Senate Foreign Relations Committee probably will be holding hearings in January on Korea and US support of Korean forces in RVN, has requested "fullest possible information" on subject allegations. Accordingly, the attached chronology of a 12 February 1968 incident (TAB A) has been passed from MACV to AMEMB Saigon. In extension, this Headquarters will continue to cooperate fully with the Embassy in providing data on other such incidents.

2. (S) In view of the secure voice telecon (200110Z Dec 69) from PACOM that alerted MACV with respect to the significance of a III MAF investigation in terms of a Rand Report entitled "VC Style of Politics" (RM 5487-ISA/ARPA Jul 68), the attached additional data (TABS B-H) are forwarded herewith. Under separate cover, an identical compilation has been forwarded for information and retention to JCS.

FOR THE COMMANDER:

Elias C. Townsend

8 Incls
as

ELIAS C. TOWNSEND
Major General, USA
Chief of Staff

Pg 1 of 1 Pg
IG 248A-69
Isaction # 4984-69

SECRET

GROUP 4
Downgraded at 3 year intervals; declassified after 12 years

AS TRANSMITTED TO CINCPAC (VIA AG COURIER)

HEADQUARTERS
UNITED STATES MILITARY ASSISTANCE COMMAND, VIETNAM
APO SAN FRANCISCO 96222
Office of the Inspector General

MACIG-INSP

1 MAR 1970

MEMORANDUM FOR RECORD

SUBJECT: Item of Special Interest

1. On 23 February 1970 while inspecting Phu Cat District, Binh Dinh Province, I inquired of MAJ Finley, the Phu Cat District Senior Advisor if he had any information concerning possible atrocity-type incidents.

2. He furnished the following information:

He arrived in Phu Cat District in May 1970 [69]. He heard about a possible atrocity being committed. on a captured and wounded VCI in April 1969. The VCI was brought to the Phu Cat District Headquarters. The Koreans requested permission to interrogate the prisoner. The Vietnamese turned the prisoner over to the Korean MSS who then transferred him to the 1st ROK Regiment Compound. The prisoner's body was returned the next day and it was noted that burns were in evidence on the ears and testicles. A Mr. Hamilton, CORDS, and previous Phu Cat District Deputy Senior Advisory (Departed 13 Feb 70) knew of this case but MAJ Finley did not know if he had submitted a report. MAJ Finley believed a Mr. Phan Thanh Huong, the present Police Special Branch Chief, Phu Cat District, may have knowledge of this incident but all other district staff personnel have been replaced.

3. Since the above incident the RF/PF or District Chief will not turn any prisoners over to the Koreans without a Vietnamese escort.

4. I informed MAJ Joseph Miller, MACV-IG, Investigations Division, of the above upon my return to Saigon on 1 March 1970.

Noted RHC

CHARLES M. BOLEN, JR.
LTC, USA
Assistant Inspector General

HEADQUARTERS
UNITED STATES MILITARY ASSISTANCE COMMAND, VIETNAM
APO SAN FRANCISCO 96222
Office of the Inspector General

MACIG-INSP

14 February 1970

MEMORANDUM FOR RECORD

SUBJECT: Incidents Concerning Republic of Korea (ROK) Forces in Phu Yen Province

1. During a special inspection of the Phu Yen Province Advisory Team, Advisory Team 28, 9 through 13 February 1970, I made inquiry to the Province Senior Advisor about any knowledge he may have regarding incidents concerning ROK personnel. I specifically asked about any information he might have concerning an alleged incident in 1966 (Rand Report). He stated he was aware of the allegation but that he could offer nothing further than had been previously discussed with inspector general personnel (LTC Tamez and MAJ Miller).

2. He then stated that there had been a problem with the Korean unit located in the northern portion of Phu Yen Province in October and November 1969. This problem arose when the Korean unit did a considerable amount of indiscriminate firing and running road check points without stopping. A good bit of the indiscriminate firing occurred as reconnaissance by fire while travelling along Highway QL 1. He further stated that he had reported this to higher headquarters and effected closer liaison with the Korean unit. This effort evidently was successful, possibly in part due to a change of the Korean unit commander and that there had been no report of any such incident this year.

3. Upon return to MACV Headquarters, I had the opportunity to read MACV Chief of Staff Action Paper 5029/69, dated 13 December 1969. I am certain that the incident noted in paragraph 2 above is the same one as noted in the Chief of Staff Action Paper.

CHARLES M. BOLEN
LTC, USA
Assistant Inspector General

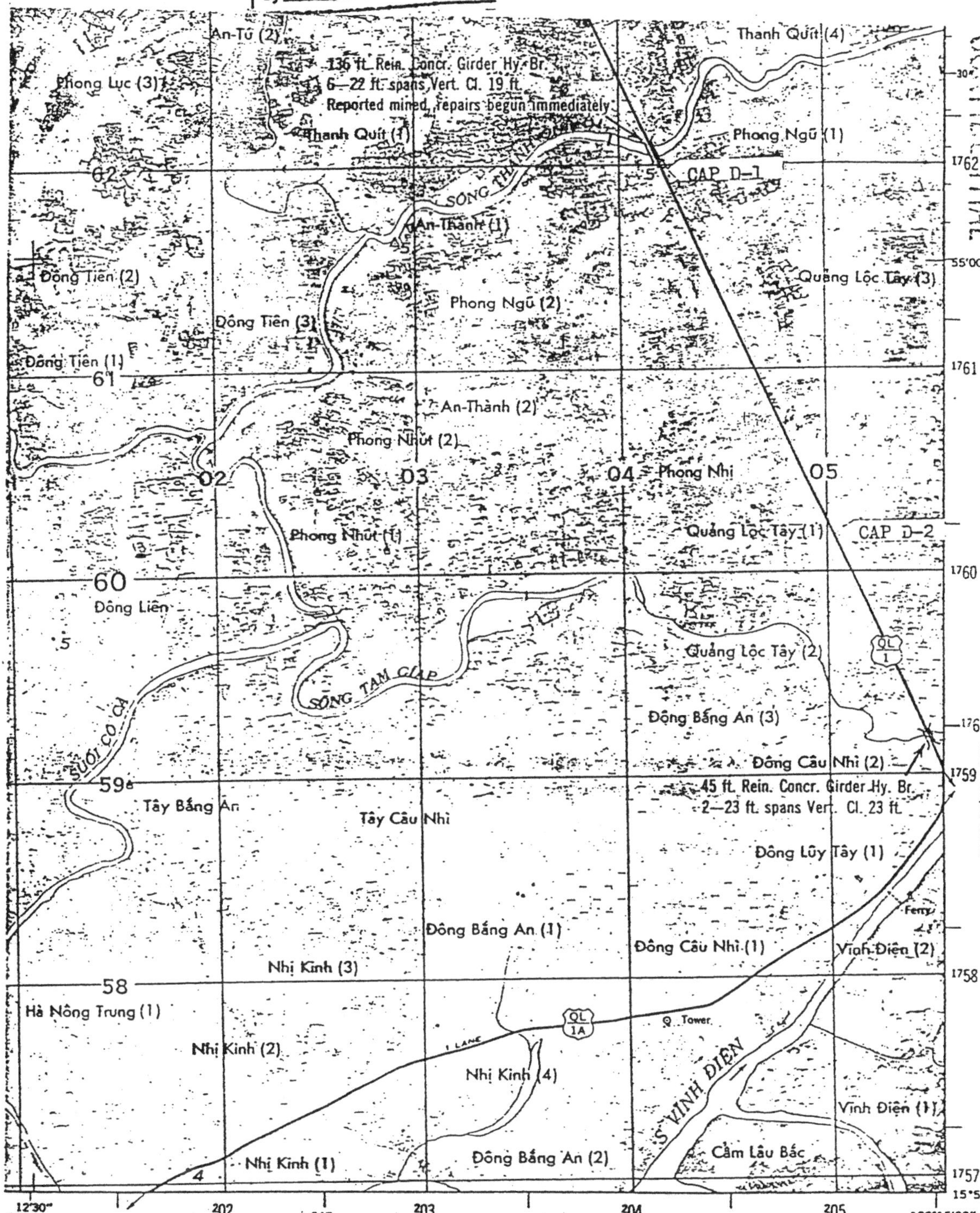

1:25,000

CONFIDENTIAL

AY 4-67 PRINTED BY ARMY MAP SERVICE, CORPS OF ENGINEERS

INDEX TO BOUNDARIES
BẢNG CHỈ DẪN VỀ RANH-GIỚI HÀNH-CHÁNH

INDEX TO ADJOINING SHEETS
BẢNG RÁP ĐỊA-ĐỒ

DISPOSITION FORM

For use of this form, see AR 340-15; the proponent agency is The Adjutant General's Office.

SECRET

REFERENCE OR OFFICE SYMBOL	SUBJECT
MACIG-INV	Alleged Atrocity Committed by ROK Marines on 12 February 1968 (CofS Action 4984-69)(S), Short Title: ROK Marines (U)

TO Chief of Staff FROM Inspector General DATE 23 DEC 1969 CMT 1

COL Freitag/rb/3101

1. (S) PURPOSE.

a. To inform the Chief of Staff about the first of a series of alleged atrocities committed by ROK Marines.

b. To obtain approval of a memorandum which forwards information of an alleged atrocity to the Mission Coordinator, US Embassy (TAB A).

2. (S) BACKGROUND.

a. On 12 December 1969, the US Embassy received a message from the Secretary of State indicating that Rand Corporation, in one of their studies, had uncovered allegations of violent and inhuman acts by ROK troops against South Vietnamese civilians (TAB B).

b. The 12 December 1969 message was forwarded by memorandum to GEN Abrams by Ambassador Berger on 12 December 1969 requesting "information that you may have" (TAB C).

c. Both of the above documents were forwarded to MACIG by Chief of Staff Action 4984-69 on 13 December 1969 for action (TAB D).

d. On 18 December 1969, the Chief of Staff approved the MACIG DF (TAB E) recommending that MACIG, in coordination with MACJA, prepare a memorandum of response to Ambassador Berger's request for information.

e. In a Secure Voice Telecon on 20 December 1969 (TAB F), MACV was informed by CINCPAC that JCS had advised them of the Rand report and indicated that COMUSMACV was to be alerted and a copy of the III MAF investigation was to be located. It was further indicated that ADM McCain would dispatch a back channel message to GEN Abrams.

3. (S) DISCUSSION.

a. MACIG has thus far determined that the ROK Marines may have

IG-2481-69 cy 1 of 2 cys Page 1 of 9 pgs

GROUP — 3
Downgraded at 12 year intervals;
Not Automatically declassified

SECRET

Special Handling required
Not releasable to foreign nationals
by authority of MACIG

DA FORM 1 FEB 62 2496 REPLACES DD FORM 96, EXISTING SUPPLIES OF WHICH WILL BE ISSUED AND USED UNTIL 1 FEB 63 UNLESS SOONER EXHAUSTED.

SECRET

MACIG-INV 23 DEC 1969
SUBJECT: Alleged Atrocity Committed by ROK Marines on 12 February 1968 (CofS Action 4984-69)(S), Short Title: ROK Marines (U)

committed atrocities at the following times and locations:

(1) 12 February 1968, Phong Nhi and Phong Nhut (2) Hamlets, Quang Nam Province. This alleged incident is addressed in this report.

(2) 22 October 1968, Hoang Chau Hamlet, Quang Nam Province.

(3) 15 April 1969, Phouc My Hamlet, Quang Nam Province.

b. At approximately 1000 hours, 23 December 1969, Mr. George Newman, Special Assistant to the Ambassador for Press Affairs, in a telephone conversation with COL Carpenter, MACIG, indicated that a response had been received from the Department of State in reference to the Rand report. The following areas were mentioned in the report as scenes of massacres:

(1) Tho Long Hamlet, Tui Hao District, Phu Yen Province.

(2) Thanh Phu Hamlet, near SAP Mountain.

(3) Hoa Phon Village, Dien Ban District, Quang Nam Province.

4. (S) CHRONOLOGY AND COMMENTS.

a. General.

(1) The material attached hereto was gathered together from various sources. An analysis of the material was made and is the basis for the comments injected into this chronology.

(2) For ease in following the chronology and discussion, it is suggested that the map on the opposite page be utilized. The map represents that portion of Dien Ban District, Quang Nam Province, in which the incident took place. The actual area of the incident was bounded on the east by Route 1, and on the north, west and south by rivers/streams. Two significant reference points on Route 1 are CAP D-1 in the north and CAP D-2 in the south. These are strong points, each manned by a platoon of PF servicemen under the supervision of the USMC's Combined Action Company, Delta.

Page 2 of 9 pgs

SECRET

SECRET

MACIG-INV 23 DEC 1969
SUBJECT: Alleged Atrocity Committed by ROK Marines on 12 February 1968 (CofS Action 4984-69)(S), Short Title: ROK Marines (U)

b. In compliance with verbal orders of the Deputy Chief of Staff, III MAF, on 16 February 1968, an inquiry was initiated into the circumstances surrounding the deaths and injuries of Vietnamese civilians of Phong Nhi and Phong Nhut (2) Hamlets on 12 February 1968.

c. On 18 February 1968, the report of inquiry was forwarded to CG, III MAF (TAB G).

(1) A summation, based on statements of US Marines and PF servicemen and the report itself, follows:

(a) On 12 February 1968, the 1st Company, 1st Battalion, 2d ROK Marine Brigade, in a tactical column, moved north on Route 1, passed CAP D-2 and at approximately 1030 hours, about 400 meters north of CAP D-2, swung west, deployed on line and swept through Phong Nhi Hamlet and on towards Phong Nhut (2).

(b) Firing was heard from Phong Nhut (2) and huts could be seen burning.

(c) At approximately 1300 hours, after placing artillery fire in the vicinity of the hamlet; the company returned to Phong Nhi Hamlet. Firing was heard and smoke was observed. At 1330 hours, a PF serviceman brought in two small, wounded boys and a woman who had been stabbed.

(d) Shortly after 1330 hours, the USMC Commander of Combined Action Company, Delta, who had arrived at CAP D-2, unsuccessfully attempted to contact, by radio, the USMC Liaison Officer (Call Sign: Past 6) to the 2d ROK Marine Brigade. He was, however, notified by ROK BDE S-3 personnel that no operation was being conducted in that area. He switched to the ROK FSCC net and requested clearance to fire 81 mortars into the area where the company was operating. Permission was denied. He then requested assistance from III MAF through his own channels.

SECRET

MACIG-INV

23 DEC 1969

SUBJECT: Alleged Atrocity Committed by ROK Marines on 12 February 1968 (CofS Action 4984-69)(S), Short Title: ROK Marines (U)

(e) At approximately 1500 hours, a combined USMC/PF patrol from CAP D-2 entered Phong Nhi Hamlet. One of the US Marines photographed their findings. (Photographs are attached to Inclosure 6 of TAB G. The photographs furnished by III MAF were not identified by letter. Identification was made by MACIG relating the photographs to the testimony given by the photographer. Extra photographs, not mentioned in the text, were found. These were related to photographs listed in the statement.) In Phong Nhi, the villagers had apparently been rounded up into three groups and shot. A number of victims had been stabbed, and one young woman had her breast cut off. Sixty-nine civilians were killed in Phong Nhi and Phong Nhut Hamlets, and Phong Nhi was destroyed by burning.

(f) The operation had not been cleared with the District Chief or his staff, nor had indirect fire missions been cleared through his headquarters.

(g) The Executive Officer of the 2d ROK Marine Brigade visited the District Chief after the incident, told him he was sorry for what happened and left 30 bags of rice for the villagers.

(h) The investigating officer examined the III MAF SITREPs for that day. The ROK Marines reflected that their 1st Company had operated in the Phong Nhut area and had received small arms fire at 1105 and 1530 hours, resulting in one friendly WIA. Enemy casualties were shown as negative.

(2) Comment: There is no indication that anyone went into Phong Nhut, nor are any details available as to what happened in the hamlet.

d. A supplemental inquiry was forwarded to CG, III MAF, on 20 February 1968. This document merely forwarded, without comment, the statements of two US enlisted marines who accompanied the ROK Company on 12 February 1968 (TAB H).

SECRET

SECRET

MACIG-INV 23 DEC 1969

SUBJECT: Alleged Atrocity Committed by ROK Marines on 12 February 1968 (CofS Action 4984-69)(S), Short Title: ROK Marines (U)

(1) Summary of the statements follows:

(a) Between 0930 and 1030 hours, the ROK Marine Company turned off Route 1, between CAP D-2 and CAP D-1, and moved west.

(b) Small arms fire from Phong Nhut (2) and An Thanh (2) wounded one ROK. Later, a second ROK was wounded by small arms fire.

(c) Mortar fire was placed on Phong Ngu (2), setting the hamlet on fire and driving out 25 to 30 civilians, some of whom were treated for "shrapnel" wounds.

(d) The ROKs swept the village (unidentified).

(e) At around 1200 hours, they accompanied the CP group into the village. They observed bodies in a small pond and others in a group covered with bamboo shoots.

(f) The company spent the night in an area approximately 600 meters due north of Phong Nhi where they received four mortar rounds.

(g) During the early evening, one of the marines received a radio call from PAST 1-4 and was instructed not to discuss the events of the day with anyone because something may be up.

(2) Comments:

(a) The accuracy of the statements of both marines, pertaining to the operation itself, can be challenged. Neither left Route 1 until about 1200 hours, when they accompanied the CP group into the village. Neither one defined the movements of the company in relation to the various hamlets.

(b) The testimony does have value in the following areas:

1 The ROKs fired small arms and artillery.

2 The ROK Company was in the area where the civilian casualties occurred and significantly was placed 600 meters north of Phong Nhi for the entire night.

3 The warning to one marine to keep quiet indicates that the USMC liaison team to the 2d ROK Marine Brigade sensed that something was amiss.

(c) It should be noted that no testimony from officer personnel of the USMC liaison team was included in either the original report of inquiry or its supplement.

e. On 16 April 1968, the CG, III MAF, by letter, Subject: Report of Alleged War Crime by ROKMC Forces, 12 February 1968, forwarded COMUSMACV the report of inquiry and its supplement (TAB I).

(1) The following summarizes the letter:

(a) The report was limited.

(b) There was some probability that a war crime was committed.

(c) BG Kim Yun Sang, CG, 2d ROK Marine Brigade, had indicated to the District Chief that he had conducted an investigation and concluded that the casualties were caused by artillery and Viet Cong.

(d) The GVN officials apparently do not contemplate taking any action.

(2) Comment: The CG, III MAF, did not directly address the opinions (conclusions) of his investigating officer except to indicate that a war crime was probably committed.

f. On 29 April 1968, COMUSMACV wrote a letter to CG, ROKFV (TAB J). The letter implied that a war crime may have been committed by ROK troops, indicated that US investigation into the matter had terminated and requested to be advised of the ultimate disposition of the matter. The letter also forwarded a copy of the III MAF report of inquiry.

SECRET

MACIG-INV 23 DEC 1969

SUBJECT: Alleged Atrocity Committed by ROK Marines on 12 February 1968 (CofS Action 4984-69)(S), Short Title: ROK Marines (U)

g. CG, ROKFV, responded to COMUSMACV's letter on 4 June 1968 (TAB K). His letter inclosed a one and a half page "report of investigation" which was unsigned. Each will be addressed separately below:

(1) LTG Chae's letter:

(a) Expressed concern for Vietnamese lives.

(b) Indicated that the alleged incident had been thoroughly investigated.

(c) Acknowledged that a ROK Marine Company had conducted a sweep near Phong Nhut Hamlet on 12 February 1968, but further stated that under no circumstances did the company enter Phong Nhi Hamlet. Rather, at 1130 hours, the company moved from Phong Nhut Hamlet in a northwesterly direction until 1300 hours, when it reached a designated limit of advance in an entirely opposite direction from the Phong Nhi Hamlet.

(d) Stated that Viet Cong disguised in camouflaged uniforms had operated in the area on numerous occasions.

(e) Concluded that the "massacre was an act conspired and mercilessly elected by the Communists."

(f) Concluded further that "ROK Forces have not, by any means, been involved in any incident accountable as an act in violation of the Geneva Conventions."

(2) The "report of investigation" inclosed with the letter stated, in essence, the following:

(a) A ROK Marine Company on 12 February 1968, after receiving fire from Phong Nhut (2), attacked the hamlet. Upon entering, the company found that the enemy had departed, leaving behind wounded civilians.

(b) Some fire may have been inadvertently directed at Phong Nhi Hamlet, causing a certain amount of damage.

SECRET

MACIG-INV 23 DEC 1969

SUBJECT: Alleged Atrocity Committed by ROK Marines on 12 February 1968 (CofS Action 4984-69)(S), Short Title: ROK Marines (U)

(c) The company departed the Phong Nhut (2) Hamlet at 1130 hours and arrived at their target area at 1300 hours.

(d) Viet Cong, in camouflaged units, moved into the area after the ROKs departed and committed "terrible acts" at Phong Nhut (2) and Phong Nhi to place the blame on ROK Forces.

(e) The Executive Officer, 2d ROK Marine Battalion, did not tell the District Chief that he was sorry for what happened when he delivered 30 bags of rice.

(3) Comments:

(a) The information provided in the above two documents is at odds with that provided by USMC, PF, and Vietnamese civilian personnel.

(b) Both documents are extremely vague on the movements of the company except to indicate that the company departed Phong Nhut (2) at 1130 hours, moving to a "target area." LTG Chae, in stating that the company moved off in a north-westerly direction, obviously based his information on something other than the "report of investigation" which did not indicate in which direction the company moved.

(c) The authors of both documents were also unaware that the SITREP from the ROK Marine Brigade indicated that the 1st Company received small arms fire in the Phong Nhut area at 1530 hours.

(d) Unfortunately, the two USMC enlisted men who were with the company did not trace the unit's movements after they entered Phong Nhi with the CP group and saw the bodies. One of the two did, however, indicate that the unit spent the night about 600 meters north of Phong Nhi.

h. MG Kerwin, MACV Chief of Staff, on 4 July 1968, forwarded a letter to Ambassador Bunker (TAB L). The letter forwarded both COMUSMACV's letter to CG, ROKFV, and the latter's response with the so-called "report of investigation" attached.

SECRET

SECRET

MACIG-INV 23 DEC 1969
SUBJECT: Alleged Atrocity Committed by ROK Marines on 12 February 1968 (CofS Action 4984-69)(S), Short Title: ROK Marines (U)

i. Subsequent to receipt of the 20 December 1969 telecon from CINCPAC (TAB F), MACV, on 21 December 1969, received DA message 192310Z Dec 69 (TAB M) which provides intelligence information indicating that senior ROK officers were aware of the fact that ROK Marines razed a village in I Corps area in February 1968. While some of the information does not correspond directly with our information, the general area and time frame is correct. The intelligence source in the message, however, indicates that there were no survivors and, also, the CG, ROKFV, allegedly held CG, ROK Marine Brigade, personally responsible for the incident and refused to approve an extension for the ROKMC Commander. The message further infers that the latter's alleged involvement in illicit activities was the cover for the refusal when, in fact, the incident was the real reason.

5. (U) CONCLUSIONS. None.

6. (U) RECOMMENDATION. It is recommended that the attached memorandum (TAB A) to the Mission Coordinator, US Embassy, be approved, signed and dispatched.

Sam H Sharp
SAM H. SHARP
Colonel, USA
Deputy Inspector General

13 Incls
as

	Approved	Signed
COMUS	X	
DEPCOMUS		[initials]
COFS	X	
DCOFS	X	
DATE 231845 H Dec 69		

① MEMO, AS TRANSMITTED, AT TAB A
② COMUS DIRECTED DETAILS ALSO GO TO CINCPAC & CJCS -- ACCORDINGLY, FOLLOWING TABS SO-FORWARDED UNDER COVER MEMO SIGNED BY COFS: A, G, H, I, J, K, L, M
Sharp
SHS

Page 9 of 9 pge

SECRET

129 제목: 1968년 2월 12일 한국 해병에 의한 잔혹행위와 관련하여

받는 사람: 참모장

보내는 사람: 감찰관

날짜: 1969년 12월 23일

1. (S) 목적

   a. 참모총장에게 한국 해병대에 의해 저질러진 일련의 학살 의혹 중 첫 번째 사건에 대해 보고한다.

   b. 미국대사관의 임무 협조관에게 보낸, 학살 의혹 정보가 담긴 문서의 승인을 얻는다. (TAB A)

2. (S) 배경

   a. 1969년 12월 12일, 미 대사관은 국무부로부터 랜드 코퍼레이션1)이 남부 베트남 민간인에게 저지른 한국군의 폭력과 잔혹 행위 의혹을 적발했다는 메시지를 받았다. (TAB B)

   b. 버거(Berger) 대사는 "당신이 갖고 있을지도 모르는 정보"를 요청하면서 1969년 12월 12일 받은 메시지를 장군 애브램(Abrams)에게 이날 회람시켰다. (TAB C)

   c. 위의 두 문서는 모두 참모총장 작전계획 4984-69에 따라 군 감찰관에게 전달됐다. (TAB D)

   d. 1969년 12월 18일, 참모장은 버거(Berger) 대사가 정보를 요청할 경우 베트남군사원조사령부 군감찰관이 법무관과 협조하여 문서를 준비할 것을 권고하면서 군감찰관 DF(TAB E)를 승인했다.

   e. 1969년 12월 20일, Secure Voice Telecon(TAB F)에서 베트남군사원조사령부(MACV)는 태평양함대총사령관(CINCPAC)으로부터 합동참모본부(JCS)가 그들에게 랜드 보고서에 대해 조언했으며 베트남 군사원조사령부 지휘관(COMUSMACV)은 이에 대한 경계조처를 내렸고 제3해병상륙군에 조사착수를 하달했다는 것을 전달받았다. 이는 맥케인 장군(ADAM)이 애브램(Abram) 장군에게 비공식적인 메시지를 전달했음을 시사한다.

3.(S) 논의사항

   a. 따라서 베트남군사원조사령부 감찰관은 한국 해병대가 다음의 시기와 장소에서 잔혹행위를 했을 수 있다는 판단을 내렸다.

      (1) 1968년 2월12일, **꽝남**성의 **퐁니 · 퐁넛**의 2개 마을. 보고서에 나와 있다.

      (2) 1968년 10월22일, **꽝남**성의 **호앙쩌우** 마을

      (3) 1969년 4월15일, **꽝남**성의 **푹미** 마을

   b. 1969년 12월23일 오후 10시께, 공보대사 특별보좌관인 조지 뉴먼은 감찰관인 카펜터 대령과의 전화통화에서

---

1)랜드 코퍼레이션(RAND Corporation; Research and Development Corporation)

1948년 미 공군의 지원으로 설립된 미국 최초의 본격적인 싱크탱크. 기술자 · 수학자 · 물리학자 · 프로그래머 · 기상학자 · OR전문가 · 경제학자 · 역사학자 · 심리학자 · 사회학자 등 폭넓은 분야의 연구진을 갖추고 국제문제 · 군사계획 · 국내문제의 기초연구를 하고 있다. 58년에 쏘아올린 제1호 인공위성의 시스템 개발에도 참여했다.

랜드 보고서와 관련해 국무부로부터 대답을 받았다는 것을 알렸다. 다음의 지역은 학살 현장으로 보고서에서 언급된 지역이다.

(1) 푸옌성 뚜이호아 현(원문 Tui Hao는 Tuy Hoa의 오기로 보인다 - 편집자) 터롱 마을

(2) SAP 산 근처의 탄푸 마을

(3) 꽝남성 디엔반현 호아펀 마을

4. (S) 연표와 평가

a. 일반사항

(1) 여기에 첨부된 문서는 여러 다양한 출처에서 나온 것이며, 자료에 대한 분석은 이 연표에 삽입된 논평의 기초가 됐다.

(2) 다음의 연대와 논의를 쉽게 하기 위해서 페이지의 반대편에 있는 지도를 보시오. 이 지도는 사건이 일어났던 꽝남성, 디엔반현의 일부 지역을 보여 준다. 사건이 발생한 실제 지역은 1번 국도의 동쪽, 그리고 강의 북쪽, 서쪽, 그리고 남쪽을 따라서 경계가 지어진다. 1번 국도에 있어서 두 개의 중요한 지점은 북쪽의 CAP(연합전투소대) D-1과 남쪽의 CAP D-2이다. 이곳은 미해병대 연합전투중대인 델타(Delta)의 감독하에 민병대 소대가 배치돼 있던 곳이다.

b. 1968년 2월16일, 미 해병대 제3상륙군 참모차장의 구두 명령에 따라 1968년 2월12일 퐁니와 퐁넛(2) 마을에서 발생한 민간인 사망과 부상에 대한 조사가 시작됐다.

c. 1968년 2월18일, 조사보고서가 제3상륙군 사령관에게 전달되었다. (TAB G)

(1) 미 해병대와 민병대원들의 진술과 보고서에 따르면 다음과 같은 사실들로 요약된다.

a) 1968년 2월12일, 한국 제2해병여단 제1대대 제1중대는 1번 도로를 따라 북쪽으로 이동하며 CAP D-2를 통과하였다. 10시 30분께 CAP D-2 지점에서 400m 떨어진 곳에서 서쪽으로 움직여 일렬로 늘어서 퐁니 마을을 통과한 뒤 퐁넛(2)을 향해 신속히 움직였다.

b) 퐁넛(2)에서 포격 소리가 들렸고, 마을 오두막들이 불타오르는 것이 보였다.

c) 13시께 마을 인근에서 포병대는 사격을 마친 뒤 퐁니 마을로 돌아왔다. 총성이 들렸고 피어오르는 연기도 보였다. 13시 30분께 민병대원들은 칼에 찔려 부상을 입은 어린 소년 2명과 여성 1명을 이송해 왔다.

d) 13시 30분이 막 지나자마자 CAP D-2에 도착해 있던 연합작전중대 사령관이 무전으로 미 해병대 연락장교를 통해 한국 제2해병여단에 접촉을 시도했으나 실패했다.
그러나 사령관은 해병대 제2여단 작전처로부터 해당 지역에서 작전이 이뤄지지 않고 있다는 보고를 받았다. 그는 한국 화력지원협조센터 네트워크로 돌려 중대가 작전을 벌이고 있는 곳에 81mm 박격포 사격을 중지하라고 요청했지만 허락이 떨어지지 않았다. 이에 그는 다시 제3상륙군에 지원을 요청했다.

e) 약 15시께 미 해병대/민병대 연합 전투조 순찰대가 CAP D-2를 돌고 퐁니 마을로 들어왔다. 미 해병대원 한 명이 이들이 발견한 것을 사진 찍었다(이 사진들은 TAB G 6번 동봉물에 첨부되었다. 제3상륙군이 제공한 이 사진들은 서면으로 확인되지 않았다. 사진확인은 사진사의 증언과 사진을 대조작업한 군 감찰관에 의해 이뤄졌다. 본문에 나와 있지 않은 다른 사진들도 추가로 발견됐다. 이는 목록에 나와 있는 사진들과 관련돼 있었다.) 퐁니의 주민들은 3개의 그룹으로 나뉘어 사살되었다. 다수가 칼에 찔려 희생됐다. 한 젊은 여인은 가슴이 도려내어졌다. 퐁니와 퐁넛에서 69명이 숨졌고 퐁니 마을은 전소됐다.

f) 이 작전은 이 구역을 담당하는 지휘관이나 직원 누구로부터도 허락되지 않았을 뿐 아니라 사격하라는 간접적인 지시도 내려지지 않았다.

g) 한국 해병제2여단의 선임 참모는 그 사건 이후에 구역 담당 지휘관(District chief)에게 그런 일이 발생한 데 대해 사과하고, 마을 사람들을 위하여 쌀 30자루를 놓고 갔다.

h) 조사관은 해당 일자의 제3상륙군 상황보고들을 조사했다. 한국 해병대 소속 1중대가 퐁넛에서 작전을 수행했으며 11시 5분과 3시 30분 사이에 소총공격을 받았고 그 와중에 아군 1명이 부상을 입었다. 적의 사상자는 없는 것으로 판명됐다.

(2) 의견:누가 퐁넛에 갔는지에 대한 증거가 없을 뿐만 아니라 그 마을에서 어떤 일이 일어났는지에 대해 자세한 내용은 밝혀지지 않았다.

d. 1968년 2월20일, 추가 조사내용이 제3상륙군 사령관에게 전달됐다. 이는 특별한 코멘트 없이 1968년 2월12일 한국군 중대와 함께 있었던 미 해병대 사병 2명의 진술을 담고 있다. (TAB H)

(1) 진술서를 요약하면 다음과 같다.

a) 9:30분에서 10:30분 사이에 한국 해병 중대는 CAP D-2과 CAP D-1 사이에 있는 1번 도로를 빠져나와 서쪽으로 이동

b) 퐁넛(2)과 안탄(2)에서 소총공격을 받아 한국군 1명이 부상당함. 후에 두 번째 한국군이 소총사격으로 부상을 입음.

c) 박격포가 퐁응(2) 마을을 향해 설치되어 발사되었고 25-30명의 주민들이 달아났다. 달아난 이들 중 몇 명은 파편으로 인한 상처를 입었다.

d) 한국 해병은 그 마을을 지나쳐 갔다. (확인되지 않음)

e) 낮 12시께 이들(미 해병대원들)은 지휘그룹과 함께 마을로 진입, 작은 연못과 죽순밭에서 시신들을 발견했다.

f) 그 중대는 4차례 박격포 공격을 받았던 퐁니 북쪽 600m 지점에서 하룻밤을 머물렀다.

g) 이날 이른 저녁, 해병대원 한 명이 past1-4로부터 무전교신을 받았는데, 앞으로 어떤 일이 발생할지도 모르니 어느 누구와도 이날 낮에 일어난 일들을 얘기하지 말라는 지시를 받았다.

(2) 의견

a) 작전에 투입되었던 해병대원들 2명의 진술이 정확한지 의심스럽다. 이들이 지휘그룹과 마을로 들어갔던 12시께엔 둘 중 아무도 1번 도로를 떠난 이가 없었고, 아무도 여러 마을을 지나간 중대의 동선을 명확히 밝히지 못했다.

b) 이들의 진술은 다음과 같은 부분에서 가치를 지닌다.

1. 한국군 중대가 소총과 포를 발사했다.

2. 한국군 중대는 민간인 학살이 행해졌던 그 지역에 있었으며, 퐁니에서 600m 떨어진 곳에서 그날 하룻밤을 묵었다.

3. 한 해병에게 침묵을 지키라고 경고한 것은 한국 해병대 제2여단과 교신하는 미 해병대 연락반에서 뭔가 일이 잘못됐다는 것을 눈치챘음을 암시한다.

c) 1차 조사보고서나 추가보고서 모두 미 해병대 연락반 인사장교의 진술이 포함돼 있지 않음을 주목해야 한다.

e. 1968년 4월16일, 사령관, 한국 해병 제3상륙부대의 서한

주제:1968년 2월12일 한국 해병에 의해 자행된 전쟁범죄 의혹에 대한 보고서가 추가보고서와 함께 베트남군사원조사령부 사령관(COMUSMACV)에게 전해졌다. (TAB 1)

(1) 보고서의 요약된 내용은 다음과 같다.

(a) 그 보고서는 한계가 있다.

(b) 전쟁범죄가 저질러졌을 가능성이 있다.

(c) 한국 해병 제2여단 사령관 김연상 준장은 지역 담당 사령관에게 자신이 조사를 했으며 사상자는 포병과 북베트남군에 의한 것이라고 결론지었다고 말했다.

(d) 베트남 정부는 어떠한 행동도 취하지 않을 것이 분명해 보인다.

(2) 의견:제3상륙군 사령관은 전쟁 범죄가 저질러졌을 가능성이 있다는 것 말고는 사건을 조사한 장교의 의견이나 결론에 대해 직접적으로 거론하지 않았다.

f. 1968년 4월29일, 주월미군사령관은 주월한국군사령관에게 편지를 썼다.(TAB J) 이 편지는 한국군이 전쟁 범죄를 저질렀을 가능성을 암시하고 있으며 이와 관련한 미국의 조사는 끝났고 최종 처리를 미국에 넘기라고 요구했다. 이 편지는 제3상륙군의 사건조사 보고서 사본과 함께 전달됐다.

G. 주월한국군사령관은 이에 대해 1968년 6월4일 답신을 보냈다. (TAB K) 이 편지엔 서명되지 않은 한 페이지 반 분량의 조사보고서가 동봉돼 있었다. 각각의 내용은 다음과 같다.

(1) 중장 채(채명신-편집자)의 편지

(a) 베트남 생존자에 대한 우려 표명

(b) 의혹이 제기된 사건에 대해선 철저한 조사가 이뤄졌음.

(c) 한국 해병대 중대는 1968년 2월12일 퐁넛 마을 주변을 일소했다. 하지만 이 중대는 결코 퐁니 마을엔 들어가지 않았다. 이 중대는 11시30분부터 퐁넛 마을에서 북서쪽 방향으로 이동해 1시께엔 퐁니 마을과 완전히 정반대에 있는 전진한계선에 이르렀다.

(d) 이 지역에선 위장용 군복으로 위장한 북베트남군들이 작전을 많이 수행했다고 한다.

(e) 학살은 공산주의자들의 음모에 의해 무자비하게 저질러진 것이라고 결론내렸다.

(f) 한국 해병은 제네바협약에 위배되는 어떤 사건과도 관련이 없다는 결론을 내렸다.

(2) 편지에 함께 전달된 조사 보고서의 내용은 다음과 같다.

(a) 한국 해병대는 1968년 2월12일 퐁넛에서 총격을 받은 뒤 마을을 공격했다. 해병대가 마을에 들어가 보니 적은 민간인에게 부상을 입힌 채 이미 달아난 뒤였다.

(b) 부주의로 퐁니 마을에까지 포격이 가해졌고 이로 인해 피해를 입혔다.

(c) 중대는 11시30분에 퐁넛 마을을 떠났고 1시께 다음 목표 지점에 도착했다.

(d) 위장용 군복을 입은 북베트남군들은 한국군이 출발한 뒤에 마을로 들어가 퐁넛과 퐁니 마을에서 잔혹한 행동을 했고 이를 한국군이 저지른 것으로 돌렸다.

(e) 제2해병대 대대의 선임 참모는 구역 담당 지휘관에게 쌀 30자루를 건네면서 유감을 표명한 적이 없다.

(3) 의견 :

(a) 위 두 문건에 나타난 정보는 미 해병대, 민병대, 베트남 민간인들의 말과 어긋나는 점이 있다.

(b) 두 문건은 11시 30분에 퐁넛 마을을 떠났다는 것 말고는 중대의 동선에 대한 설명이 매우 모호하다. 채 중장은 중대가 북서쪽으로 갔다고 말하면서 '목표지점'으로 이동했다고 하는데 이는 조사 보고서가 아닌 다른 자료에서 근거한 것으로 명백하다.

(c) 문건 작성자는 한국 해병대여단으로부터 받은 상황보고서에서 1중대가 3시 30분에 퐁넛 주변에서, 서류의 작성자는 1시 30분에 퐁넛 지역에서 제1중대가 소총사격을 받았다는 내용이 있다는 것을 모르고 있다.

(d) 불행하게도, 한국군 중대와 동반한 2명의 미 사병들은 퐁니 마을에 지휘그룹과 함께 진입해 주검을 본 이후엔 중대의 이동경로를 따라가지 않았다. 그러나 2명의 사병 중 1명은 한국군 중대가 퐁니 북쪽 600m 지점에서 하룻밤을 숙박했다고 말했다.

h. 주월미군 참모장인 커윈 소장은 1968년 7월4일 번커 대사에게 편지를 전달했다.(TAB L) 여기엔 주월미군사령관이 주월한국군사령관에게 보낸 편지와 한국군사령관이 미사령관에게 조사보고서와 함께 보낸 편지가 첨부됐다.

i. 주월미군사령관은 1969년 12월20일 태평양사령관으로부터 텔레콘(telecon)을 받은 데 이어 다음 날인 1969년 12월21일엔 DA 메시지를 받았다. 이는 한국 해병대가 1968년 2월 1군단 지역에서 마을을 파괴했다는 사실을 선임 장교들이 알고 있었다는 기밀정보였다. 이 중 몇몇의 정보들은 우리가 가지고 있는 정보와 완전히 일치하는 것은 아니지만 전체적으로 지역과 시간은 정확하다. 그러나 이 정보에 따르면 그 마을에서 생존자는 아무도 없으며, 주월한국군 지휘관은 이 사건과 관련해선 해병대여단 지휘관이 개인적인 책임이 있으며 해병대사령관으로까지는 확대되지 않도록 했다.

이는 주월해병대사령관이 이 불법행위 의혹에 연루되지 않도록 한 것은 이 사건이 실제로 일어났기 때문이라는 추론을 가능케 한다.

5. 결론:없음

6. 권고:첨부된 문서는 대사관 업무 조정관이 승인해 서명하고 전송할 것을 권고한다.

SECRET

HEADQUARTERS
UNITED STATES MILITARY ASSISTANCE COMMAND, VIETNAM
APO SAN FRANCISCO 96222

MEMORANDUM FOR: MR. LAURENCE G. PICKERING
MISSION COORDINATOR
AMERICAN EMBASSY
REPUBLIC OF VIETNAM
SAIGON, VIETNAM

2 8 DEC 1969

SUBJECT: Alleged Korean Atrocities (C)
(Short Title: ROK Marines (U)

1. (U) This is in response to Ambassador Berger's memo to General Abrams of 12 December 1969 pertaining to the above subject.

2. (C) We have identified several alleged incidents. Each will be addressed separately and the results forwarded.

3. (S) Attached hereto is a chronology of the first case we have examined involving the ROK Marines in Quang Nam Province on 12 February 1968.

4. (U) Please bring this memo to the attention of Mr. George Newman, Special Assistant for Press Affairs.

FOR THE CHIEF OF STAFF:

1 Incl
as

T. J. HANIFEN
Colonel, USA
Secretary Joint Staff

IG - 248A-69 cy 1 R of 2 cys

SECRET

AS HAND-CARRIED TO USCMB

SECRET

CHRONOLOGY OF 12 FEBRUARY 1968 INCIDENT

1. General

    a. The following chronology was gathered from various military sources.

    b. For ease in following the chronology, it is suggested that the attached map be utilized. The map represents that portion of Dien Ban District, Quang Nam Province, in which the incident took place. The actual area of the incident was bounded on the east by Route 1, and on the north, west and south by rivers/streams. Two significant reference points on Route 1 are CAP D-1 in the north and CAP D-2 in the south. These are strong points, each manned by a platoon of PF servicemen under the supervision of the USMC's Combined Action Company, Delta.

2. In compliance with verbal orders of the Deputy Chief of Staff, III MAF on 16 February 1968, an inquiry was initiated into the circumstances surrounding the deaths and injuries of Vietnamese civilians of Phong Nhi and Phong Nhut (2) Hamlets on 12 February 1968.

3. On 18 February 1968, the report of inquiry was forwarded to CG, III MAF. A summation, based on statements of US Marines and PF servicemen and the report itself, follows:

    a. On 12 February 1968, the 1st Co[illegible] [illegible] Battalion, 2d ROK Marine Brigade, in a [illegible] column, moved north on Route 1, passed CAP D-2 and [illegible] approximately [illegible] hours, about 400 meters north of CAP [illegible] wung [illegible] on line, and swept through Phong [illegible] and on toward Phong Nhut (2).

    b. Firing [illegible] heard from Phong Nhut (2) and [illegible] could be seen burni[illegible]

    c. At approximately 1300 hours, after placing artillery [illegible] in the vicinity of the hamlet, the company returned [illegible] Phong [illegible] Hamlet. Firing was heard and smoke was observed. [illegible] hours, a PF serviceman [illegible] two small, wounded boys and a woman who had been [illegible]

    d. [illegible] hours, the USMC Commander of Combined Action [illegible] Delta, who had arrived [illegible] CAP D-2, [illegible] fully attempted to contact, by radio, the [illegible] Liaison Officer

Page 1 of 5 pages

SECRET

(Call Sign: Past 6) to the 2d ROK Marine Brigade. He was, however, notified by ROK BDE S-3 personnel that no operation was being conducted in that area. He switched to the ROK FSCC net and requested clearance to fire 81 mortars into the area where the company was operating. Permission was denied. He then requested assistance from III MAF through his own channels.

e. At approximately 1500 hours, a combined USMC/PF patrol from CAP D-2 entered Phong Nhi Hamlet. The villagers had apparently been rounded up into three groups and shot. A number of victims had been stabbed, and one young woman had her breast cut off. Sixty-nine civilians were killed, mostly women and children, in Phong Nhi and Phong Nhut Hamlets, and Phong Nhi was destroyed by burning.

f. The operation had not been cleared with the District Chief or his staff, nor had indirect fire missions been cleared through his headquarters.

g. The Executive Officer of the 2d ROK Marine Brigade visited the District Chief after the incident, told him he was sorry for what happened, and left 30 bags of rice for the villagers.

h. The investigating officer examined the III MAF SITREPs for that day. The ROK Marines reflected that their 1st Company had operated in the Phong Nhut area, had received small arms fire at 1105 and 1530 hours, resulting in one friendly WIA and no enemy casualties.

4. A supplemental inquiry was forwarded to CG, III MAF, on 20 February 1968, merely forwarding the statements of two US enlisted marines who accompanied the ROK Company on 12 February 1968. A summary of the statements follows:

a. Between 0930 and 1030 hours, the ROK Marine Company turned off Route 1, between CAP D-2 and CAP D-1, and moved west.

b. Small arms fire from Phong Nhut (2) and An Thanh (2) wounded one ROK. Later, a second ROK was wounded by small arms fire.

SECRET

c. Mortar fire was placed on Phong Ngu (2), setting the hamlet on fire and driving out 25 to 30 civilians, some of whom were treated for "shrapnel" wounds.

d. The ROKs swept the village (unidentified).

e. At around 1200 hours, they accompanied the CP group into the village (again unidentified). They observed bodies in a small pond and others in a group covered with bamboo shoots.

f. The company spent the night in an area approximately 600 meters due north of Phong Nhi where they received four mortar rounds.

5. On 16 April 1968, the CG, III MAF, by letter, Subject: Report of Alleged War Crime by ROKMC Forces, 12 February 1968, forwarded COMUSMACV the report of inquiry and its supplement. The following summarizes the letter:

a. The report was limited.

b. There was some probability that a war crime was committed.

c. BG Kim Yun Sang, CG, 2d ROK Marine Brigade, had indicated to the District Chief that he had conducted an investigation and concluded that the casualties were caused by artillery and Viet Cong.

d. The GVN officials apparently do not contemplate taking any action.

6. On 29 April 1968, COMUSMACV wrote a letter to CG, ROKFV. The letter implied that a war crime may have been committed by ROK troops, indicated that US investigation into the matter had terminated, and requested to be advised of the ultimate disposition of the matter. A copy of the III MAF inquiry was attached to the letter.

7. CG, ROKFV, responded to COMUSMACV's letter on 4 June 1968. His letter inclosed a one and a half page "report of investigation" which was unsigned. Each will be addressed separately below:

a. LTG Chae's letter:

(1) Expressed concern for Vietnamese lives.

Page 3 of 5 pgs

SECRET

(2) Indicated that the alleged incident had been thoroughly investigated.

(3) Acknowledged that a ROK Marine Company had conducted a sweep near Phong Nhut Hamlet on 12 February 1968, but further stated that under no circumstances did the company enter Phong Nhi Hamlet. Rather, at 1130 hours, the company moved from Phong Nhut Hamlet in a north-westerly direction until 1300 hours, when it reached a designated limit of advance in an entirely opposite direction from the Phong Nhi Hamlet.

(4) Stated that Viet Cong disguised in camouflaged uniforms have operated in the area on numerous occasions.

(5) Concluded that the "massacre was an act conspired and mercilessly elected by the Communists."

(6) Concluded further that "ROK Forces have not, by any means, been involved in any incident accountable as an act in violation of the Geneva Conventions."

b. The "report of investigation" inclosed with the letter stated, in essence, the following:

(1) A ROK Marine Company on 12 February 1968, after receiving fire from Phong Nhut (2), attacked the hamlet. Upon entering, the company found that the enemy had departed, leaving behind wounded civilians.

(2) Some fire may have been inadvertently directed at Phong Nhi Hamlet, causing a certain amount of damage.

(3) The company departed the Phong Nhut (2) Hamlet at 1130 hours, and arrived at their target area at 1300 hours.

(4) Viet Cong, in camouflaged units, moved into the area after the ROKs departed and committed "terrible acts" at Phong Nhut (2) and Phong Nhi to place the blame on ROK Forces.

(5) The Executive Officer, 2d ROK Marine Battalion, did not tell the District Chief that he was sorry for what happened when he delivered 30 bags of rice.

8. MG Kerwin, MACV Chief of Staff, on 4 July 1968, forwarded a letter to Ambassador Bunker. The letter forwarded both COMUSMACV's letter to CG, ROKFV, and the latter's response with the so-called "report of investigation" attached.

9. On 12 December 1969, the US Embassy received a message from the Secretary of State indicating that Rand Corporation, in one of their studies, had uncovered allegations of violent and inhuman acts by ROK troops against South Vietnamese civilians.

10. The 12 December 1969 message was forwarded by memorandum to GEN Abrams by Ambassador Berger on 12 December 1969 requesting "information that you may have."

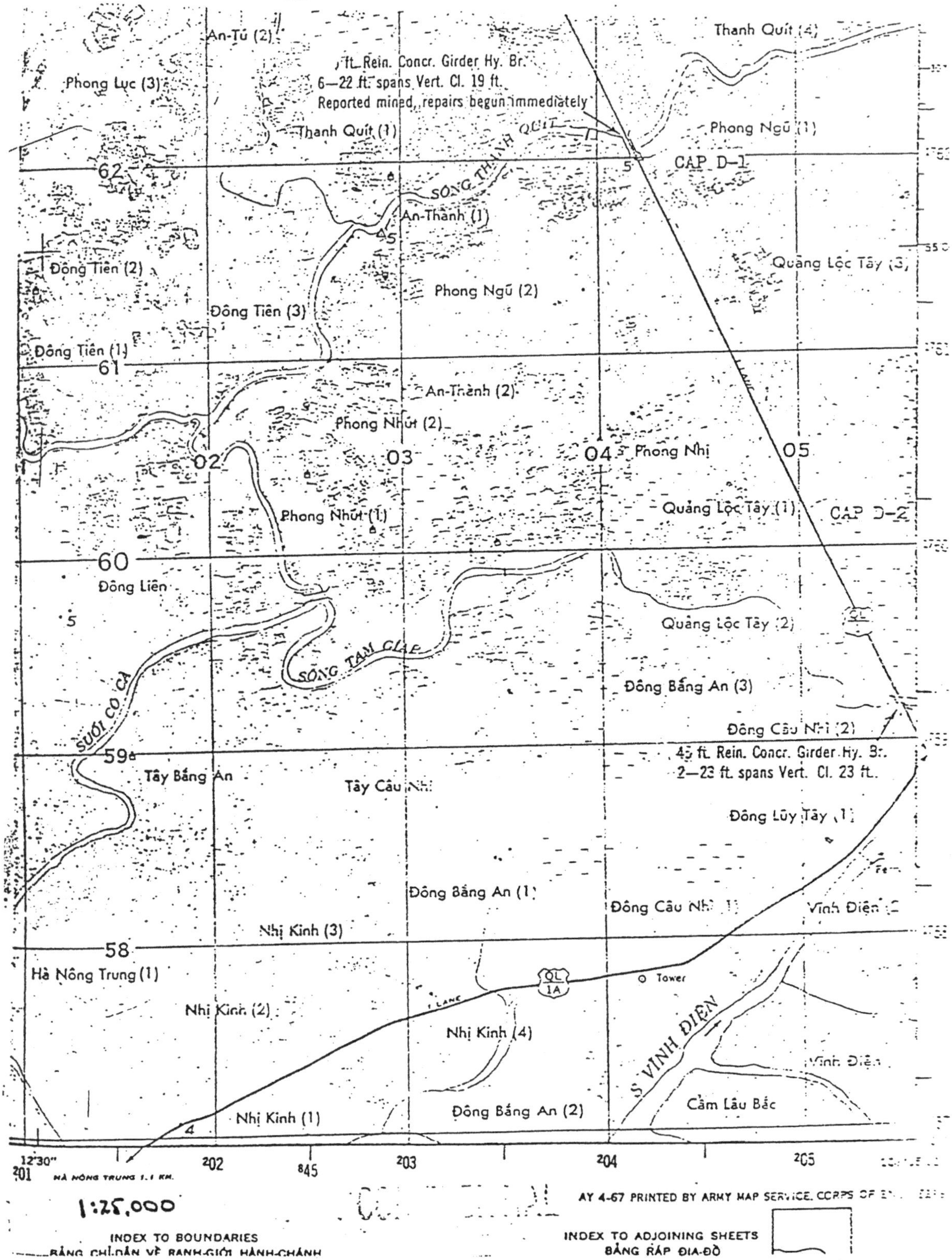
An-Tú (2)
Thanh Quít (4)
Phong Lục (3)
ft. Rein. Concr. Girder Hy. Br.
6—22 ft. spans Vert. Cl. 19 ft.
Reported mined, repairs begun immediately
Thanh Quít (1)
Phong Ngũ (1)
CAP D-1
62
SÔNG THANH QUIT
An-Thành (1)
Đông Tiên (2)
Quảng Lộc Tây (3)
Phong Ngũ (2)
Đông Tiên (3)
Đông Tiên (1)
61
An-Thành (2)
Phong Nhứt (2)
02
03
04
Phong Nhị
05
Phong Nhứt (1)
Quảng Lộc Tây (1)
CAP D-2
60
Đông Liên
Quảng Lộc Tây (2)
SÔNG TAM GIAP
SUỐI CO CA
Đông Bằng An (3)
Đông Câu Nhì (2)
59
Tây Bằng An
Tây Câu Nhì
45 ft. Rein. Concr. Girder Hy. Br.
2—23 ft. spans Vert. Cl. 23 ft.
Đông Lũy Tây (1)
Đông Bằng An (1)
Đông Câu Nhì (1)
Vĩnh Điện (2)
Nhị Kinh (3)
58
Hà Nông Trung (1)
QL 1A
Tower
Nhị Kinh (2)
Nhị Kinh (4)
S. VĨNH ĐIỆN
Vĩnh Điện
Nhị Kinh (1)
Đông Bằng An (2)
Cẩm Lâu Bắc
12°30"
201
202
845
203
204
205
HÀ NÔNG TRUNG 1.1 KM.
1:25,000
AY 4-67 PRINTED BY ARMY MAP SERVICE, CORPS OF EN...
INDEX TO BOUNDARIES
BẢNG CHỈ-DẪN VỀ RANH-GIỚI HÀNH-CHÁNH
INDEX TO ADJOINING SHEETS
BẢNG RÁP ĐỊA-ĐỒ

Department of State United States of America

INCOMING AMEMBASSY SAIGON

SECRET
Classification

Control: 1926

Recd: DEC 12, 1969

ACTION: EMB 4

INFO: FILES

R 111819Z DEC 69
FM SECSTATE WASHDC
TO RUEHCR/AMEMBASSY SAIGON
RUEHCR/AMEMBASSY SEOUL
BT
S E C R E T STATE 205685

NODIS NODIS

FOR AMBASSADORS BUNKER AND PORTER FROM BROWN

EYES ONLY EYES ONLY

12

SECRET

MEMORANDUM

TO: General Abrams - EYES ONLY December 12, 1969

FROM: Ambassador Berger SWB

SUBJECT: Alleged Korean Atrocities: Brown's Telegram

Tab 13 -

MG TOWNSEND	MG CONROY	MG SHAEFER	MG BAUTZ	MR. KIRK	MR. JACOBSON
BG GUNN	BG CLEMENT	BG YATES	BG VANDE HEY	BG SMITH	BG POTTS
BG CHEADLE	BG TAYLOR	COL CAVANAUGH	COL HANIFEN	COL CUTRONA	
COL FITZGERALD	COL COOK	COL WILLIAMS	COL METZNER	COL YOUNG	COL WILSON
COL REVIS	COL FAZAKERLEY	COL PROST	COL ANDERSON		

① SMP & Discuss — (14 Dec)
② There is a report about Marine Brigade Investigation — Done jointly, I believe —
③ Please get all together ASAP for COMUS —

EG

MEMO FOR RECORD

(OVER)

ACTION

SUBJECT:
Amb Berger memo — w/ Incl — Alleged Korean Actions — STATE msg 111819Z Dec 69

BASIC DOCUMENT

HQ
FILE Same
DATE

DATE ASSIGNED 13 Dec 69
ACTION NUMBER 4984-69
14 Dec (SMP)
ASAP & NLT — SUSPENSE ~~19 Dec 69~~ 17 DEC

CJ02 FORM 1, 9 Nov 69

18 DEC 1969

DISPOSITION FORM

For use of this form, see AR 340-15; the proponent agency is The Adjutant General's Office.

SECRET

REFERENCE OR OFFICE SYMBOL	SUBJECT
MACIG-INV	Alleged ROK Marine Corps Atrocities (CofS Action 4984-69) (C)

TO Chief of Staff FROM Inspector General DATE 18 DEC 1969 CMT 1
COL Carpenter/rb/4585

1.(U) PURPOSE. To inform the Chief of Staff of the current status of the effort being made by MACIG to obtain all available information on this subject.

2.(S) BACKGROUND AND DISCUSSION.

a. On 12 December 1969, the Embassy received a message from the State Department requesting information about inhumane acts committed by South Korean troops, especially marines, against Vietnamese civilians. The inquiry was based on information made available to the State Department by the Rand Corporation (TAB A).

b. Ambassador Berger asked GEN Abrams for assistance in providing a reply to State. The matter was referred to MACIG by Chief of Staff Action 4984-69 (TAB B).

c. III MAF completed an investigation on 18 February 1968 concerning alleged atrocities committed by ROK Marine Corps troops at Phong Nhi and Phong Nhut Hamlets, Dien Ban District, Quang Nam Province, on 12 February 1968. A supplementary inquiry was completed on 20 February 1968. On 16 April 1968, the CG, III MAF, forwarded the report of investigation to MACV indicating that there was some probability that a war crime had been committed at Phong Nhi by the 2d ROK Marine Corps Brigade (TAB C).

d. The probable recipient agency at MACV of the III MAF investigation was MACJA. Commander Davis, MACJA, does not recall the report. However, he is certain that a letter signed by GEN Westmoreland was sent to LTG Chae raising the possibility of an atrocity by ROKMC. LTG Chae's reply apparently concluded that the atrocity was committed by VC disguised in ROKMC camouflaged uniforms. This exchange of correspondence cannot be located, but reference to it is made in a memorandum sent to Ambassador Bunker, signed by MG Kerwin, MACV Chief of Staff, on 4 July 1968 (TAB D). Minister George S. Newman, Special Assistant to the Ambassador for Press Affairs, is trying to locate these papers.

Page 1 of 2 pgs

C/S ACTION 4984-69

IG 248-69

OS - ASAP - 867 19 Dec 69

SECRET

GROUP 4
Downgraded at 3 year intervals; declassified after 12 years

cy 1 of 4 cys

145 제목: 1969년 12월18일 감찰관이 참모장에게 보낸 보고서

수신: 참모장

발신: 감찰관

일자: 1969년 12월18일 / 카펜터 대령 / rb / 4585

1. (W) 목적: 군 감찰관이 해당 주제와 관련해 가능한 한 모든 정보를 얻기 위해 현재 상황을 보고하기 위한 것이다.

2. (S) 배경과 논의 사항

a. 1969년 12월 12일 대사관은 국무부로부터 한국군 해병대가 베트남 민간인들에게 가한 비인도적 행위에 대해 정보를 요청하는 메시지를 받았다. 이는 국무부가 랜드재단이 작성한 보고서를 입수한 것을 토대로 한 것이다. (TAB A)

b. 버거 대사는 애브램스 장군에게 국무부 요청에 답하는 것을 도와 달라고 요청했다. 이 문제는 참모장 Action 4984-69에 따라 군감찰관으로 이관되었다. (TAB B)

c. 제3상륙군은 1968년 2월12일 꽝남성 디엔반현의 퐁니 마을과 퐁넛 마을에서 자행된 한국군 해병대의 민간인 학살 의혹에 대한 조사를 1968년 2월18일에 완료했다. 1968년 2월20일에는 추가조사를 했다. 1968년 4월16일, 제3상륙군 사령관은 한국 제2해병여단이 퐁니 마을에서 전쟁범죄를 저질렀을 가능성이 있다는 조사보고서를 주월군사원조사령부에 제출했다. (TAB C)

d. 주월군사원조사령부 제3상륙군에서 이 조사를 접수한 기관은 군 법무관이다. 군 법무 지휘관인 데이비스는 이 조사보고서를 접수한 사실을 기억하지 못했다. 그러나 그는 웨스트몰랜드 장군이 한국군 해병의 잔혹행위 의혹을 제기하는 서한에 서명하고 이를 주월한국군 사령관인 채명신 중장에게 전달한 것은 확실하다고 말했다. 채 중장은 이에 대한 답신에서 이 만행은 위장용 군복을 입은 베트콩들이 저지른 것이라고 결론내렸다. 당시 교환된 편지를 찾을 수는 없지만, 이와 관련한 내용은 주월군사원조사령부 참모장인 커윈(Kerwin) 소장이 서명하여 번커(Bunker) 대사에게 보낸 1968년 7월4일자 공문서에 언급되어 있다. (TAB D) 대사의 공보담당특별보좌관인 조지 뉴먼 공사가 이 편지를 찾기 위해 노력하고 있다.

e. 1968년 3월18일, 꽝남성 선임고문인 L.D. 퍼켓 (Puckett)은 제3상륙군의 민간작전혁명개발지원부(DEPCORDS)에 서한을 보냈다. 이 서한의 세 번째 단락은 한국군이 1968년 2월12일 퐁니 마을에서 79명의 베트남 여성과 어린이들을 죽인 잔혹행위를 언급하고 있다.(TAB E) 1군단 민간작전혁명개발지원부에서 발견된 퍼켓의 편지에 첨부된 세 가지 문서는 쿠쉬먼 대장, 코머 대사, 웨스트몰랜드 대장 등이 퍼켓의 편지를 읽었음을 시사하고 있다. 그러나 이는 확실한 사실은 아니다. (TABs F, G, H)

f. 미국 해병, 한국 해병, 베트남군의 합동조사반은 1969년 5월10일 한 편의 보고서를 완성하였는데, 이에 의하면 1969년 4월15일 한국군이 사상자를 낸 뒤 꽝남성의 푸옥미 마을에서 사납게 행동했으며 그 결과 4명의 민간인이 사망했고, 12명이 부상을 입었으며, 7명이 구타당했고, 광범위한 재산상의 피해가 발생했다. 이 사건에 대한 보고서는 제3상륙군의 감찰관에 의해 입수되었다. (TAB I)

3. (U) 권고사항: 군 감찰관은 법무관과 버거 대사에게 보내는 편지를 준비하여 COMUS의 승인과 서명을 받도록 한다.

샘 H. 샤프 (Sam H. Sharp)

미군 대령

부감찰관

SECRET

MACIG-INV
SUBJECT: Alleged ROK Marine Corps Atrocities (CofS Action 4984-69)

e. On 18 March 1968, Mr. L. D. Puckett, Province Senior Advisor to Quang Nam, sent a letter to DEPCORDS, III MAF. Paragraph 3d of the letter refers to brutality of Koreans in Phong Nhi on 12 February 1968, resulting in the death of 79 Vietnamese women and children (TAB E). Three notes found appended to Puckett's letter at DEPCORDS, I Corps, tend to indicate that GEN Cushman, Ambassador Komer, and GEN Westmoreland saw Puckett's letter. This, however, is not known for certain (TABs F, G and H).

f. A joint USMC, ROKMC, and ARVN investigative body completed a report on 10 May 1969 which describes ROKMC forces as going wild in Phuoc My Hamlet, Quang Nam Province, on 15 April 1969, after receiving casualties. The result was four civilians killed, twelve wounded, and seven beaten, plus extensive property damage. A copy of this report was obtained from Force Inspector, III MAF (TAB I).

3.(U) RECOMMENDATION. MACIG, in coordination with MACJA, prepare a proposed reply to Ambassador Berger for COMUS' approval and signature.

Sam H. Sharp
SAM H. SHARP
Colonel, USA
Deputy Inspector General

8 Incls
as

COORDINATION:

MACJA concur 18 Dec 69 nonconcur ____________

Page 2 of 2 pgs

SECRET

Gen Rosson Has Seen. 1050-20 Dec 69 (T) 20 Dec 69

MEMORANDUM OF CONVERSATION

SUBJECT: SECURE VOICE TELECON WITH LTC FULLER, J-3, CINCPAC

1. At 200910H Dec 69 the undersigned received a secure telephone call from LTC Fuller, J-3, CIN CPAC.

adm McCain - Has Seen - 1045 20 Dec 69

2. Colonel Fuller stated that he had a message to pass to General Abrams, subject atrocities. The message resulted from a telephone call from J3, JCS at 191015W Dec. Message follows:

"At request of General Vogt following was passed and is for info and alert for COMUS and CINCPAC. The RAND report title VC Style of Politics RM5487-ISA/ARPA July 1968, is in the hands of State Department and passed to SECDEF. Report contains a summation of interview with PW's, Chieu Hois and VN villiagers and includes allegations of atrocities committed in 1968 by the 2d ROK Marine Corps Bde. Also there is supposed to be a report of an investigation of an atrocity allegation laid against 2d ROK Marine Corps Bde and conducted by Marine investigating team III MAF."

3. CINCPAC was asked to:

a. Alert COMUSMACV as to the possibility of further follow-on of the allegation, particularly as a result of public disclosure.

b. To identify and locate, if it exists, the alleged report of investigation by III MAF. (They cannot find the report in CINCPAC, FMFPAC or JCS; however they do have the RAND report at CINCPAC).

4. This telecon will be followed up by a back channel message from Admiral McCain to General Abrams. They will request a copy of the III MAF investigation.

5\. 5. LTC Fuller requested to be notified by telephone (Secure Voice 2107 or clear voice PAC 39645) (1) when General Abrams is notified, and (2) when or if the report is found.

JAMES B. HENDRY
LTC, US Army
Executive Officer

MEMO FOR RECORD:
LT COL FULLER INFORMED BY PHONE 201135H DEC '69:
A COMUS FULLY INFORMED -- ALSO DEPCOMUS
B CINCPAC INFORMED
C MACV HAS THE DOCUMENT

SJS

HEADQUARTERS
III Marine Amphibious Force
Military Assistance Command, Vietnam
c/o FPO San Francisco, California 96602

18 Feb 1968

From: Major John M. CAMPANELLI, 075512, USMC
To: Commanding General, III Marine Amphibious Force, FPO San Francisco 96602

Subj: Inquiry into the circumstances surrounding deaths and injuries of Vietnamese civilians of Phong Nhi and Phong Nhut (2) hamlets, located at coordinates (BT0460 and BT0360), Dien Ban District, Quang Nam Province, Republic of Vietnam on 12 February 1968

Ref: (a) Verbal orders of the Deputy Chief of Staff, III MAF received 161430H February 1968

Encl: (1) Report of phone call from Mr. PUCKETT, received 131100 February 1968
(2) Letter from C. E. OAKLEY, Liaison Officer, Quang Nam Special Sector to Assistant Chief of Staff, G-3, III MAF of 13 February 1968
(3) Sheet 6640 IV N, Series L8020
(4) Statement of First Lieutenant J. R. SYLVIA, 099898, USMC, Commander, Combined Action Company Delta
(5) Statement of Staff Sergeant R. T. SECREST, 1881569, Gunnery Sergeant of Combined Action Company Delta
(6) Statement of Corporal J. VAUGHN, 2302735, USMC, Member of Combined Action Platoon Delta-2
(7) Statement of Mr. Nguyen Chua, Vietnamese citizen, Chief of Phong Nhi hamlet
(8) Statement of Mr. Nguyen Xa, Vietnamese civilian, Popular Force soldier of Combined Action Platoon Delta-2
(9) Statement of Mr. Hoa Phuoc Buu, Vietnamese citizen, Popular Force soldier of Combined Action Platoon Delta D-2
(10) Statement of Miss Tran Thi Duoc (16 years old), Vietnamese citizen, Phong Nhi Hamlet, Dien Ban District, Quang Nam Province. (Statement was taken from Miss Duoc at the Da Nang Civilian Hospital where she is a patient)

Enclosure (1) to CG III MAF CONF ltr ser 0120568 of 16 Apr 1968

(11) Statement of Nguyen Thi Nu (45 years old), Vietnamese Citizen, Phong Nhut Hamlet, Dien Ban District, Quang Nam Province. (Statement was taken from Mrs. Nu at the Da Nang Civilian Hospital where she is a patient.
(12) Statement of Major Hoang Trung, ARVN, District Chief of Dien Ban District, Quang Nam Province

PRELIMINARY STATEMENT

1. In response to reference (a), at approximately 161500H February 1968 I met with Captain G. W. BEAUDRY, USMCR, Assistant Judge Advocate General, III MAF, for the purpose of outlining the necessary procedures for conduct of subject inquiry.

2. During the afternoon and evening of 16 February 1968, statements were obtained from 1stLt J. R. SYLVIA, USMC, enclosure (4) and SSgt R. T. SECREST, USMC, enclosure (5).

3. On 17 February 1968, statements were obtained from CAP Delta-2 Popular Force soldiers and the Chief of Phong Nhi hamlet at CAP Delta-2, enclosures (7), (8) and (9). A statement was also obtained from the District Chief, Major Hoang Trung, Dien Ban District and the District Headquarters, enclosure (12). Additionally, statements of two survivors of the subject incident were obtained at the Danang Civilian Hospital, Danang, enclosures (10) and (11). The services of Second Lieutenant Nguyen Van Tuyen ARVN, Assistant to and Interpreter for CG, III MAF were utilized in obtaining the statements included as enclosures (7), (8), (9), (10) and (11).

4. A preliminary verbal report was made at 171630H February 1968 to the Chief of Staff and Deputy Chief of Staff III MAF. At this time a delay was granted until 18 February 1968 for submission of the final report of the subject inquiry.

FINDINGS OF FACT

1. At or about 1000 hours 12 February 1968 the 1st Company, 1st Battalion, 2nd ROK Marine Brigade moved north on Highway # 1 to the vicinity of CAP Delta-2 (BT051603). Enclosures (2), (3) and (4).

2. At or about 1030 hours 12 February the 1st Company, 1st Battalion, 2nd ROK Marine Brigade moved on line westerly toward Phong Nhi Hamlet and Phong Nhut (2). Enclosures (2), (3) and (4).

3. At or about 1100 hours 12 February, on Highway # 1 (BT048605), a U. S. Marine Corps amtrac struck a mine and was disabled. Enclosures (1) and (3).

4. The ROK Marines swept through Phong Nhi Hamlet and on to Phong Nhut (1) Hamlet before returning to Phong Nhi again. Enclosures (7), (8) and (9).

5. At 1300 hours there was shooting and smoke coming from Phong Nhi Hamlet. Enclosures (4), (5), (6) and (9).

6. At or about 1330 hours a PF soldier from CAP Delta-2 (one of the twenty-eight from the Phong Nhi area) brought in two small boys who were shot and a woman who was stabbed. Enclosures (4), (6) and personal knowledge of the investigating officer.

7. At or about 1400 hours the Commander, CACO Delta made an unsuccessful attempt to contact, by radio, the U. S. Marine Corps Liaison Officer at HQ 2nd ROK Marine Brigade. The ROK Brigade G-3 denied that any ROK troops were in the Phong Nhi area, and that there was any contact with the enemy. Enclosure (4).

8. At or about 1430 hours the Dien Ban District Chief and the Dien Ban Sub Sector Advisor arrived at CAP Delta-2 to survey the situation. Enclosures (4) and (12).

9. At or about 1500 hours a patrol from CAP Delta-2 proceeded to Phong Nhi hamlet and Medevaced the survivors of the attack. Enclosures (4), (5), (6) and (8).

10. The number of reported identified dead, as of 16 February 1968, from Phong Nhi and Phong Nhut hamlets is 69. Enclosure (12).

11. The III MAF SITREPS of the 2nd ROK Marine Brigade for the period in question reflect that the 1st Company was in the Phong Nhut area, and that they received small arms fire at 1105 and 1530 hours, resulting in one ROK Marine WIA and negative enemy casualties. Personal knowledge of the investigating officer.

OPINIONS

1. That the 1st ROK Marine Company conducted a planned operation against the villagers of Phong Nhi and Phong Nhut hamlets on 12 February 1968.

2. At the conclusion of the sweep through Phong Nhi and Phong Nhut (1), the villagers were gathered into 3 main groups and were killed.

3. There was a superficial attempt at concealing the results of the action taken after the sweep.

4. The Executive Officer of the 1st Battalion, 2nd ROK Marine Brigade in an attempt to placate the survivors and relatives of the dead and wounded offered his apologies and provided 30 bags of rice to the District Chief.

5. The victims of this incident were defenseless civilians, the great majority of which were women and children, who were murdered as they plead for their lives.

John M. Campanelli
JOHN M. CAMPANELLI

3 Feb 1968 Quang Nam, Dien Ban, Phong Nhi

Mr. Puckett called from Hoi An and left the following information:

Returned from Dien Ban with details of the incident there. Name of hamlet was Phong Nhi, Coordinates BT 044 607, across the road from CAP Delta 2.

Marine AMTRAC struck a mine on Highway 1 about 1130. ROKs called 105 artillery fire on the hamlet. Did this without any clearance from the CVN. Between 1 and 1530, 1st ROK Marine Company moved through the hamlet using grenades and small arms fire on the Vietnamese.

KIA

22 Women
8 Babies
7 Children
10 Killed then homes burned—impossible to tell the sex.

WIA All have been evacuated to Danang Hospital.

7 Women
1 Old Man
4 Children
3 Babies

Some rifle fire was very close—evidence by powder burns seen by Major Jordan, Senior Advisor Dien Ban District.

There were 4 PF families from Delta 2 living there. Their houses and families were completely wiped out. Nothing specifically against them—they just happened to be living in the village.

All the homes were burned and destroyed. This hamlet was scheduled to receive an RD team during the first quarter.

Mr. Puckett would like the information to be passed to General Cushman. This took place right in the heart of the RD area.

Circumstantial evidence—they definitely moved through the area. It is his understanding that they have admitted they did this. They definitely passed through the area at the time it all happened. The old man that was wounded stated it was the ROKs, but have no written statement.

Apparently the ROKs were upset about the AMTRAC and according to the CAPs they were taking some small arms fire from that area.

CONFIDENTIAL

CERTIFIED A TRUE COPY
[signature] USMC

CONFIDENTIAL

ENCLOSURE (/)

Assistant Chief of Staff, G-3 13 Feb 1968

Liaison Officer, QUANG NAM Special Sector

Significant events; report of

1. MACV and CORDS representatives are investigating the massacre of the people of PHANG NHOT BT 044607, which occurred at about 121200 February 1968, allegedly at the hands of the 1st Company, 1st Battalion, 2d Korean Marine Brigade. 51 people were killed and 15 were wounded. There were no uninjured survivors, according to the Acting Senior Military Advisor to QUANG NAM Sector.

2. It appears that the KMC Company moved through the hamlet at about 0900 and received about 30 small arms rounds, according to the company commander just before 1200, the 2d Brigade fired an artillery mission on the hamlet, and at 1200, the 1st Company entered the hamlet, rounded up all the people and shot and grenaded them. Some survivors went to CAP D-2, which sent a combined US/PF reaction force. The CAP unit took pictures at the scene and reported the incident to DIEN BAN District. The hamlet is reported to have been the dependent housing area for PF's of CAP D-2.

3. The Koreans initially denied having forces in the hamlet, but apparently now admit that the 1st Company was there. The investigation will continue, under the direction of Ambassador Koren.

C. E. OAKLEY

Copy to:
G-2
G-5
COC
FSCC

CONFIDENTIAL

Certified true copy

ENCLOSURE (2)

Statement of First Lieutenant J. R. Sylvia, 099898, USMC, Commander, Combined Action Company Delta.

At approximately 1030 on 12 February 1968 I proceeded north on Route #1 to Da Nang, and while enroute observed a company of ROK troops near the road in the vacinity of CAP D-2. They were on line proceeding west toward the hamlet. After completing my business in Da Nang I proceeded back toward Dien Ban, and was forced to stop at CAP D-1 because the road was blown between D-1 and D-2. At approximately 1330 I was permitted to proceed on my way south and when I reached CAP D-2 I had to stop again, because an Amtrac that had hit a mine was being towed over the road. What appeared to be a firefight was in progress in Phong Nhi hamlet and smoke could be seen rising over that hamlet. I made a quick survey of the situation and found that a company of ROK Marines had called artillery fire on Phong Nhi hamlet and then launched a ground attack on the same area. Shortly thereafter, a PF brought in 2 wounded little boys who had been shot, and an older woman who had a severe bayonet wound in her arm. They requested medical help because the Koreans had tried to kill them.

At this point I radioed the ROK Brigade and asked for Lieutenant Colonel Shinning, LN Officer, and was told he was not available. I then asked if the G-3 knew of any ROK tooops in the area, and if so were they in contact with the enemy, and did they meet any resistance? I received a negative reply to all questions. After making further analysis of the situation I called the ROK Brigade FSCC and requested grid-clearance for an 81 mm mortar mission in the vicinity of a rice paddy on the south side of Phong Nhi hamlet, and as I suspected clearance was refused because ROK troops were operating in that area. Realizing that something had to be done to stop the attack on the hamlet I radioed the CAG and requested that they lend assistance through III MAF to stop the ROK action in Phong Nhi.

The U. S. Marine and P.F.'s stood by and watched for survivors fleeing the hamlet to give whatever medical assistance we could. The ROK's had refused us permission to go into Phong Nhi, because their operation was in progress, thus we could only wait until it had ended.

Lieutenant Colonel Shinning radioed me at D-2 after III MAF COC had called him in regard to the request to stop the attack. He reprimanded me for not first calling him with my request to secure the ROK attack, which he said was the only tactical chain of command to follow.

 ENCLOSURE (4)

Statement of First Lieutenant J. R. Sylvia, 099898, USMC, Commander, Combined Action Company Delta (continued).

I then called Major Jordan, the Dien Ban Sub-sector Advisor, and requested that he and Major Trung, the District Chief, come to CAP D-2 because a very serious incident had occurred. They arrived shortly thereafter and surveyed the situation, then Major Trung attempted to call Sector HQ in Hoi An but could not raise them. Major Trung then returned to Dien Ban to get his report to Sector through, and later came back to CAP D-2 with his S-3, Warrant Officer Duong. Major Trung then informed me that the ROK Marines' artillery was not cleared by District HQ to fire on Phong Nhi.

At approximately 1500 a report was made that the wounded could not possibly make it out of the hamlet, and clearance was authorized to move into Phong Dien to provide assistance. A patrol consisting of 5 U. S. Marines, 26 PF's and Warrant Officer Duong proceeded into the hamlet to call in Medevacs. Two women and a small boy were the only survivors located, and they were Medevaced. The patrol found two old people buried under the debris of a burned house, a large number of bodies were found in a nearby ditch all covered over with grass, several other corpses were recovered from the debris - all too badly burned to identify or determine their sex. Further down the trail another large group of bodies were found along with the two wounded women - one woman held out her I.D. card the entire time for fear that the patrol would kill her. Photographs were taken by Corporal Vaughn who was a member of the patrol.

To the best of my recollection at least once during the past two weeks there had been sniper fire from Phong Nhi hamlet wounding one U. S. Marine. The ROK Marines had never operated in or around that hamlet before this particular incident on the 12th of February.

This is the complete statement made to me on 16 February 1968 by First Lieutenant J. R. Sylvia, USMC.

J. M. CAMPANELLI
Major USMC

Subscribed to and sworn by before me this 17th day of February 1968.

Authorized to administer oaths and act as Notary Public under Art 136(a), UCMJ (10 USC 936); and P.L. 86-589 approved 5Jul65

G. W. BEAUDRY
Capt USMCR
088267

ENCLOSURE (4)

1968년 2월12일 10시 30분께 나는 북쪽 제1루트인 다낭으로 전진하다가 CAP D-2 근처에서 한국군을 보았다. 그들은 서쪽에 있는 한 마을로 행군하고 있었다. 나는 다낭에서 일을 마치고 디엔반으로 돌아오는 중 CAP D-1과 D-2 사이의 도로가 파손돼 어쩔 수 없이 CAP D-1에서 머물 수밖에 없었다. 13시 30분께 남쪽으로 다시 행군을 시작할 수 있었지만 광산을 덮친 수륙양용견인차가 도로 한복판에서 견인되고 있었기 때문에 다시 멈출 수밖에 없었다. 퐁니라는 마을에선 포격전이 있었던 듯 연기가 나고 있었다. 나는 재빨리 상황을 알아보았고 그것은 다름 아닌 한국 해병대가 퐁니 마을에 폭격을 가했고 이곳에서 지상전을 벌였다는 것을 알게 됐다. 곧이어 한 민병대원이 총에 맞은 2명의 어린 소년들과 총검에 팔을 심하게 다친 여성을 데리고 왔다. 그들은 치료를 부탁하면서 한국군이 자기들을 죽이려 했다고 말했다.

사태가 이쯤 이르자 나는 한국군 여단에 무선을 보내 UN장교인 시닝(Shinning) 중령을 찾았지만 연결이 안 된다는 답변을 받았다. 그래서 나는 작전처(G-3)에게, 그 지역에 한국군이 있었음을 알고 있었는지 또 그들이 적과 교전했는지, 저항은 없었는지 등을 물어봤지만 모두 아니라고 대답했다. 사태에 대해 좀 더 분석을 해 본 뒤 한국군 여단의 화력지원협조센터에 퐁니 마을의 남쪽 논 근처에 있었던 81mm 박격포 공격에 대해 중단(grid-clearance)을 요청했지만, 이들은 한국군이 그 지역에서 작전을 펼치고 있다며 거절했다. 그러나 마을에 가해지는 습격을 막기 위해서는 조처를 취할 필요가 있었기 때문에 CAG에 무선을 보내 제3상륙군으로 하여금 퐁니 마을에 가해지는 한국군의 공격을 중단해 달라고 요청했다.

미 해병대와 민병대는 마을을 탈출하는 생존자들을 치료하기 위해 대기하고 상황을 지켜봤다. 한국군은 작전 진행중이라며, 우리가 마을로 진입하는 것을 허락하지 않았기 때문에 우리는 상황이 종료될 때까지 기다릴 수밖에 없었다.

시닝 중령은 제3상륙군 GOC(General officer Commanding · 장관급 지휘부대)로부터 한국군 공격 중단을 멈추라는 요청을 받고, 내게 D-2에서 무전을 쳤다. 그는 한국군 공격 중단과 관련해선 전술적 위계상 자신에게 먼저 요청했어야 한다며 이를 따르지 않았다고 나를 질책했다.

나는 디엔반의 부 구역 고문인 조르던 소령에게 연락하고, 심각한 사태가 발생했으니 구역 담당 지휘관인 쭝(Trung)과 CAP-2로 와 달라고 요청했다. 이들은 곧 도착했고 상황을 조사했다. 이후 쭝 소령은 호이안에 있는 지역 본부에 연락하려 했으나 연락이 닿지 않았다. 쭝 소령은 이후 보고를 하러 디엔반으로 돌아갔고 작전담당관(S-3)인 두옹 준위와 함께 CAP D-2로 돌아왔다. 쭝 소령은 나에게 지역본부는 한국군의 퐁니 사격을 중단시키지 않았다고 말했다.

15시께 부상자들이 마을 밖으로 빠져나오지 못했다는 보고를 받았고, 도움을 주기 위해 퐁 디엔으로 움직이라는 명령이 떨어졌다. 5명의 미 해병과 26명의 민병대원과 두옹 준위로 구성된 경비조가 마을로 들어갔고 부상용 수송헬기 지원을 요청했다. 2명의 여성과 1명의 소년이 유일한 생존자였고, 이들은 헬기로 수송됐다. 경비조는 불탄 주택 잔해에 깔려 있는 2명의 노인과 풀로 덮인 채 도랑 근처에 있는 많은 주검들을 발견했다. 몇몇 주검들은 잔해에서 끄집어냈다. 이들은 너무 심하게 불에 타서 신원을 확인할 수도 없었고 성별조차 식별할 수 없었다. 오솔길을 따라가 2명의 부상당한 여자와 또 다른 많은 주검들을 발견했다. 그들은 우리가 자신들을 죽일까 봐 두려워 신분증을 꺼내들었다. 경비대 일원인 본(Vaughn) 상등병이 사진을 찍었다.

내가 기억하는 한, 지난 2주 동안 최소한 한 번 퐁니 마을에서 저격수가 공격해 미 해병 한 명이 부상당했다. 한국군은 2월12일의 사건 이전엔 퐁니 마을이나 그 근처에서 전개한 작전이 없다.

이 진술서는 1968년 2월 16일에 미 해병대의 J.R. 실비아 중위에 의해 작성됐다.

미 해병대 소령 J.M 컴퍼넬리

Statement of Staff Sergeant R. T. Secrest, 1881569, Gunnery Sergeant of Combined Action Company Delta

At approximately 1300 12 February 1968 I was driving on route # 1 in the vicinity of CAP D-1 when I heard what I believed to be weapons firing in the vicinity of CAP D-2. I immediately thought that the CAP D-2 was in a firefight and I radioed the Commanding Officer, Lieutenant Sylvia to check this possibility out. He informed me of his location, which was in close proximity of CAP D-2, and that the shooting came from a hamlet just to the west of CAP D-2. I then informed him that I was proceeding to CAP D-2.

Upon arrival at CAP D-2, I was informed that an Amtrac had hit a mine and was disabled and that a ROK unit operating in the area had taken fire from Phong Nhi hamlet. From route # 1 I observed smoke rising from the area of the hamlet and heard more shooting. Not desiring to jeopardize any troops without making appropriate coordination or receiving a call for assistance, we, the Marines of the CAP, remained on the road (Route # 1). Later after the shooting had stopped the CAP (D-2) organized a patrol to investigate the shooting and smoke in Phong Nhi hamlet. Upon our arrival, we found that the hamlet had been burned down and there were many wounded and dead women and children lying about.

Corporal Vaughn of CAP, Delta 2, a member of the patrol tookphotographs of the scene.

Sworn by before me.

J. M. CAMPANELLI
Major USMC

Subscribed by and sworn to before me this 18th day of February, 1968.

Authorized to administer oaths and act as Notary Public under Article 136(a), UCMJ (10 USC 936); and PL 86-589 approved 5Jul65

C. W. BEAUDRY
Capt USMCR
068267
Force Legal, Headquarters
III Marine Amphibious Force
FPO San Francisco 96602

ENCLOSURE (5)

Statement of Corporal J. Vaughn, 2302735, USMC, Member of Combined Action Platoon Delta-2

On Monday the 12th of February at approximately 1330 we, the Marines of CAP D-2, Lieutenant Sylvia and SSgt Seacrest were observing a ROK Marine company operation in Phong Nhi hamlet from route #1 to the west of CAP D-2. The ROK's had fired an artillery mission on the hamlet, and then began an assault through Phong Nhi with a lot of automatic weapons fire. From our position on the road you could easily see that there were many homes burning and large streams of smoke rising from the hamlet.

After one of our PF's returned to the CAP with some wounded boys and a injurdd woman, I knew that the ROK's were shooting the civilians in the hamlet, and that there would be many more wounded villagers in need of help.

Later, around 1500, we finally got the "ok" to go into Phong Nhi and Phong Nhut to help whoever we could. Our patrol was made up of 5 U. S. Marines, about 26 PF's and the District S-3; and I brought along my camera to take some pictures for my pictoral study of the war in Vietnam.

We took a wide route around the hamlet of Phong Nhi and entered from the west to avoid any possible ambush for an easterly approach. What we found is recorded in the photos that I took.

Photo A - one of the first homes we came across
Photo B and C - more burned homes
Photo D - a dead villager buried under debris
Photo E - two villagers were found burned in this home, one visable in foreground
Photo F and G - a young woman who was still alive and had her breast cut off
Photo H - one of the large groups of women and children, we found most of them dead. The woman and child in upper right were still alive. The woman in F and G was also found in this group.
Photo I and G - a woman and her child, both shot at close range - evident by gaping wound in child's head
Photo J_1 and J_2 - photos of the group in which woman and child in I and J were found
Photo K and L - bodies of more women and children found in a ditch covered over with uprooted rice shoots

CONFIDENTIAL

ENCLOSURE (4)

Statement of Corporal J. Vaughn, 2302735, USMC, Member of Combined Action Platoon Delta-2 (continued)

Photo M - This child did not have a mark on his entire body - he apparently was drowned in the nearby pond

Photo N - Both women found by pond shot. Pregnant woman in center was shot in head at close range (front of head blown out). Child in upper left is same child in M.

Photo O and P - Young woman in early 20's - with fingers on both hands torn away and wound in left arm being treated by CAP D-2 corpsman.

One strange thing that I noticed while we proceeded through the hamlet was that there were no shell craters around the group of bodies that we found, indicating that those villagers were all shot at close range or stabbed with bayonets.

This is a complete statement made to me on 17 February 1968 by Corporal J. Vaughn, USMC.

J. M. CAMPANELLI
Major USMC

Subscribed by and sworn to before me this 18th day of February 1968.

Authorized to administer oaths and act as Notary Public under Article 136(a), UCMJ (10 USC 936); and Public Law 86-589 approved 5Jul65

?. W. BEAUDRY
Capt USMCR
088267
Force Legal, Headquarters,
III Marine Amphibious Force,
FPO San Francisco 96602

CONFIDENTIAL

ENCLOSURE (6

2월12일 월요일 13시 30분경 CAP D-2 해병대와 실비아 중위, 시크레스트(Seacrest) 하사관은 CAP D-2 서쪽의 1번 도로에서, 한국군이 퐁니 마을에서 작전을 벌이고 있는 것을 살펴보고 있었다. 한국군은 마을에 포격을 가한 다음 자동기관총으로 공격하기 시작했다. 우리의 관찰 지점에선, 집이 불타고 연기가 많이 나는 것이 잘 보였다.
민병대원 한 명이 부상당한 소년들과 여성 한 명을 CAP으로 데리고 왔을 때 나는 비로소 한국군이 마을의 민간인들을 쏘았고, 도움을 필요로 하는 부상자가 더 많이 있다는 것을 알게 됐다.

15시경 우리는 퐁니 마을과 퐁넛 마을로 들어가 도와주라는 허락을 받았다. 우리 경비대는 5명의 미 해병과 26명의 PF 그리고 작전처(S-3)로 구성되었다. 나는 베트남 전쟁에 대한 사진기록 연구를 위해 카메라를 챙겨 갔다.

우리는 퐁니 마을 근처의 넓은 길을 택하고, 동쪽 경로에 매복한 적군이 있을 것을 고려해 서쪽으로 진입했다. 우리가 발견한 것은 사진으로 기록돼 있다.

사진 A: 처음으로 간 집

사진 B & C: 타 버린 집들

사진 D: 잿더미에 묻힌 마을 주민

사진 E: 마을 주민들이 불에 탄 채 집에서 발견되었다.

사진 F & G: 가슴이 잘려진 채 아직도 살아 있는 여자

사진 H: 여성들과 아이들이 가장 많이 발견된 곳 중의 하나다. 이들 대부분은 모두 숨졌다. 오른쪽 상단에 있는 여자와 아이는 여전히 살아 있었다. 사진 F와 G에 있는 여성들도 이곳에서 발견됐다.

사진 I & J: 근거리에서 총에 맞은 여자와 아이. 어린이의 머리에 있는 벌어진 상처를 보면 근거리 사격이 분명하다.

사진 J1 & J2: 사진 I & J에 있는 여자와 아이가 발견된 집단

사진 K & G: 논의 모에 가려진 채 도랑에서 발견된 여자와 아이들의 시체

사진 M: 이 아이는 몸 어느 곳에도 상처가 없다.

사진 N: 총에 맞은 채 연못 근처에서 발견됨. 사진 가운데 임신한 여자는 가까운 거리에서 머리에 총을 맞음(머리 앞이 날아감). 왼쪽 위의 아이는 사진 M과 동일 인물
사진 O & P: 20대 초반 여자 두 손 모두 손가락이 찢어지고 왼쪽 팔에 부상당함. CAP D-2가 치료하고 있음

마을을 순찰하면서 나는 우리가 발견한 주검들 주변엔 폭격으로 움푹 파인 곳이 전혀 없다는 점을 발견하고 의아한 생각이 들었다. 이는 이 마을 주민들은 모두 근거리에서 총격을 당하거나 총검에 찔렸다는 것을 보여 준다. 마을을 돌며 사진을 찍을 때 발견한 이상한 점 중 하나는 시체 더미 주위에서 폭격으로 움푹 파인 구덩이들을 발견할 수 없었다는 점이다. 이는 마을 주민 모두가 가까운 거리에서 총에 맞았거나 총검에 찔렸다는 것을 입증한다.

이 진술서는 1968년 2월17일에 미 해병대 본 상등병에 의해 작성되었다.

미해병대 소령
J.M 컴퍼넬리

A

B

E

F

G

H

L

K

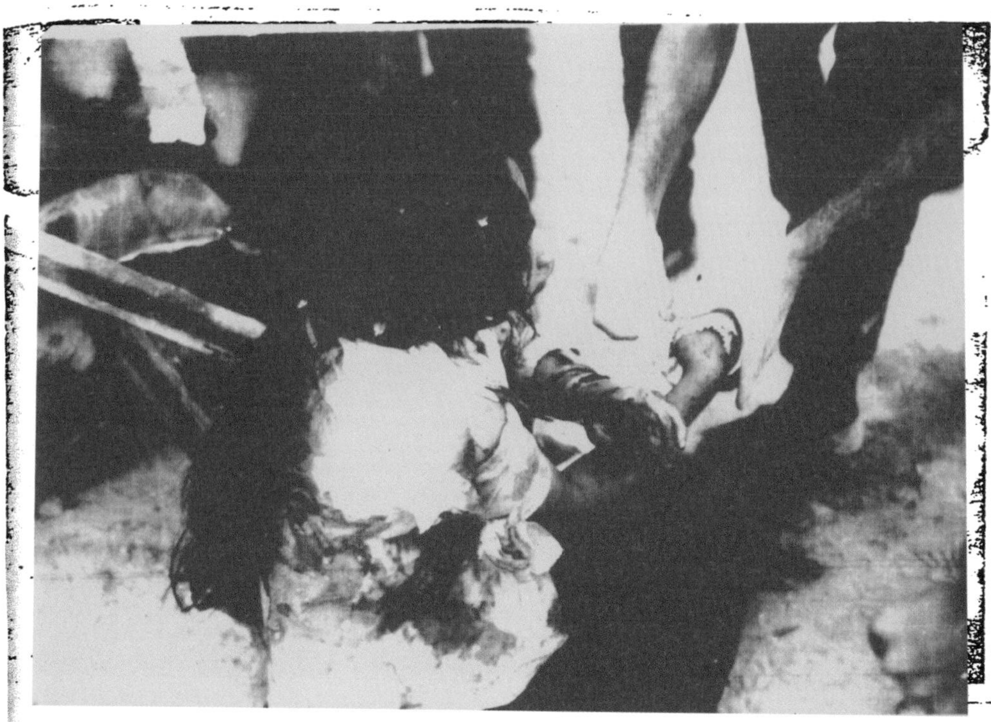

O

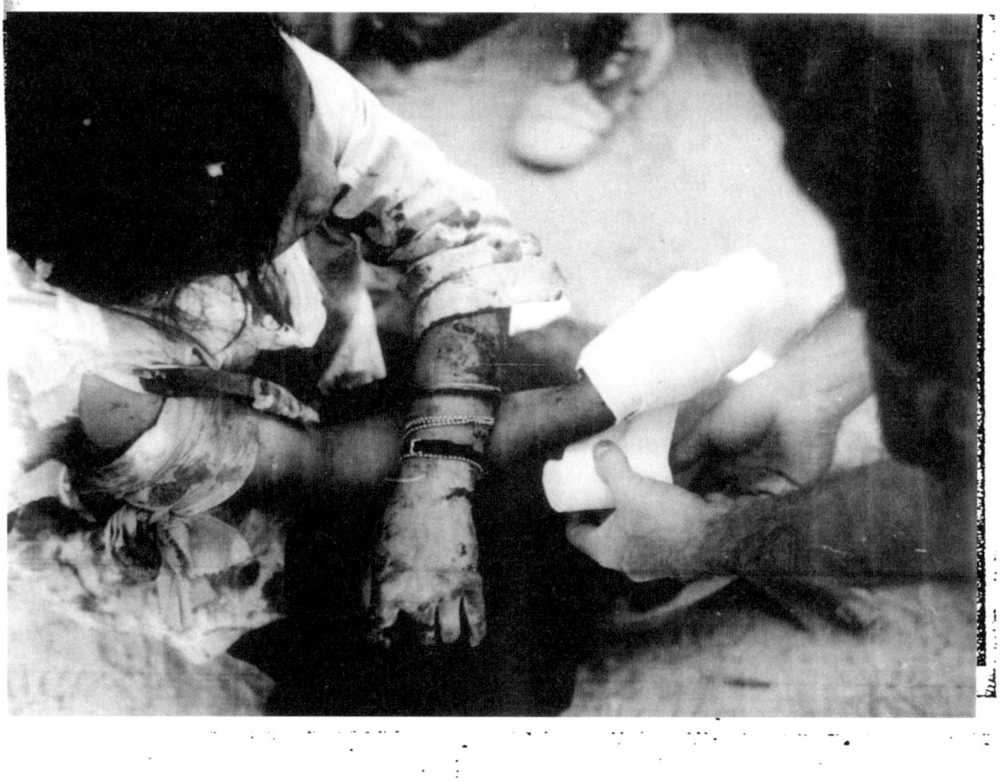

P

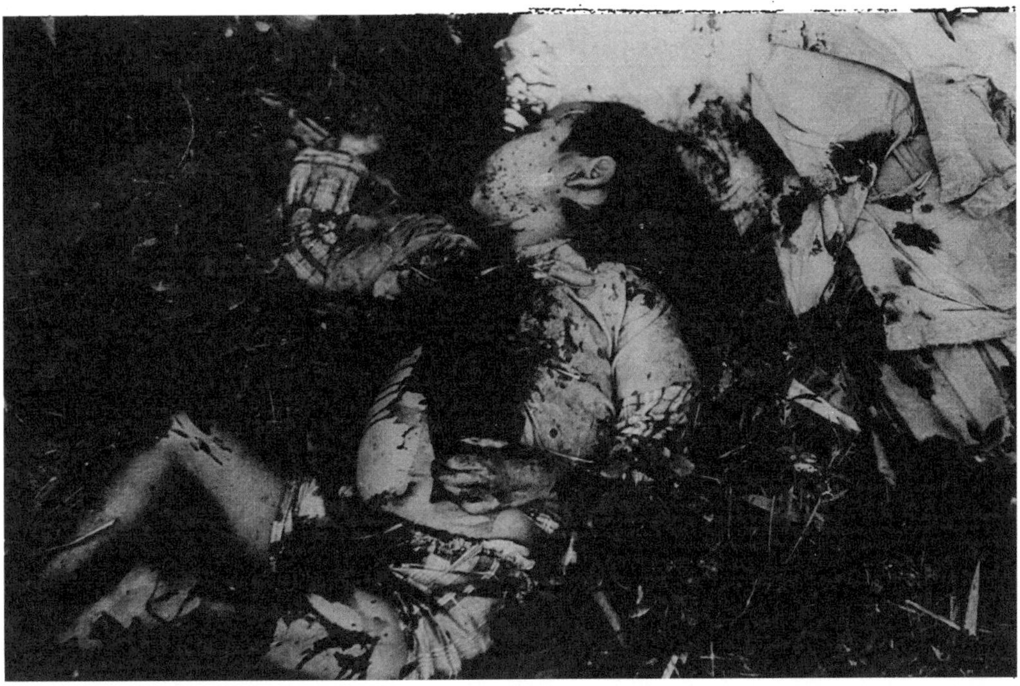

CLOSE UP [illegible] TO [illegible] PHOTO I

CLOSE UP OF BODY [illegible] TWO TREES IN PHOTO I, LEF TOP

Statement of Mr. Nguyin Chua, Vietnamese citizen, Chief of Phong Nhi hamlet

Around 1000 hours on the 12th of February 1968 an attack was begun on Phong Nhut and Phong Nhi hamlets by the Korean troops. The soldiers were camouflaged uniforms and spoke the Korean language, and totally there were over one hundred soldiers.

Apparently there was a leader of these Korean troops because of the actions and movements the troops made when he spoke.

The Koreans came from the direction of Dien Ban (to the south) and arrived at drain #1 on the hard surfaced route #1. The troops proceeded to move to the west, first through the hamlet of Phong Nhi and then turned south and east through Phong Nhut hamlet.

We did not know that the Koreans were going to attack the villagers because when they passed through Phong Nhi the people thought it was all right. But later we heard shooting in Phong Nhut hamlet, and then the Koreans came back through Phong Nhi. They ordered all the people to get out of their homes, and then gathered them up at one place and then moved them out. The Koreans without warning began shooting the villagers and stabbing the children with their knives.

Thirty-three people in Phong Nhi hamlet were killed and four persons were wounded.

Sworn by before me.

NGUYEN VAN TUYEN
2dLt ARVN

Subscribed by and sworn to before me this ___ day of February 1968.

Authorized to administer oaths and act as Notary Public under Article 136(a), UCMJ (10 USC 936); and P.L. 86-589 approved 5Jul65

G. W. BEAUDRY
Capt USMCR
088267
Force Legal, Headquarters
III Marine Amphibious Force
FPO San Francisco 96602

ENCLOSURE (7)

1968년 2월12일 오전 10시께 한국군이 퐁니 마을과 퐁넛 마을을 공격했다. 군인들은 위장용 군복을 입고 있었으며 한국어를 사용했다. 그리고 군인의 수는 100명이 넘는 것 같았다.

군인들 중엔 작전을 지휘하는 이가 있었다. 그가 말하면 나머지 군인들이 움직였다.

한국군은 서쪽의 디엔반 쪽에서 왔으며 포장도로인 1번 도로를 거쳐 #1) 도랑에 도착했다. 그 부대는 처음에는 퐁니 마을을 지나 서쪽으로 이동했으며, 후에 퐁넛 마을을 통과해 서쪽과 동쪽으로 이동했다.

한국군 부대가 퐁니 마을을 지날 때 아무 일도 일어나지 않았기 때문에 우리는 한국군 부대가 마을 주민들을 공격할 거라는 생각을 하지 않았다. 이후 퐁넛 마을에서 총성이 들렸고 한국군 부대는 다시 퐁니 마을로 돌아왔다. 한국군은 마을 사람 모두에게 집에서 나오라고 한 뒤 한 장소로 이동하도록 했다. 그 뒤 아무 경고도 없이 마을 주민들을 쏘기 시작했고 총검으로 아이들을 찔렀다.

퐁니 마을에서 33명이 사망했고 4명이 부상당했다.

위 진술이 사실임을 선언한다.

남베트남 육군 응우옌반뚜옌

1968년 아래의 내용에 대해 맹세한다.

Statement of Mr. Nguyen Xa, Vietnamese civilian, Popular Force soldier of Combined Action Platoon, Delta-2

At approximately 1000 on the 12th of February there were six of us sitting on top of the bunker in CAP D-2 watching the Korean troops:

Nguyen Xa
Doan-Chi
Trinh Quang Ngoc
Le Binh
Nguyen Thi
Nguyen Huyen

When the attack began on Phong Nhi it was so close to route # 1 we could see what was happening without our binoculars. We only had one pair of binoculars with us.

The Koreans proceeded to kill the villagers group by group, and we observed them at 3 different places. At one place they shot 17 people at one time, another place 14 people, then another place 6 people and 3 people.

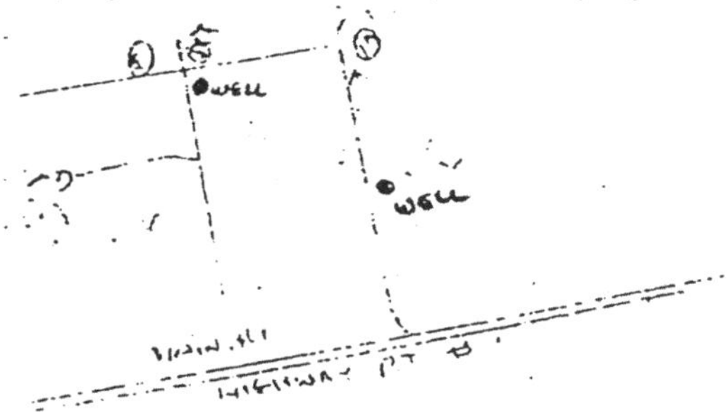

Later in the afternoon, after we patrolled through the hamlet, I found ten of my relatives killed and two were wounded (Nguyen Xang (14) and Nguyen Thi Thanh (9)).

My friend's family, PF Nguyen Thi, had 3 of his relatives killed and 1 wounded.

Sworn by before me.

NGUYEN VAN TUYEN
2dLt ARVN

Subscribed by and sworn to before me this ___ day of February 1968.

ENCLOSURE (7)

2월12일 약 10시경 우리 6명은 CAP D-2에 있는 벙커 위에 앉아서 한국 군대를 바라보고 있었다.

- 응우옌싸
- 도안찌
- 찐꽝응옥
- 레빈
- 응우옌티
- 응우옌후옌

퐁니 마을에 공격이 시작되었을 때 우리가 있던 곳은 1번 도로와 아주 가까운 지점이었기 때문에 쌍안경 없이도 어떤 일이 벌어지는지를 확실하게 목격할 수 있었다. 우리는 쌍안경을 하나 가지고 있었다.

한국군은 마을로 진입해 주민들을 그룹별로 잇따라 죽였다. 우리는 3곳에서 이런 일이 벌어지고 있는 것을 볼 수 있었다. 첫 번째 장소에서는 한 번에 17명의 사람이 사살되었고, 두번째 장소에서는 14명이, 그리고 다른 장소에서는 6명, 3명이 사살됐다.

그 뒤 이날 오후 우리가 그 마을을 수색했을 때 나는 내 친척 10명이 사살됐다는 사실을 발견했고 2명이 부상을 당했음을 발견했다. (응우옌상(14)과 응우옌티탄(9))

민병대원인 내 친구 응우옌티 가족은 3명의 친척을 잃었고 한 명이 부상을 당했다.

Authorized to administer oaths and act as Notary Public under Article 136(a) UCMJ (10 USC 936); and Public Law 860589 approved 5Jul65

G. W. BEAUDRY
Capt USMCR
088267
Force Legal, Headquarters
III Marine Amphibious Force
FPO San Francisco 96602

CONFIDENTIAL

ENCLOSURE (7)

Statement of Mr. Hoa Phuoc Bun, Vietnamese citizen, Popular Force soldier of Combined Action Platoon, Delta D-2

On the 12th of February 1968 at 1000 the Korean Marines wearing camouflaged uniforms came up the road from Vinh Dien. There was about one company of troops in all and they went into Phong Nhi hamlet.

Later after shooting and burning homes in Phong Nhut hamlet the Koreans came back through Phong Nhi and ordered all of the villagers to gather together and then the troops moved the people to another place by the wells.

Once the people were by the wells, the Koreans began to shoot them - old men, women and children. About 1300 the troops went back to Phong Nhi and burned the homes, after this was done the Koreans moved toward the road again.

Later in that day the Koreans moved back into the hamlet and stayed there until today.

Sworn by before me.

NGUYEN VAN TUYEN
2dLt AEVN

Subscribed by and sworn to before me this ___ day of February 1968.

G. W. BEAUDRY
Capt USMCR
088267
Force Legal, Headquarters
III Marine Amphibious Force
FPO San Francisco 96602

Authorized to administer oaths and act as Notary Public under Article 136(a), UCMJ; Title 10 USC 936; and Public Law 86-589 approved 5Jul65

ENCLOSURE (9)

Statement of Miss Tran Thi Duoc (16 years old), Vietnamese citizen, Phong Nhi Hamlet, Dien Ban District, Quang Nam Province. (Statement was taken from Miss Duoc at the Da Nang Civilian Hospital where she is a patient)

The Korean troops, wearing camouflaged uniforms came to my hamlet on the 12th of February. They ordered the people to get out of their homes and to move to another place. At this certain place they shot at people in their homes without warning. I was among the group of villagers which the Koreans moved and then they began shooting at us.

I was too scared at the shooting site and tried to stay still like I was dead. But one Korean soldier saw me, and I joined my two hands in front of my breast, knelt before him and begged for my life, but he shot at me. The shot caused my fingers to be broken and both of my arms took wounds, and then I was unconscious. When I got back to myself, I found out that both of my parents were killed, my 2 brothers were killed, and my young sister (3 months old) was wounded by a knife.

I recognize myself in the pictures (Photos O and P) being treated by a corpsman.

Sworn to before me.

Nguyen Van Tuyen
2dLt ARVN

Subscribed by and sworn to before me this ___ day of February 1968.

Authorized to administer oaths and act as Notary Public under Article 136(a), UCMJ (10 USC 936); and Public Law 86-589 approved 5Jul65

G. W. BEAUDRY
Capt USMCR
068267
Force Legal, Headquarters,
III Marine Amphibious Force,
FPO San Francisco 96602

CONFIDENTIAL

ENCLOSURE (7C)

Statement of Nguyen Thi Nu (45 years old), Vietnamese Citizen, Phong Nhut Hamlet, Dien Ban District, Quang Nam Province. (Statement was taken from Mrs. Nu at the Da Nang Civilian Hospital where she is a patient)

On the 12th of February the Koreans came to our hamlet and gathered us together - then they shot at everyone in the group with a machine gun and some of the people were stabbed by the Koreans.

I was struck on the head by a bullet and fell to the ground and became unconscious.

My two daughters (10 and 13 years old) were also killed at the same time as the others.

Sworn to before me.

NGUYEN VAN TUYEN
2dLt ARVN

Subscribed by and sworn to before me this ___ day of February 1968.

G. W. Beaudry

Authorised to administer oaths and act as Notary Public under Article 136(a), UCMJ (10 USC 936); and Public Law 86-589 approved 5Jul65

G. W. BEAUDRY
Capt USMCR
088267
Force Legal Headquarters,
III MAF
FPO San Francisco 96602

CONFIDENTIAL

ENCLOSURE (11)

Statement of Major Hoang Trung, ARVN, District Chief of Dien Ban District, Quang Nam Province

I am familiar with the events that took place at Phong Nhut and Phong Nhi hamlets on the 12th of February.

There was no knowledge of the attack on those hamlets by myself or members of my staff until I arrived at CAP D-2 that afternoon.

I could not reach Sector HQ in Hoi An from CAP D-2 by radio, so I had to return to the District HQ and from there I made by report to the Sector Commander.

An official list of the dead from both Phong Nhi and Phong Nhut hamlets has been prepared by my office - these are all of the dead who have been recovered and identified as of the 16th of February (duplicate original is attached herewith).

There are still 12 bodies in a well that we can not recover, and others that we have not been able to get to because of ROK military operations in that area.

The Executive Officer of the ROK 1st Battalion 2nd Marine Brigade paid a call on me after the Phong Nhi incident and brought from the Koreans 30 bags of rice for those villagers. He said he was sorry about the women and children and that it would not happen again.

The ROK Brigade Chief of Staff also called on me concerning coordination plans with the ROK units in the district but no mention was made about the Phong Nhi incident.

The few survivors from Phong Nhi have not returned to this hamlet as yet, and I do not know what their immediate needs are. Lumber for caskets to bury the dead has been provided by the District HQ.

Sworn to before me.

J. R. CARRARELLI
Major USMC

Subscribed to and sworn by before me this 18th day of February 1968.

G. W. BEAUDRY
Capt USMCR
088267
Force Legal, Headquarters,
III Marine Amphibious Force
FPO San Francisco 96602

Authorized to administer oaths and act as Notary Public under article 136(a), UCMJ (10 USC 936); and Public Law 66-569 approved 5Jul165

ENCLOSURE (12)

■ 델타 D-2, 연합작전소대 민간군이자 베트남 시민인 호아프억브어의 진술

1968년 2월12일 약 10시경에 위장용 군복을 입은 한국 해병들이 빈디엔으로부터 도로를 따라 도착했다. 약 1개 중대 정도의 한국 해병이 퐁니 마을로 들어왔다.

퐁넛 마을에서 사살, 방화를 끝낸 한국군은 퐁니 마을로 되돌아왔으며 모든 주민들을 한곳에 모이라고 명령했다. 이후 한국군은 우물 옆 다른 장소로 사람들을 이동하게 했다.

사람들이 우물 옆으로 모이자, 한국군은 노인, 여성, 어린이 모두에게 총을 쏘기 시작했다. 약 1시 30분경 부대는 퐁니 마을로 되돌아가서 마을을 불사르고 이 모든 일을 끝낸 뒤 가던 길을 다시 가기 시작했다. 이날 한국군은 다시 마을로 돌아와 오늘까지 이곳에서 머물렀다.

위 진술이 사실임을 선언한다.
남베트남 육군 응우옌반뚜옌
1968년 아래의 내용에 대해 맹세한다.

■ 꽝남 지방의 디엔반, 퐁니 마을에 거주하는 16살 여성 쩐티드억(16세)의 진술
(이 진술은 그녀가 다낭 민간 병원에 입원해 있을 때 한 것이다.)

위장용 군복을 입은 한국부대가 2월12일 우리 마을로 왔다. 그들은 마을 주민들에게 집에서 나와 다른 장소로 이동하라고 명령했다. 어떤 장소에 이르자 그들은 경고도 없이 집에 있는 사람들에게 총을 쏘기 시작했다. 나는 한국군 부대가 이동명령을 내린 마을 주민 그룹에 속해 있었는데, 한국군은 (집에 있는 사람들에게 총을 쏘고 난 뒤) 우리를 향해 총을 쏘기 시작했다.

나는 총을 쏘자 너무나 겁에 질렸다. 마치 죽은 것처럼 보이려고 했다. 그러나 한 한국군이 나를 보았고, 나는 손을 모으고 무릎을 꿇은 채 살려 달라고 빌었다. 그러나 그는 나를 쐈고 손가락이 부러졌으며 두 팔이 상처를 입었고 곧 의식을 잃었다. 다시 정신을 차렸을 때 나는 부모님과 남동생 2명이 죽었으며, 3개월짜리 여동생이 부상을 당했다는 것을 알게 됐다.
사진 O와 P에 있는 여성이 나다.

위 진술이 사실임을 선언한다.
남베트남 육군 응우옌반뚜옌
1968년 아래의 내용에 대해 맹세한다.

■ 꽝남지역 디엔반 퐁넛 마을에 거주하는 45세 여성 응우옌티쑤의 진술
(이 진술은 그녀가 다낭 민간병원에 입원해 있을 때 한 것이다.)

2월12일 한국군이 우리 마을로 왔고 우리 모두를 한 장소로 모이게 했다. 한국군은 모인 사람들에게 기관총을 쐈고 일부는 칼로 찔렀다.
나는 머리에 총알을 맞았으며 쓰러진 뒤 정신을 잃었다.

나의 두 딸(10세, 15세) 역시 다른 주민들과 함께 사살되었다.

위 진술이 사실임을 선언한다.
남베트남 육군 응우옌반뚜옌
1968년 아래의 내용에 대해 맹세한다.

■ 꽝남지역 디엔반 구역 담당 지휘관, 소령 호앙쭝의 진술

나는 2월12일 퐁니와 퐁넛 마을에서 일어난 일들을 잘 알고 있다.
나와 나의 스태프들은 내가 그날 오후 CAP D-2에 도착하기 전까지는 그 마을에서 일어난 일을 전혀 알지 못했다.
나는 CAP D-2에서 호이안에 있는 지역본부(sector HQ)에 무전으로 연결을 할 수가 없었기 때문에 지역 지휘관에게 가서 보고를 했다.
퐁니 마을과 퐁넛 마을의 공식 사망자 명단은 내 사무실에서 준비했다. 2월16일까지 모든 사망자의 신원이 확인됐다.
(사본 첨부돼 있음)

우물 안에는 아직도 수습하지 못한 12구의 시체가 있고 다른 사망자들은 한국군 작전이 진행되고 있어 옮겨 올 수 없었다.
제2한국해병여단 1대대의 선임 참모는 퐁니 마을 사건 이후 나를 불렀다. 그리고 마을 주민들을 위해 쌀 30자루를 제공했다. 그는 어린아이들과 여성들에게 그런 일이 생긴 것을 유감스럽게 생각하며 다시는 그런 일이 일어나지 않을 것이라고 말했다.
한국해병여단의 선임참모장은 나를 불러 해당 지역에서 한국해병대와의 공동 작전에 관해 논의했다. 퐁니 마을의 사건에 대해선 아무런 언급이 없었다.

퐁니 마을의 소수 생존자들은 아직 마을로 돌아오지 않았다. 나는 그들에게 무엇이 필요한지 알 수가 없었다. 죽은 사람들을 묻기 위한 나무관이 지역 본부로부터 제공됐다.

위 진술이 사실임을 선언한다.
남베트남 육군 응우옌반뚜옌
1968년 아래의 내용에 대해 맹세한다.

[illegible] CÂY [illegible]

Tiếp theo C/[illegible] số: I58 - I69 - I72 - 25[illegible]
của Chi-[illegible]u S[illegible]n-[illegible]n.

C:179 [illegible]

STT	Họ-tên	Tuổi	[illegible]	Xã Phước (?)
	[illegible]			Xã Phước (?) Ấp Phước (?)
1	Trần-thị-[illegible]	4[illegible] -	[illegible]	
2	[illegible]-thị-[illegible]	65 -	[illegible]	
3	[illegible]	32 -	nt	
4	[illegible]	I2 -	[illegible]yễn-[illegible]	
5	[illegible]	I0 -	nt	
6	[illegible]	25 -	[illegible]	
7	[illegible]	[illegible] -	nt	
8	[illegible]-thị-[illegible]	3I -	[illegible]n-Hậu	
9	[illegible]-thị-[illegible]	9 -	nt	
I0	Nguyễn-thị-[illegible]	72 -	[illegible]	
11	Lê-[illegible]	78 -	[illegible]	
12	[illegible]-thị-[illegible]	28 -	nt	
13	Lê-thị-[illegible]	30 -	nt	
14	Trịnh-[illegible]	[illegible] -	[illegible]	
15	[illegible]	[illegible] -	[illegible]	
16	[illegible]	[illegible] -	[illegible]	
17	[illegible]	[illegible] -	nt	
18	[illegible]	[illegible] -	nt	
19	[illegible]	65 -	[illegible]	
20	Lê-thị-Việt	34 -	Nguyễn-thị-[illegible]	
21	[illegible]	12 -	nt	
22	Nguyễn-[illegible]	73 -	nt	
23	[illegible]-thị-[illegible]	[illegible] -	Nguyễn-thị-[illegible]	
24	[illegible]	[illegible] -	nt	
25	[illegible]	[illegible] -	[illegible]-thị-[illegible]	
26	Nguyễn-[illegible]	43 -	Trịnh-[illegible]	
27	[illegible]	55 -	[illegible]	
28	[illegible]	13 -	[illegible]	
29	Võ-thị-[illegible]	50 -	[illegible]	
30	[illegible]	[illegible] -	[illegible]	
31	[illegible]	[illegible] -	[illegible]	
32	[illegible]	[illegible] -	[illegible]	
33	[illegible]	[illegible] -	[illegible]	[illegible]
34	[illegible]	[illegible] -	[illegible]	
35	[illegible]	[illegible] -	[illegible]	

ENCLOSURE (2)

41	Vu-thi-[illegible]	1[illegible]	[illegible] nt	[illegible]
42	Tr[illegible]n-C[illegible]	4[illegible]	Tran-[illegible]	[illegible]
43	Nguyen-thi-[illegible]	[illegible]	nt	[illegible]
44	Tr[illegible]n-[illegible]	07	nt	[illegible]
45	Tran-thi-Sau	C[illegible]	nt	[illegible]
46	Tran-thi-Bi[illegible]	5[illegible]	Tran-Phuoc	
47	Tr[illegible]n-t[illegible]-Hu[illegible]	2[illegible]	nt	
48	Ph[illegible]m-thi-C[illegible]	4[illegible]	Nguyen-Tri	[illegible]
49	Ngu[illegible]y[illegible]-thi-[illegible]	1[illegible]	nt	
50	Ngu[illegible]en-thi-[illegible]	6[illegible]	Tran-Ve[illegible]	[illegible]
51	T[illegible]n-[illegible]	7[illegible]	Tran-thi-Bay	[illegible]
52	Nguyen-Lai	7[illegible]	Nguyen-[illegible]	[illegible]
53	Nguyen-thi-[illegible]	7[illegible]	Tran-[illegible]	[illegible]
54	Tr[illegible]n-[illegible]uong	5[illegible]	Tran-Can	[illegible]
55	Tr[illegible]n-[illegible]	14	Tran-Lich	[illegible]
56	Tr[illegible]n-[illegible]	1[illegible]	Tran-[illegible]	[illegible]
57	Nguyen-thi-[illegible]	1[illegible]	Nguyen-Thi	[illegible]

B-CHUA CHÔN CẤT ĐƯỢC:

58	Tran-[illegible] (a)	65		(a) Những người này
59	Nguyen-thi-[illegible]	[illegible]	Tran-Thach	sống ở ấp Phong-Nhi
60	Tran-thi-[illegible]	1[illegible]	Nguyen-Thieu	có lẽ vì TĐLC tại-[illegible]
61	Nguyen-[illegible]nh	1[illegible]	Nguyen-thi-Hieu	dân đi và bắn ở gần
62	Tr[illegible]	[illegible]	nt	Phong-[illegible] khoản BT[illegible]
63	Nguyen-thi-[illegible]	50	nt	[illegible] thân nhân không
64	Nguyen-[illegible]	[illegible]	Nguyen-[illegible]	[illegible] chôn.
65	Nguyen-[illegible]	10	nt	
66	Nguyen-Cu	9	nt	
67	Nguyen-thi-Thanh	19	nt	
68	Nguyen-thi-[illegible]	10	Nguyen-Đuong	
69	Nguyen-thi-[illegible]	58	Phan-Đat	

TỔNG-CỘNG LÀ: 69 NGƯỜI:

Điện-Bàn, ngày 16 tháng 02 năm 1967
Thieu-Tá Hoàng-Trung
CHI-KHU TRƯỞNG CHI-KHU ĐIỆN-BÀN

2

NƠI-NHẬN:

- TÒA HÀNH-CHÁNH QUẢNG-NAM (1 bản)
- BCH TIỂU-KHU QUẢNG-NAM (1 bản)
- BAN CỐ-VẤN HK TẠI CHI-KHU (1 bản)
- QUẬN [illegible] (1 bản)
  [illegible] kính-Tường
- LƯU...

CONFIDENTIAL

HEADQUARTERS
III Marine Amphibious Force
Military Assistance Command, Vietnam
c/o FPO San Francisco, California 96602

20 Feb 1968

From: Major John M. CAMPANELLI, 075512, USMC
To: Commanding General, III Marine Amphibious Force, FPO San Francisco 96602

Subj: Supplemental inquiry into the circumstances surrounding deaths and injuries of Vietnamese civilians of Phong Nhi and Phong Nhut (2) hamlets, located at coordinates (BT0460 and BT 0360), Dien Ban District, Quang Nam Province, Republic of Vietnam on 12 February 1968

Encl: (1) Statement of Lance Corporal Stephen D. HARDING 2225277 USMC
(2) Statement of Private First Class Kenneth J. HEROLD 2323397 USMC

1. Enclosures (1) and (2) are forwarded herewith.

JOHN M. CAMPANELLI

Enclosure (2) to CG III MAF CONF ltr ser 0120568 of 16 Apr 1968

Statement of Lance Corporal Stephen D. Harding 2226277 USMC

On 12 February 1968 at approximately 1030 while we were moving north from Dien Ban to an area between Delta 1 and Delta 2 on Highway # 1 we started taking heavy small arms fire from the north and west from two villages, which were later pointed out to be Phong Nhut (2) and An-Than (2). I would estimate that we received 4 long bursts of automatic fire and some carbine rounds. The platoon started to sweep this village from two sides and we took a casualty from asniper round. North of Delta-2 and east of Phong Ngu one of the LVT's which was working with us hit a command detinated mine on Highway 1 to our immediate east. The mine was obviously detinated from this same village. I and another U. S. Marine and a squad of Koreans, walked to CAP 2 to call in the Medivac for the wounded Korean. While we were doing this the Koreans mortared Phong Ngu (2), set the village afire and brought out 25 or 30 civilians. Two were wounded by shrapnel and were treated. The 25 or 30 were comprised of old men, mostly old women and children - no young males. We moved back down the road and while doing so took sniper fire from a village about 1550 meters to the south of Phong Ngu (2). The civilians were removed from the village for their own protection. They were given C-rations and cigarettes.

The CP group then moved straght into the village at approximately 1200. Upon entering the village we saw about 15 dead bodies. There were about 5 bodies in a pond to our left. One of the bodies was a baby with blood on its feet which could have come from its mother who was next to him. Its face was in the water and air bubbles were coming out of its mouth. Another group of bodies were to my front covered with rice shoots.

Later we took one more WIA fron sniper fire at Phong Ngu (2). At night we took 4 mortar rounds from the south and southwest of ~~Phong Nhut~~ our position 6 or 700 meters north of Phong Nhi.

Past 1-4 called on the 12th of February and said that I was not to discuss the events of the day with anyone for there might be something up. I gave a preliminary report over the radio as asked. On the 13th Past asked for another SITREP. On the 13th or 14th the Korean Commanding Officer, Captain Kim said there was an investigation and he was going back to Hoi An. On the 16th or 17th I was told to report to Col Shinning - Past 6.

Subscribed by and sworn to before me this 20th day of February 1968.

STEPHEN D. HARDING
Stephen D. Harding

Authorized to administer oaths and act as Notary Public under Article 136(a), UCMJ (10 USC 936); and PL 86-589 approved 5Jul65

G. W. BEAUDRY
Captain
088367
Force Legal, Headquarters,
III Marine Amphibious Force
FPO San Francisco 96602

Statement of Private First Class Kenneth J. Herold 2323397 USMC

This was our first operation with this ROK company. We had been working with Captain Kim for 22 days. The night before, February 11, we had been down in Dien Ban. We left Dien Ban about 0800 and we were supposed to go up the road (Highway # 1) and sweep the area by going around in a circle. We were moving up the road in tactical column. About 0915 we cut off the road about 100 meters north of CAP D-2. As we were going through the rice paddies circling toward the southwest in column we started taking fire from Phong Nhut (2) about 1030. We took one WIA. I went back to the road to call in the Medevac and saw an amtrac which had been mined. The man on the amtrac got on my frequency; he said they hit a mine and needed a medavac. I went to CAP-2 to get the medevacs ready and said over the radio to the man with the amtrac to try and get down to CAP-2. About 1115 or 1130 the WIA was medevaced and we walked back to the CP (032607) across the paddies. While we were gone the Koreans were sweeping the village and had pulled out about 30 civilians and had given them C-rations and cigarettes. The corpsman treated a couple of civilians who had been wounded by shrapnel. The Captain decided to open up on the village and had the platoon sweep the village. He had it burned down because he had been taking automatic fire from it. I heard a few .30 caliber bursts from the village. After the platoon had swept through the village the CP came into it. We only walked through part of the village. I saw 5 or 6 dead bodies in a pond to our left. A baby was in there who might have been alive. His mouth was one-half out of the water but he appeared to be seriously injured. A little farther there were some bodies covered by rice shoots, covered perhaps out of respect. About one-third of these were men of fighting age. We then moved out into a graveyard. Captain Kim thought the Vietcong were there because of bunkers and ditches that were built. We received sniper fire there and had another WIA. We walked back to another graveyard in the back and medevaced him out. The Koreans did not receive any fire from Phng Nhi and did not go into that village.

Kenneth J. Herold
KENNETH J. HEROLD

Subscribed by and sworn to before me this 20th day of February 1968.

G. W. BEAUDRY
Captain USMCR
088267
Force Legal, Headquarters
III MAF, FPO San Francisco 96602

Authorized to administer oaths and not as Notary Public under Article 136(a), UCMJ (10 USC

17/twm
Ser: 0120568
16 April 1968

CONFIDENTIAL - NOFORN - LIMDIS

From: Commanding General
To: Commander, U. S. Military Assistance Command, Vietnam
APO San Francisco, California 96222

Subj: Report of Alleged War Crime by ROKMC Forces, 12 February 1968

Ref: (a) MACV Directive 20-4
(b) Article 147, Geneva Convention, relative to the protection of civilian persons in time of war, 12Aug49
(c) FM27-10

Encl: (1) Major John M. CAMPANELLI, 075512, USMC, report to CG III MAF dtd 18Feb68
(2) Supplement report, Major John M. CAMPANELLI to CG III MAF dtd 20Feb68

1. In accordance with reference (a), enclosures (1) and (2) are forwarded. In view of the fact the offending command was not a subordinate of this Headquarters, the investigation was limited. There may be other evidence available through the 2d ROKMC Brigade bearing on the subject.

2. Enclosures (1) and (2) indicate some probability that a war crime was committed by forces of the 2d Republic of Korea Marine Corps Brigade in the village of Phong Nhi, Dien Ban District, Quang Nam Province, Republic of Vietnam, on 12 February 1968 in violation of reference (c).

3. Brigadier General KIM YUN SANG, Commanding General, 2d Republic of Korea Marine Corps Brigade, was advised by the District Chief, Dien Ban District, shortly after the incident, that the incident had occurred. He has verbally reported to the District Chief that he has conducted an investigation into the incident. This Headquarters has not seen such investigation, but is aware of General KIM's conclusion that no impropriety occurred, but rather that the deaths were caused by artillery and Viet Cong.

4. The reports are submitted for information and record purposes.

CONFIDENTIAL - NOFORN - LIMDIS

17/twm
Ser: 0120568

CONFIDENTIAL - NOFORN - LIMDIS

Subj: Report of Alleged War Crime by ROKMC Forces, 12 February 1968

5. Lieutenant General HOANG XUAN LAM was made aware of the allegation, through his advisors, and was given a set of the photographs contained in the envelope behind enclosure (6) of enclosure (1). He has never discussed this matter with me, and apparently no action is contemplated by the Vietnamese.

CONFIDENTIAL - NOFORN - LIMDIS

HEADQUARTERS
UNITED STATES MILITARY ASSISTANCE COMMAND, VIETNAM
OFFICE OF THE COMMANDER
APO SAN FRANCISCO 96222

MACJA 29 APR 1968

Lieutenant General Chae, Myung Shin
Commander
Republic of Korea Forces, Vietnam
606 Tran Hung Dao
Saigon, Vietnam

Dear General Chae:

As you are probably aware, I have a standing directive to all U. S. Forces concerning procedures to be followed whenever complaints or allegations of war crimes are received. This directive is designed to fulfill the responsibilities of the United States as a signatory to the Geneva Conventions.

In attempting to comply with my directive, personnel of the III Marine Amphibious Force initiated an inquiry into alleged breaches of the Geneva Conventions, which reportedly took place in the hamlets of Phong Nhi and Phong Nhut (2), Dien Bau District, Quang Nam Province, on 12 February 1968. After a limited investigation it was recognized that this matter is more properly a concern of your country, as a signatory to the Conventions, and our investigation was terminated.

The inclosed statements, photographs, and other documents were compiled during the preliminary investigation by III Marine Amphibious Force and do not purport to be a complete or comprehensive investigation. In this regard, I am informed that the District Chief, Dien Bau District, has discussed this incident with the Commanding General, 2d Republic of Korea Marine Corps Brigade. Accordingly, a full report may already be available to you.

CONFIDENTIAL

29 APR 1968

MACJA
Lieutenant General Chae, Myung Shin

Due to the serious nature of possible implications, I will appreciate being advised of the ultimate disposition of this matter.

Sincerely,

W. C. WESTMORELAND
General, United States Army
Commanding

1 Inclosure
As stated

2

CONFIDENTIAL

채명신 중장
주월 한국군 사령관
606 쩐 흥 다오
사이공, 베트남

친애하는 채명신 장군

당신도 알고 있겠지만, 나는 전쟁범죄에 관한 주장이나 불만이 제기되면 적절한 절차에 따라 모든 미군에 대해 지시할 권한이 있습니다. 이는 제네바협약의 서명국으로서 미국의 책임을 다하기 위한 것입니다.

내 지시에 따라 제3상륙군 소속 군인들은 제네바협약에 대한 위반 의혹이 제기된 사건, 즉 1968년 2월12일 꽝남성 디엔반현의 퐁니 마을과 퐁넛 마을에서 발생한 일에 대한 조사에 착수했습니다. 제한된 조사의 결과 이 사건은 역시 제네바 협약의 서명국인 귀국이 응당 관심을 기울여야 할 일임이 인정됐으며, 우리의 조사는 종료되었습니다.

동봉한 증언, 사진자료, 그리고 다른 문서들은 제3해병상륙군의 기초조사 과정에서 수집된 것입니다. 우리의 조사가 완전하고 광범위한 것이었다는 것을 말하려는 것은 아닙니다. 이 점과 관련하여 나는 디엔반현 현장이 이 사건을 한국군 해병 제2여단의 단장과 논의했다는 보고를 받았습니다. 따라서 이 사건에 대한 상세한 보고서를 아마 장군께서도 받아 보셨을 것입니다. 이 사건이 갖는 심각한 성격 때문에 이 사건에 대한 최종 조처를 내게 통지해 주길 고대합니다.

W.C. 웨스트모어랜드
주월 미군 사령관

대외비
CONFIDENTIAL

HEADQUARTERS
REPUBLIC OF KOREA FORCES, VIETNAM
Office of the Commander

4 June 1968

ROKFVJA

General William C. Westmoreland
Commander
United States Military Assistance Command
Saigon, Vietnam

Dear General Westmoreland:

I have received your letter, dated 29 April 1968, which informed me of the alleged breaches of the Geneva Conventions in relation to the regretable incidents taken place in the hamlets of Phong Nhi and Phong Nhut (2), Dien Ban District, Quang Nam Province.

As you are well aware of, ever since the time of the first arrival of ROK combat troops in Vietnam, I have repeatedlly emphasized and stressed to protect and guard, first of all, the Vietnamese lives and properties to maintain and promote an emicable relation with our Vietnamese friends on the ground of mutual trust and respect, and also to follow such principle even though we may lose a chance to destroy 100 Viet Congs, better to protect one good Vietnamese.

Up to this date, I firmly believe that those instructions and orders have been absolutely obeyed by everyone of the Republic of Korea Forces in Vietnam. However, to me, the incident was really shocking, and I consider the case with a grave concern. I had immediately ordered to launch a thorough investigation to CG, 2nd Marine Brigade who are responsible of the area, and, on the other hand, also directed my staffs to conduct a rather complete and overall investigation from objective viewpoints to find out only true facts and proofs in support of such facts, and, accordingly, to analyze their value as proofs and legal implications thereof.

A comprehensive review of report on the investigation which was conducted in pursuance with the foregoing instructions and completed on 1 June 1968 indicates the fact that, on 12 Feb. 1968, one company of the 2nd Marine Brigade conducted sweep operations near the Phong Nhut hamlet. However, all evidences and facts revealed contradict with and negate even the possibility that any of ROK Marine unit had entered the Phong Nhi hamlet. Conversely, the Marine Company on a sweep operation departed the Phong Nhut hamlet at 1130 hours proceeding to north western direction. At 1300 hour the company arrived at an area on the designated line of

대외비

Continued-1

advance limit which is located in a entirely opposite direction from the Phong Nhi hamlet. Additionally, the testimonies of Major Trung, District Chief of Dien Ban District and Sgt Blong in CAP D-2 reveal the fact that the Viet Cong, at numerous occasions, had operated in the area, disguised in the camouflaged uniforms similar to those normally worn by ROK Marine troops.

These evidences in conjunction with reported desperate effort on the part of the Viet Cong to create cleavage among ROK, US, and ARVN forces, logically lead to conclude that the massacre was an act conspired and mercilessly elected by the communists. Accordingly, allegation of the incident as an act involving ROK forces based on mere camouflaged uniforms may be said connotative of meeting an end which, in effect, plays into vicious scheme designed by the enemy. Furthermore, it is considered utterly absurd and preposterous to relate the delivery of relief rice -- a civic action conceived of and initiated on goodwill -- to the incidents taken place in the Phong Nhi hamlet. As matter of fact, the relief rice was distributed and delivered to various villages and hamlets in the area following to the termination of the operations. Therefore, such an allegation is to be construed as a hastily drawn conclusion more likely derived from one-sided, groundless views.

In concluding, it is plain and obvious that ROK forces have not, by any means, been involved in any incident accountable as an act in violation of the Geneva Conventions.

Lastly, I wish to express my appreciation for your kindness of providing me timely information.

Sincerely,

CHAE MYUNG SHIN
Lieutenant General, ROKA
Commanding

1 Incl: a/s

1968년 6월 4일
월리엄 웨스트몰랜드 대장
주월 미군사령관
사이공, 베트남

친애하는 웨스트몰랜드 장군

꽝남성 디엔반현 퐁니 마을과 퐁넛 마을에서 일어난 유감스러운 사건과 관련하여 제네바협약 위반 의혹이 제기된 것을 알리는 귀하의 1968년 4월29일자 편지를 잘 받아 보았습니다.

귀하께서도 잘 알고 있는 바와 같이 한국군이 베트남에 첫발을 들인 이래 우리는 상호 신뢰와 존경에 기반하여 베트남의 벗들과 우호적인 관계를 유지하기 위해 베트남 사람들의 생명과 재산을 지킬 것을 거듭 강조했습니다. 본관은 또 100명의 베트콩을 놓치더라도 한 명의 베트남 양민을 구하기 위해 최선을 다하라는 것을 거듭 강조했습니다.

오늘날까지, 본관은 이런 지시와 훈령이 베트남에 파견된 한국군의 모든 장병들에 의해 절대적으로 준수되고 있다고 굳게 믿고 있습니다. 그렇기 때문에 본관은 이 사건이 진실로 충격적이라고 생각하며 깊은 관심을 갖고 있습니다. 본관은 즉각 이 사건이 일어난 지역을 관할하는 제2해병여단장에게 이 사건에 대한 철저한 조사를 지시하는 한편, 본관의 참모들에게 객관적인 관점에서 이 사건에 대한 철저하고 광범위한 조사를 행하여 진짜로 일어난 일을 밝혀내고 증거를 수집할 것과 수집된 증거들의 가치를 분석하고, 증거들의 법률적 함의를 분석하도록 지시했습니다.

이를 위해 1968년 6월1일 완성된 조사보고서에 따르면, 1968년 2월12일 제2해병여단의 1중대가 퐁넛 마을 인근에서 소탕작전을 벌였습니다. 그러나 밝혀진 증거와 사실들은 한국군이 퐁니 마을에 들어갔다는 주장과 모순될 뿐 아니라 이와 정반대입니다. 소탕작전에 참여한 해병 중대는 퐁넛 마을을 11시 30분에 떠나 북서쪽으로 향하였습니다. 13시에 중대는 계획된 이동로에 따라 퐁니 마을과는 정반대 방향에 있는 지역에 도착하였습니다. 또한 쭝(Trung) 디엔반 구역담당 지휘관과 CAP D-2 소속 블롱(Blong) 병장은 베트콩들이 이 지역에 자주 출몰했고, 한국 해병들이 입는 제복과 비슷한 위장용 군복을 입고 변장하고 다닌다는 것을 증언하고 있습니다.

한국군, 미군, 베트남군 사이에 분열을 일으키기 위한 베트콩들의 필사적인 노력과 연결지어 볼 때, 대량학살은 음모이며 공산주의자들이 무차별적으로 일으킨 것이라는 논리적 결론을 이끌어 낼 수 있습니다. 따라서 단지 위장용 군복만 보고 한국군이 이 사건에 연루됐다고 보는 것은 적이 짜 놓은 사악한 음모에 걸려드는 것이라고 할 수 있습니다. 게다가 좋은 의도에서 이루어진 구호물자(쌀)의 전달과 퐁니 마을에서 발생한 사건을 연관시키는 것은 매우 앞뒤가 안 맞는 어처구니 없는 얘기입니다. 구호물자는 작전 종료 이후 여러 마을과 촌락에 분배됐습니다. 그러므로 이러한 한국군이 학살을 저질렀다고 하는 것은 일방적이며 근거없이 내려진 결론으로 볼 수 있습니다.
결론을 내리자면, 한국군은 제네바 협정을 위반하는 어떠한 사건에도 결코 관여하지 않았음이 명백합니다.
마지막으로, 내게 시의적절한 정보를 제공해 준 당신의 친절에 대해 감사를 표하고 싶습니다.

주월한국군 사령관, 육군 중장
채명신

첨부문건1

Incl #1

INVESTIGATION REPORT

1. In fact, on 12 Feb 1968, one company of the 2nd Marine Brigade conducted sweeping operations near the Phong Nhut hamlet. The operations took place as the company with a specific mission to move to a designated target area drew small arms fires from nearby woods while passing through the hamlet. The company commander decided that there were enemy troops in the village requesting his Battalion Commander for a permission to attack which then was granted. Immediately, the company concentrated its fires upon where the enemy fires came and attacked moving into the hamlet, and found that the enemy had already fled from the area leaving few wounded civilians for whom the first aids were given and C-rations were distributed.

Right after the action, the company received the order from the Battalion Commander to proceed immediately to the initial target area. At 1130 hours, company departed from Phong Nhut hamlet arriving at the target area at about 1300 hours. Upon completion disposition in the area, company members had a break for their lunches.

Accordingly, due to the limited time, company had not even the time to confirm the result of its action at Phong Nhut, and no civilian massacre could have taken place. And, during the period, there was no enemy fire from Phong Nhi hamlet, no time and reason to move and pass through the Phong Nhi hamlet which is located at the entirely different direction from the company target area.

However, it had been quite possible that since the hamlet of Phong Nhut and Phong Nhi are located next to each other, as company attacked Phong Nhut hamlet, some of the firings could have hit Phong Nhi hamlet causing a certain amount of damage to the hamlet. We recognize this, if it did really happen, as an unavoidable circumstance rather than intentional killing. These facts are supported by the statements of Pfc Kenneth J. Herold, 2323397, USMC, Major Hoang Trung, ARVN, District Chief of Dien Ban District and Capt Kim, CO, 1st Co, 1st Bn, 2nd Marine Brigade.

2. Since Jan 1968 up to this date, the Viet Cong in Dien Ban District area has incited and agitated the inhabitants of the area to demonstrate against the dispositions and operations of ROK Forces, and there were several demonstrations actually staged in the past.

Viet Cong also has tried to break up the good relationship between the Vietnamese people and ROK Forces by spreading such stories as that the ROK Forces are here to destroy the properties of innocent people and to maltreat Vietnamese women and children. And by killing the family members of PF to deny the PF cooperations for the ROK Forces, and by wearing oftenly the camouflaged uniforms of ROK Marine troops to place the blames on the ROKMC units. (Above statements are endorsed by the testimonies of Major Hoang

CONFIDENTIAL

Trung, District Chief of Dien Ban District, Sgt Blong in the CAP D-2 and the information provided by Hoi An CIC Det.)

Also, the analysis of the populace of the area made by various civil administrative and ARVN intelligence agencies revealed the facts that about 30% of the populace is either Viet Cong or cooperators, and about 40% as Viet Cong sympathyzers, and there had been very active VC activities in the area. (Based on CI report of Hoi An CIC Det and statements made by Sgt Brong in the CAP D-2 and First Lieutenant Thomas Hynes, Commander, Combined Action Company). Also, the time factors stated by the others in relation to this specific incident differ with the statements of the ROKMC company commander for almost two (2) hours. As a result of the overall analysis of above mentioned informations, statements and circumstantial evidences, it is considered that the VC in the area taking the chance had committed such a terrible acts at Phong Nhut and Phong Nhi hamlets disguised in the camouflaged uniforms of ROKMC troops after the ROKMC company moved through Phong Nhut hamlet to place the blames on the ROK units and to proclaim it as a good propaganda material against ROK Forces in Vietnam.

3. One of the testimonies indicates that, on 16 Feb 1968, the Executive Officer, 1st Bn, 2nd Marine Brigade delivered 30 bags of rice to the District Chief of Dien Ban District expressing his regrets for the people of the District acknowledging such acts. However, according to the testimony of the Battalion Executive Officer, it was true that the district chief received 30 bags of rice so as to assist refugees of the Dien Ban District, but there was no word mentioned on the Phong Nhi hamlet incident. Actually, there were a total of 150 bags of rice distributed by the Marine Brigade on the day to the areas including Dien Ban District. (As stated by Major Trung, District Chief and supported by the relief rice receipts of the same date of other area chiefs).

군사비밀
CONFIDENTIAL

1. 1968년 2월12일 한국 해병제2여단의 한 중대가 퐁니 마을 근처에서 전면적 군사작전을 수행했다. 이 군사작전은 정해진 목표 지점으로 이동하라는 임무를 받고 해당 중대가 마을을 통과하다가 숲속에서 소총 사격을 받으면서 발생했다. 부대장은 마을에 적군의 부대가 있다고 판단하고, 대대장에게 전투 명령을 요청했다. 즉시 부대는 화력을 적군의 총격이 있는 곳으로 집중했고 마을 안으로 진입하며 공격을 가했으나 적군은 이미 몇 명의 부상당한 민간인을 내버려 둔 채 그 곳에서 달아난 뒤였다. 부대는 그 민간인들에게 응급약과 비상식량을 배분했다.

   그 작전 이후 이 중대는 대대장으로부터 즉시 처음의 목표 지점으로 이동하라는 명령을 받았다. 11시30분에 부대는 퐁니 마을을 떠났고 13시에 목표 지점에 도착하였다. 그곳에서 부대원들은 점심 식사를 위해 휴식을 가졌다.

   따라서, 이와 같은 시간의 한계상 부대는 퐁넛 마을에서 일어난 작전 결과에 대해 확인할 시간이 없었으며 어떠한 민간인 대량학살도 저지르지 않았다. 그리고 그 당시 퐁니 마을로부터 어떤 적군의 사격도 없었고, 부대의 목표지점과는 완전히 다른 방향에 위치한 퐁니 마을을 통과하거나 지나갈 어떤 이유도, 시간도 없었다.

   그러나 퐁넛과 퐁니 마을은 서로 붙어 있기 때문에 중대가 퐁넛 마을을 공격했을 때 폭탄 일부가 퐁니에 떨어져 그 마을에 해를 끼쳤을 가능성은 있다. 만약, 정말로 그런 일이 발생했다면, 우리는 그것을 고의적인 공격이 아니라 불가피한 상황 때문인 것으로서 이를 인정한다. 미군해병 2323397번 일병 케네스 J 헤럴드와 월남군 소령 호앙 쭝, 디엔반현 현장, 김 대위(1대중대장 김석현 대위-편집자), 1군단, 1여단, 해병 제2여단의 진술들이 이 사실을 뒷받침한다.

2. 1968년부터 1월부터 지금까지 디엔반 구역의 베트콩은 그곳 주민들로 하여금 한국군의 배치와 군사작전에 반대하는 시위를 하도록 자극하고 선동해 왔으며, 실제로 과거에 그러한 시위가 몇차례 있었다.

   베트콩은 또한 한국군이 무고한 시민의 재산을 파괴하기 위해 이곳에 왔고, 베트남 여자와 어린아이들을 학대한다는 얘기들을 퍼뜨림으로써 베트남 사람들과 한국군 사이의 좋은 관계를 깨뜨리기 위해 노력해 왔다. 그리고 민병대원들이 한국군에 협조하지 못하도록 민병대의 가족을 죽이고 한국해병대의 위장용 군복을 입고 그 책임을 한국군에 돌리는 일도 종종 저질렀다. (호앙 쭝 소령, 디엔반현 현장, 합동작전소대의 블롱 병장, 호인안 첩보부대에 의해 제공된 정보들이 위의 진술을 승인하였다.)

   또한 그 지역 행정관리자들과 베트남군의 정보기관들이 그 지역 대중들에 대해 한 분석을 보면, 주민 중 30%가 베트콩이거나 협조자들이며 40%는 베트콩 동조자들이고, 그 지역에선 매우 적극적인 베트콩 활동들이 있었음을 알 수 있다.

   또한 이 사건과 관련해 다른 사람들이 진술한 시간대도 한국군 중대장이 말한 것과 거의 두 시간 차이가 난다.

   위에 언급된 정보, 진술, 상황적 증거를 대체적으로 분석한 결과, 한국군이 퐁넛 마을을 떠난 뒤 이 지역 베트콩들이 책임을 한국군에 돌리고 이를 주월한국군에 반대하는 악선전으로 이용하기 위해 퐁니와 퐁넛 마을에서 한국군 위장용 군복을 입고 잔혹한 행위를 저지른 것으로 여겨진다.

3. 증언들 중 하나는 한국 해병제2여단 제1대대 참모장이 1968년 2월16일 학살 행위를 인정하면서 유감을 표하기 위해 디엔반현 구역 담당 지휘관에게 쌀 30자루를 보냈다는 내용이 있다. 하지만 참모장 말에 따르면 구역 담당 지휘관이 디엔반현의 난민을 돕기 위해 쌀 30자루를 준 것이지 퐁니 마을 사건에 대해선 한마디 없었다고 한다. 실제로 그날 디엔반현을 포함해 다른 지역들에도 해병여단은 총 150자루의 쌀을 나눠 줬다. (쭝 소령과 구역장에 의한 진술이며 다른 지역 장들도 같은 날 원조 물자를 받았다는 것이 이를 뒷받침해 준다.)

CONFIDENTIAL

HEADQUARTERS
UNITED STATES MILITARY ASSISTANCE COMMAND, VIETNAM
APO SAN FRANCISCO 96222

MACJA

4 JUL 1968

MEMORANDUM FOR: THE HONORABLE ELLSWORTH BUNKER
AMERICAN AMBASSADOR
REPUBLIC OF VIETNAM
SAIGON, VIETNAM

SUBJECT : Alleged Atrocity by Republic of Korea Forces in Phong Nhut and Phong Nhi on 12 February 1968

1. General Cushman reported to General Westmoreland what he thought might have been a grave breach of the Geneva Conventions amounting to a war crime by letter of 16 April. The incident having occurred in the hamlets of Phong Nhi and Phong Nhut on 12 February 1968.

2. Attached at Tab A is the letter written to General Chae bringing the incident to his attention. Attached at Tab B is General Chae's reply.

3. General Chae, based upon his investigation, has concluded that the atrocity was committed by Viet Cong wearing camouflaged uniforms similar to those worn by ROK Marine troops.

4. General Abrams, knowing of your interest in this incident, asked that I pass this information on to you.

Walter T. Kerwin, Jr.
WALTER T. KERWIN, JR.
Major General, USA
Chief of Staff

CONFIDENTIAL

GROUP-4
Downgraded at 3 year intervals
Declassified after 12 years

ZNY SSSSS ZUI SVC RHMSMVA 005 3550216 ZØK

RUEADWD 7167 3532310

R 192310Z DEC 69

FM DA

INFO MACV USA ELM MIL ASST COMM VIETNAM

BT

S E C R E T NOFORN

COUNTRY: SOUTH KOREA/SOUTH VIETNAM

DOI: FEBRUARY 1968

SUBJECT: INDISCRIMINATE DESTRUCTION OF VIETNAMESE VILLAGE BY ROK MARINES IN 1968.

ACQ: SOUTH KOREA, SEOUL (15 DECEMBER 1969) FIELD NO. FKS-8790.

SOURCE: A RETIRED MILITARY AND SECURITY SERVICE OFFICIAL WHOSE PRESENT POSITION PROVIDES ACCESS TO MANY SENIOR ROK OFFICIALS, FROM ROK MARINE OFFICERS THEN ATTACHED TO GENERAL KIM YOUNG-SANG'S STAFF IN VIETNAM. THESE OFFICERS WERE PERSONALLY FAMILIAR WITH THE FACTS PROVIDED HEREIN. SOURCE HAS PROVIDED GENERALLY RELIABLE INFORMATION SINCE 1966.

1. DURING A ROK MARINE CORPS OPERATION IN I CORPS IN VIETNAM IN APPROXIMATELY FEBRUARY 1968, A VILLAGE REPORTED TO BE VIETCONG-DOMINATED WAS RAZED BY A BATTALION OF ROK MARINES. ORDERS RE-

CLASSIFICATION SECRET				COPY 1R		PAGE 1 OF 4			
I	II	III	IV	V	VI	VII	VIII	IX	X
X1-9	SJS	J1	J2 X10	J3 X11-13	J4	J5	J6	AG	CHAP
	CIB	CSG	COMPT	CORDS	FWMAO	MC	HIST	IG A-1	DIR
	MACMA	MACOI X15	MACSA	PROTOCOL	SJA X-14	SOG	SURG		DMA
	OSD/ARPA	TMA	DCPGLNO	IFFVLNO	IIFFVLNO				
DC 248-69				PRECEDENCE					
CY IN 555165				DMB	DTG 192310			B	

MACV Form 108 (1-69)

SECRET

[illegible]IVED BY THE STRIKING FORCE DESCRIBING THE VILLAGE AS DEFENDED

PAGE 2 RUEADWD 7167 S E C R E T NOFORN

AND CONTROLLED BY VIETCONG, AND CALLED FOR ITS *DESTRUCTION.* WHEN APPROACHING ROK MARINES CAME UNDER ATTACK THEY POURED HEAVY FIRE INTO THE VILLAGE UNTIL THERE WAS NEITHER RESPONSE NOR MOVEMENT IN IT. A POST-BATTLE INSPECTION SHOWED THE BODIES OF ARMED VIETCONG, AS WELL AS UNARMED MEN, WOMEN AND CHILDREN. THERE WERE NO SURVIVORS, NOR WERE THERE INTENDED TO BE ANY. (FIELD COMMENT: ALTHOUGH NO FIGURES WERE GIVEN, SOURCE ESTIMATED VIETNAMESE CASUALTIES OF *AT LEAST ONE HUNDRED,* BASED ON DESCRIPTIONS OF THE INCIDENT AND ON THE SCOPE OF THE OPERATION.)

2. A VIETNAMESE OFFICIAL WHO VISITED THE SCENE REPORTED THE INCIDENT TO VIETNAM AUTHORITIES IN SAIGON, WHO IN TURN NOTIFIED THE COMMANDING GENERAL OF ROK TROOPS IN VIETNAM LT. GENERAL C H ' A E MYONG-SIN. GENERAL CH'AE SUMMONED THE COMMANDER OF ROK MARINE FORCES IN VIETNAM, BRIGADIER GENERAL KIM YONG-SANG AND ACCUSED HIM OF SUPPRESSING INFORMATION ON THE INCIDENT, AND OF BEING RESPONSIBLE FOR IT. GENERAL CH'AE FLATLY REFUSED TO ALLOW GENERAL KIM YO TO EXTEND HIS TOUR IN VIETNAM, AS KIM HAD REQUESTED.

MACAG 148 (1-69)

SECRET

SOURCE COMMENT: A DIRECT RESULT OF THE ENCOUNTER BETWEEN CH'AE AND KIM WAS THAT CH'AE THEREAFTER WAS UNABLE, OR UNWILLING, TO VISIT THE ROK MARINE AREA OF OPERATIONS.

PAGE 3 RUEADWD 7167 S E C R E T NOFORN

3. AT THE TIME OF GENERAL KIM'S RETURN TO THE ROK THERE WAS A GREAT DEAL OF PUBLICITY REGARDING SMUGGLING OF MILITARY ITEMS FROM VIETNAM TO THE ROK. IN FACT, GENERAL KIM HIMSELF WAS HEAVILY INVOLVED IN SMUGGLING SCRAP MAETAL, MEDICINE, CANNED GOODS AND OTHER ITEMS TO THE PORT CITY OF POHANG. ALTHOUGH INVOLVED, KIM WAS PROTECTED BY THEN-COMMANDING GENERAL OF THE ROK MARINE CORPS GENERAL KANG KYI-CHUN, FOR WHOM KIM WAS ACTING. KIM NEVER WAS OFFICIALLY REPRIMANDED AND IS NOW IN LINE FOR PROMOTION TO MAJOR GENERAL, EVEN THROUGH KANG WAS SCUCCEEDED BY GENERAL CHONG KWANG-HO AS ROK MARINE CORPS COMMANDANT.

4. THE PUBLIC DISCLOSURES OF SMUGGLING FROM VIETNAM IN MID-1968, WHICH WERE ACCURATE BUT INCOMPLETE DUE TO PRESSURE FROM THE ROK MILITARY, SERVED TO OBSCURE THE REAL REASON FOR GENERAL KIM'S RETURN TO THE ROK, AND THE RAZING OF THE *VIETCONG* VILLAGE BY THE ROK MARINES HAS BEEN EFFECTIVELY COVERED UP SINCE THEN.

SECRET

5. FIELD DISSEM: EXCLUSIVELY FOR AMBASSADOR AND CM EUSA (EXCLUSIVELY FOR GENERAL MICHAELIS)(ALSO SENT TOKYO BY POUCH).

GP-1

BT

#7583

NNNN

MACAG 148 (1-69) SECRET

SECRET / NOFORN

MEMORANDUM

TO: Mr. Herz April 26, 1969

THRU: POL:GLStone

FROM: POL:NGWThorne

SUBJ: 2d ROK Marine Brigade Activities

1. In view of the bad relations between the Vietnamese in Quang Nam Province and the 2d ROK Marine Brigade, and in view of the events described in the attached report and enclosures, it is recommended that:

a. The 2d ROK Marine Brigade be transferred from Quang Nam Province as soon as possible.

b. The 2d ROK Marine Brigade be assigned to a VC-controlled area and assigned a TAOR in which no pacification program is in progress.

PAGE 1 OF 10 PAGES
COPY 1 OF 2 COPIES

POL:JMack:bp 4/26/69

SECRET

SECRET / NOFORN

IG 42-70 MIU 7-70

OPTIONAL FORM NO. 10

UNITED STATES GOVERNMENT

Memorandum SECRET - NOFORN

TO : Mr. Nicholas G.W. Thorne, POL/Saigon DATE: April 25, 1969

FROM : James E. Mack, POLAD/Da Nang

SUBJECT: Overview of 2d ROK Marine Brigade Activities Jan 1968-Apr 1969 in Quang Nam Province

REF: My memo April 23 (attached as enclosure #16)

The serious deficiencies of the 2d ROK Marine Brigade have been known and consistently reported by the CORDS Advisory Team in Quang Nam and MACCORDS Evaluators from Saigon ever since the ROKs entered the Province in January 1968. On March 18, 1968 the then Quang Nam PSA, Duane Puckett, submitted a report to Dep/CORDS detailing ROK reluctance to engage in meaningful offensive military operations, their flagrant black-market activity and complete disregard and contempt for Vietnamese sensibilities and civil government (see enclosure #1). He also described ROK brutality toward the civilian population, noting that in the two months (January-March 1968) that the ROKs had been stationed in Quang Nam there had been at least three instances where ROK patrols had killed civilian hostages in retaliation for receiving small-arms fire from nearby hamlets. The most infamous of these incidents until that time occurred at Phong Nhi hamlet, Dien Ban District, where the ROKs murdered 79 women and children. Photographic documentation of the incident that previously had been submitted to higher headquarters was forwarded to you with my memo of April 23. (Enclosure #3 (A)

Enclosed is a petition (enclosure #2) signed by the heads of families who were relatives of those killed on February 12, 1968. The petition, written on the first anniversary of their death, was presented to the Chairman of the Lower House asking that he intervene to support their claims and to prevent such an incident from happening again.

Despite the March 1968 Puckett report and a MACCORDS evaluation report dated March 25, 1968 (enclosure #3) which reached a similar conclusion about the serious ROK failings, local observers detected no improvement in ROK performance during the next several months. Moreover, security in the entire ROK TAOR, which includes Dien Ban, Hieu Nhon and Duy Xuyen Districts, deteriorated drastically. Minings and ambushes increased and enemy main-force and NVA units moved about the area with little hindrance. By July 1968 the situation had become sufficiently serious to prompt LTG Rosson, Acting CG III MAF, to form a Special Study Group headed by Duane Puckett (by that time Assistant Deputy for CORDS) to propose suggestions for improving the effectiveness of the 2d ROK Marine Brigade both in tactical military operations and in support of the GVN pacification program (enclosure #4).

SECRET - NOFORN

SECRET

On July 11 Ambassador Komer, reacting to an earlier MACCORDS evaluation (he apparently was not yet aware of the III MAF Special Study Group), sent a memo to the Dep/CORDS asking if the ROK situation had improved. He concluded by saying if the situation is "still this bad, remedial action is clearly indicated" (enclosure #5). Although not written in response to Amb. Komer's inquiry, the III MAF Special Study Group's report submitted to the CG III MAF on July 9, 1968 indicated that the situation clearly was as bad as ever and remedial action was indeed necessary. It began as follows:

> The problems experienced with the ROKs are numerous--reluctance to initiate major military actions against the enemy, refusal to perform extensive night patrolling and ambushing, inadequate coordination of military operations and civic action programs with the GVN and/or the MACCORDS Advisory Team, apparent lack of operational control of activities throughout the ROKMC BBD TAOR and involvement in atrocities against Vietnamese citizens. (Enclosure #4.)

The report furthermore stated that "the above are serious accusations, but each can be supported by examples." The report went on to propose methods to correct some of the ROK deficiencies. A second MACCORDS evaluation report of the ROK Marines submitted July 27, 1968 (enclosure #6) echoed the Special Study Group's findings and concluded that "the 2d ROK Marine Brigade does not conduct aggressive operations and has been guilty of atrocities and activities counter to pacification." The report recommended "that if the political and tactical situations permit, the 2d ROK Marine Brigade be redeployed to a nonpacification area..." and that "such an area might be the DMZ...."

Despite the attention that such studies focussed on the ROK Marine problem, the situation did not improve. On the night of October 21, 1968 a VC platoon made a hit-and-run ground attack against a ROK platoon in a night defensive position in Hoang Châu hamlet, Duy Xuyen District, causing several ROK casualties (enclosure #7). In the early morning, several hours after the VC had withdrawn, the Koreans mounted a counterattack through the hamlet, indiscriminately firing their weapons and throwing grenades. During the one-sided action 22 civilians were killed, 16 wounded and at least 50 homes were 100% destroyed (photographs enclosed as enclosure #8). Two days later a demonstration against ROK excesses was averted only after the District Chief intervened (enclosure #7). The incident was not closed, however; on October 31, the Dep/CORDS informed CG III MAF that "recent actions of the ROKMC have caused feelings to run high among the Vietnamese in Quang Nam Province. I was informed yesterday that small demonstrations have taken place in Hoi An which the Province Chief was in no mood to do anything about" (enclosure #9).

The sorry performance of the ROK Marine Brigade continued into 1969 unchanged,

SECRET - NOFORN

-3-

as noted in the Quang Nam Province Senior Advisor's comments on the Provincial Pacification Plan submitted January 30 1969 (enclosure #10). The report observed that the ROKs "deliberately and successfully avoid contact with the NVA and the Provincial Main Force VC and plan and operate with complete independence and total disregard for pacification plans, provincial forces and other FWMAF." According to the report, the ROKs' most successful endeavor was in promoting their black-market operations. The Quang Nam PSA report for February painted an equally dismal picture of ROK performance. It observed that "insomuch as the ROK TAOR contains most of Dien Ban, Hieu Nhon and Duy Xuyen Districts, and given the past performance of these allies, it can only be expected that pacification in the districts will make no progress unless a dramatic increase in other friendly troops for these areas becomes a matter of immediate concern at higher headquarters" (enclosure #11).

The developments of February, March and April 1969 have borne out this pessimistic prediction. During the post-Tet offensive in late February, the ROK Marines, although uncommitted in any action, refused pleas from the Province Chief to assist in the defense of the province capital even though ROK forces are permanently stationed in defensive positions from 300 meters to 2 kilometers of town (enclosure #12). During March Korean black-market activities accelerated to such a rate that MACCORDS personnel at Hieu Nhon, Duy Xuyen and Dien Ban Districts could no longer take the time to report every incident they witnessed (enclosures #13 and #14). ROK Marines also persisted in demonstrating complete disregard for the GVN as an autonomous and functioning government body. Moreover, the Quang Nam Province Chief, PSA and political reporter report that ROK inactivity continues in both the pacification and in military-offensive fields.

Popular feeling against the ROK Marines is deeply imbedded. The Province Chief has become increasingly alarmed at the depth and force of anti-ROK sentiments among government cadre and local citizens. On April 22, 1969, several days following still another ROK excess (enclosure #16), he sent a directive (enclosure #15) to his District Chiefs urging them to attempt to prevent anti-ROK feelings from spreading even further. Since ROK behavior continues to approximate that of an Asian occupation army rather than that of an ally, there is scant hope that he will be successful, as he knows all too well. In fact, the Province Chief has himself suggested that the problem be solved by shifting the ROK TAOR to a non-pacification area that requires no contact with the civilian population (enclosure #15).

Enclosures as stated.

x March 1969

SECRET - NOFORN

Enclosure #1

#1

CONFIDENTIAL - NOFORN

C O P Y

OFFICE OF THE PROVINCE SENIOR ADVISOR
MACCORDS, QUANG NAM PROVINCE
APO 96337

DATE: 18 March 1968

TO: Deputy for CORDS/III MAF/Danang

FROM: Province Senior Advisor/Quang Nam

SUBJ: 2nd ROK Marine Brigade

1. The Commanding General and the 2nd ROK Marine Brigade Staff arrived in Quang Nam Province on 12 January 1968. The TAOR of the Korean Marines includes all of Hieu Nhon District and most of Dien Ban and Duy Xuyen Districts. Both Hieu Nhon and Dien Ban Districts are well populated areas where the thrust of GVN 1968 Revolutionary Development (RD) activities will be centered.

2. Based on the experiences of the Quang Ngai MACCORDS Staff, where the 2nd ROK Marine Brigade was previously located, I expressed reservations as early as mid-November 1967 about the assignment of the Koreans to the primary RD area in this Province. During the more than two months the Koreans have been present in the Province, my staff and I have noted several deficiencies in Korean methods of operation which support my original contention that Korean Marines are unsuitable for assignment to RD areas.

3. Briefly listed below are some of these deficiencies which cause Province Officials and the advisory staff constant concern:

a. Patrols and Ambushes - The Koreans are reluctant to leave their command posts during periods of darkness to mount routine patrols and ambushes. This limits drastically their effectiveness as a security force within their TAOR.

b. Offensive Operations - There has not been one significant offensive operation conducted by the Koreans since their arrival in the Province. Rather it seems that they frequently schedule operations in known VC controlled areas only to cancel them at the last minute.

c. Reaction Forces - The Koreans are quite candid in saying that their forces are reluctant to react at night to any situation because they fear VC ambushes. Similarly, they react very slowly in daylight hours, maintaining that the next higher echelon must approve any troop movement. This causes delays in timely reaction of units pending the final approval of the Commanding General. The most recent example of this cumbersome procedure was the 9 March 1968 mine incident approximately one kilometer east of Hieu Nhon District Headquarters where six U.S. Marines, including the CAG II Commander, were killed. It took one and one-half hours for the ROK company at Hieu Nhon to mount a reaction force, and this was at mid-day.

d. Brutality. There have been at least three instances during the past two months when Korean patrols killed hostages in retaliation for receiving small arms fire from a hamlet. The most infamous of these occurred in the hamlet of PHONG NHI in Dien Ban District on 12 February 1968, where 79 women and children were killed. The Vietnamese peasants are, of course, deathly afraid of the Koreans. Many say that they prefer the VC to the Koreans.

e. Resale of Commodities. Korean troops are reselling rice and "K" and "C" rations in Dien Ban District. This is a very serious black market problem. Although the Province Chief has specific details on the Koreans involved, he is reluctant to give BG Kim more than fragmentary information for fear that the Koreans involved or their troops will identify and murder the individuals who provided the information.

f. Refugees - The Koreans are creating refugees and displaced persons in areas where such action is unnecessary. The most recent examples of this problem are the hamlets of Cam Hai and Cam An near Hoi An. The Koreans moved the peasant farmers to Hoi An for no apparent reason except to clear further their TAOR and to consolidate the peasants in a populated urban area. This is a serious problem because the province is running out of land to use for resettlement, there are no prospects for the employment of these refugees and commodity support cannot be carried on indefinitely under present GVN regulations. Also, this tactic is contrary to the concept of strengthening the GVN image by encouraging the people to return to reasonably secure areas and aiding the development of hamlets through self-help projects and through the use of RD Teams.

4. In summary, the 2nd ROK Marine Brigade is not providing the degree of security which it should, it does not react to tactical situations in a timely manner, it does not assist Province Officials in furthering the GVN image in the countryside and its methods of population control may actually be causing an increase in VC sympathizers throughout the Korean TAOR.

/s/
L. D. PUCKETT

DISTRIBUTION:

Orig & 2cc - Addressee
1cc - PSA File

211 이 글은 퐁니 · 퐁넛 주민들이 학살 1주기를 맞아 1969년 2월 당시 남베트남 하원의장 앞으로 보낸 탄원서다. 피해자 가족으로서 억울함을 호소하며 배상을 요구하는 내용이다. 미군 보고서에 영어와 베트남어로 첨부돼 있다. 주민들은 자신의 이름을 적고 손도장을 찍었다.

Enclosure #2

#2

TRANSLATION

REPUBLIC OF VIETNAM

REQUEST FOR INTERVENTION

TO: Chairman of the Lower House of the Republic of Vietnam, in Saigon

SUBJECT: Claims for damages incurred during the massive annihilation of the local people of Thanh-Phong Village, Dien Ban District on February 12, 1968.

Honorable Chairman:

We, the undersigned, are the relatives of the 35 families who were killed by the ROK Forces during their nefarious deeds on February 12, 1968 at the two hamlets of Phong Nhut and Phong Nhi, Thanh-Phong Village, Dien Ban District, Quang Nam Province.

We are people of these two hamlets of Phong Nhut and Phong Nhi, having been born here and having lived our lives here.

We wish to raise the particulars of the matter of our deceased 35 families with the Honorable Chairman:

On February 12, 1968 at 0900 hours our relatives, who were the poor and hardworking farmers, the families of servicemen and of deceased servicemen, of old men and old women, of young babies still at their mothers' breasts, were peacefully living in the GVN-controlled area. (Our relatives all held the proper papers required of citizens.)

Suddenly, the ROK Forces located at Dien Ban District, began an operation in our area, entered our hamlets and dragged the people from our homes, and proceeded to kill everyone by gunfire and other barberous deeds such as severing parts of the bodies of our relatives; the ROK Forces left the bodies on the spot or in hidden places.

Meanwhile, the matter was gone over by Major Hoang Trùng, District Chief at the time. Photographs were taken of the victims still lying in their grotesque state. The Major District Chief aided in burying the bodies of our relatives by supplying available materials.

Since that time we who are gentle, miserable, as well as unintelligent and powerless, continue to suffer to visit our worship altars, the mourning heads, the shallow graves covered by delicate pieces of cloth, but we worry that the above scene could be repeated to other laboring peoples.

Today, the anniversary of the date of the massacre of our relatives comes and we grieve for our parents, husbands, wives, children and other relatives.

Alas!

Sixty-seven Vietnamese people with rights as citizens and with a 4000-year-old civilization "were regarded as wild insects!!" No official circles have shown even a little sympathy for these unfortunate victims.

We cannot wait any longer. We feel we must forward this request to the Honorable Chairman of the Legislative House--the agency with responsibility to the people.

We respectfully request the Chairman to intervene with the ROK Forces and the GVN to compensate according to the rules applicable in other similar incidents.

We are all grateful to the Chairman.

February 1969

Nay dong kinh đơn

Thanh-Phong ngay___thang____năm 1969

Đong ky ten:

Nguyen Lo Nguyễn Thiên Trinh Tro Nguyễn Hanh

Nguyễn Thiết Lê Chức Phan Chất Phan Mậu

Nguyễn Hoàng Trần Vân Trần Sửu Trần Khả

Nguyễn Xá Trần Thiện

ĐƠN XIN CAN THIEP

Kinh gei: Ông Chu-Tịch Quoc-Hoi Ha-Nghi-Vien VNCH
Tai SAIGON

Trich-yeu: v/v ... xin Can-thiep vụ Đại-Hàn sat hai ... the nhan mang ngay 12.02.1968 tai xa Thanh-Phong quan Đien-Ban Quảng-Nam

Kinh thưa ông Chủ-tịch,

Chung tôi ky ten duoi day là 35 gia dinh than nhan cua ... nan nhan bi Quan-doi Đai-Han sat h... tap the ngay 12. ..1968 tại hai Ấp Phong-nhut, Phong-Nh... thuoc xa Thanh-... quan Đien-Bàn Quang-Nam.

Chung tôi deu chanh va tru quan Ấp Phong Nhi va Phong-Nhut xa Thanh-Phong quan Đien-Ban Quang-N...

Tran-trọng kinh xin Ong Chu-tich doai-thuong hoan canh ... 35 gia dinh chung toi trong mot truong hop tham ... ke trinh ra sau day:

Ngay 12.02.1968 lúc 9 giờ sang than nhan chung toi gom ... nong-dan cao-cu ngheo kho, nhung gi... dinh binh-si, ... nhung ba lao Ong cu gia-nua, nhung t... nit ngay the ... Om vu me, dang song binh-thang nhu... moi nguoi Viet-... khac trong vung Quoc-gia kiem-soat (than nhan chung ... co the cu tri bau cu, hay cac giay to ve hanh chanh ... ho tich do chinh quyen Quoc-Gia lap)

Bon ... nhien Quan-doi Đai-han don tru tai Quan-ly Đien-Ban ... quan tran vao nha chung toi he thay bat-cu ai ... leu loi ra bắn giet đam chem, hay tàn ác hơn nua họ ... tat tung chanh tay cua than nhan chung toi. Hanh-dong xong ho bo tai cho hay mang ra dau vao ch... kin.

Su viec xay ra, tuc khac Thieu-ta Hoang-Tr... Trung, luc bay gio la quan Truong Quan Đien-Ban da dich than den tan cho ... chung kien va tim bien phap mai tang than nhan chung ... bang nhung phuong tien san co cua chanh chung toi, ...eu-ta cung da cho chup hinh nhung thi hai bao mang ... song suot trong xom hay ngoai dong.

Tu ... von hien lanh ngheo kho, von thap co be mieng, chung toi ... danh ngam dang nuot cay nhin nhung ban tho, ... dau che khan tang, nhung nam mo nong chon voi va khon ... hiec hom manh vai tu te, lai ngay dem thap thom run so ... ung canh tan sat da man nay lai co the xay toi cho ... tt nguoi con lai.

Cho ... nay, ngay gio tap the cua than nhan chung toi da lai ..., nhung nam mot da rau phu co xanh nhung dong le ... luong nghia me tinh cha, nghia chong tinh vo ba con ... nu ruot ra da kho tan tren khoe mat chung toi.

Nhưng than oi !

Kinh thua Ong Chu-tich

탄원서

수신: 사이공, 베트남공화국, 하원의장

주제: 1968년 2월 12일 디엔반현 탄퐁사[1]에서 일어난 한국군의 집단 인명 살상 사건에 대한 탄원서

존경하는 의장님께

아래에 서명한 우리들은 1968년 2월12일, 꽝남성 디엔반현 퐁니 · 퐁넛 두 마을에서 일어난 한국군의 집단 살인 희생자들의 가족 · 친지 35가구입니다. 우리는 꽝남성 디엔반현 탄퐁사 퐁니 · 퐁넛 마을에서 태어나 여태껏 살아왔습니다.

존경하는 의장님께서 아래에 보고 드리는 심각한 상황에 처한 우리 35가구를 보살펴 주시길 부탁드립니다.

1968년 2월12일 오전 9시 전까지, 우리 가족 · 친지들은 대부분 농민들이자 힘겹게 사는 노인, 군인 가족, 연로한 사람들, 젖먹이 아이들이었으며 국가가 통제하는 지방의 다른 베트남 사람들처럼 평탄한 삶을 살고 있었습니다. (가족 · 친지들은 투표권이 있고 행정 관련 서류나 국가가 발급한 호적등본 등을 입증할 수 있습니다.)

그런데 디엔반현 인근[2]에 주둔하던 한국군이 갑자기 우리 마을에 들이닥쳐 보이는 사람이면 누구나 잡아다 칼로 찔러 죽였고 너무도 잔인하게도 그들은 우리 가족 · 친지들의 손과 발을 토막 내는 일을 저질렀습니다. (한국군은 시신들을 현장에 남겨 놓거나 숨겨 두고 떠났습니다.)[3]

이 일이 있은 후 즉시 당시 디엔반 군대의 부대장 호앙쭝[4] 소령이 직접 이곳을 찾아와 현장을 목격하였고 우리들이 할 수 있는 방도 내에서 가족 · 친지들을 매장할 방법을 찾기도 하였습니다. 또한 소령은 마을과 들판에 흩어져있던 시체들을 사진으로 찍었습니다.

가난하고 궁핍한 해안 지역이라 원래부터 원망을 호소해도 소용조차 없는 오지에 살아온 우리는 온갖 우여곡절을 감내하며 조상들의 재단과 장례 두건을 쓴 고통 속의 사람들, 관이나 제대로 된 천쪼가리 하나 없이 황급히 매장된 무덤들을 봐야만 했습니다. 더욱이 살아남은 사람들에게 또다시 일어날 수 있는 야만스러운 학살 장면들을 떠올리며 공포에 떨면서 밤낮으로 가슴을 졸이고 있습니다.

그리하여 가족 · 친지들의 집단 제삿날인 오늘 우리는 이끼가 덮이고 풀이 돋은 무덤들을 다시 찾았고 우리들의 눈앞에서 스러져 간 사랑하는 어머니와 아버지, 남편과 아내, 우리 마을의 육친들을 애도하는 행렬이 이어졌습니다.

---

1) 탄퐁사는 디엔안사의 당시 지명이다.

2) 원문에는 디엔반현의 Quan-ly(?)라는 곳이 언급되지만 정확한 지명으로 확인이 어려워 '인근'이라고 번역.

3) 괄호 친 문장은 베트남어 원문으로는 확인이 안되고 영문 탄원서에만 의존해서 옮긴 것이다.

4) 소령의 이름이 '호앙찌증'인지 '호앙쯩'인지 베트남어 표기가 불확실하다. 미국 문서에 나오는 호앙쭝 소령과 같은 인물로 보인다.

아! 슬프도다.

(존경하는 의장님, 시민권을 가지고 있고, 4천 년의 문명을 지닌 67명의 베트남인들이 일개 곤충 취급을 받았습니다.

이 불행한 희생자들에 대해 어떤 집단에서도 공식적인 애도를 표하고 있지 않습니다. 더 이상 기다릴 수 없습니다.

우리는 반드시 이 요구를 국민에 대해 책임을 지는 기관인 하원의회의 존경하는 의장님께 전달해야만 한다고 생각했습니다. 한국군과 남베트남 정부가 다른 유사한 사건에서 적용했던 규칙에 따라 배상해 주기를 의장님께 정중하게 요구합니다.)[5)]

1969년 2월

*** 번역 감수:권현우(아맙 공정여행팀장)

5) 마지막 괄호 친 단락은 베트남어 탄원서에 누락돼 있다. 영문으로 번역된 탄원서 문장을 옮겼다.

#3

Enclosure #3

CONFIDENTIAL

MACCORDS-RE Saigon

25 March 1968

EVALUATION REPORT

PACIFICATION IN HIEU NHON AND HOA VANG DISTRICTS
QUANG NAM PROVINCE

EXCERPTS:

1. (U) PURPOSE: The purpose of this report is to present an assessment of the pacification programs in Hieu Nhon and Hoa Vang Districts, Quang Nam Province, I Corps Tactical Zone.

2. (C) DISCUSSION:

b. Hieu Nhon District:

(2) Security:

1. 2d ROK Marine Brigade: This unit moved into the province during late December 1967 and early January 1968. To date the activities of the brigade have been defensively oriented. Repeated requests from the provincial advisory staff for search and destroy operations in the southern portions of Hieu Nhon District into areas of known VC presence have thus far been ignored by the brigade. Cooperation between the brigade and province advisors has been marginal. Requests for a field grade liaison officer have thus far been ignored. Requests for a free exchange of intelligence information have similarly been cooly received. There have been other adverse effects of the brigade presence directly impacting on pacification. On one occasion after receiving sniper fire from a hamlet, the ROK forces virtually leveled the hamlet, killing in excess of 80 civilians, the majority of whom were women and children. The deputy province senior advisor reported that there was documentary evidence of atrocities during this action. A second example of adverse Krean impact on pacification was the fear they had implanted in the district farmers, making them reluctant to work their fields even during the day because of a possible Korean attack.

DETAILS?

(5) Refugees: The second most serious problem in the district is refugees. About 30,000 refugees reside in 12 camps in the district. The most recent influx of about 2,300 came from northern Hieu Nhon District as a result of a resettlement operation by the ROK Marines. The ROK's claimed that the people were living in such a location that they could not be defended and originally intended to construct a new hamlet in which the people could be resettled. The people were moved to the vicinity of the Hoi An airstrip to await the construction of the new hamlet. After a short period of time, the ROK's abandoned the project and turned the people over to the district chief as refugees. . . .

End of excerpt.

/s/
CLARENCE W. HANNON
LTC, GS
I CTZ Field Evaluator

CONFIDENTIAL

OPTIONAL FORM NO. 10
5010-104

Enclosure #3 (A)

UNITED STATES GOVERNMENT

Memorandum CONFIDENTIAL

TO : Nickolas G. W. Thorne - Saigon DATE: April 23, 1969

FROM : James F. Mack - DaNang

SUBJECT: Photos of ROK Atrocities in Quang Nam Province, Feb. 12, 1968

These photos were taken at the scene of the ROK massacre of 79 civilians at Phong Nhi Hamlet, Thanh Phong Village, Dien Ban District, Quang Nam Province on February 12, 1968. Civilians were killed in retaliation for VC sniper fire against ROKs that came from the hamlet. According OTC Le Tri Tin, Quang Nam Province Chief, the then ROK Marine brigade commander made the preposterous claim initially that the people had been killed by NVA dressed in ROK uniforms (as if the survivors couldn't distinguish between Vietnamese and Koreans). Nearby CAP teams were first to view the scenes in the photos.

The Quang Nam PC (Province Chief) knows of no punishment meted out to those Koreans responsible. Moreover, no indemnification was ever paid to the families of the victims. The Quang Nam monthly report for March 1969 reported the people of Thanh Phong Village recently submitted a petition to the Chairman of the National Assembly requesting assistance in their claims against the ROKs.

Enclosures: as stated

CONFIDENTIAL

Enclosure #4

#4

CONFIDENTIAL - NOFORN

UNITED STATES MARINE CORPS
Headquarters
III Marine Amphibious Force MACV
FPO San Franciscoo 96602

51/dc
9 July 1968

From: Chairman, Special Study Group on 2nd ROK Marine Brigade
to: Commanding General, III MAF

Subj: Suggestions for Improving Efficiency of 2nd ROK Marine Brigade

EXCERPTS:

3. The problems experienced with the ROKs are numerous - reluctance to initiate major military actions against the enemy, refusal to perform extensive night patrolling and ambushing, inadequate coordination of military operations and civic action programs with the GVN and/or the MACCORDS Advisory Team, apparent lack of operational control of activities throughout the ROKMC BDE TAOR and involvement in atrocities against Vietnamese civilians.

4. The above are serious accusations, but each can be supported by examples. The purpose, then, of this paper is to propose actions which will, in the opinion of the Study Group, contribute to a partial solution of these problems and thereby improve the effectiveness of the ROKMC BDE.

5. The ROKs have problems at home just as US Forces do. Two of these not mentioned elsewhere in this paper are identified below to provide additional understanding of their plight:

a. Casualties - Because of the area in which they operate, the ROK Army troops do not suffer the percentage of casualties that the ROK Marines do. This seems to be a major political problem for BG KIM to deal with in communications with the Commandant of the ROK Marine Corps. It undoubtedly influences the ROKMC BDE decisions about enemy targets and areas of operations. There are indications that the ROKs prefer to avoid areas with heavy enemy concentration.

b. Control - Command control of the 2nd ROK Marine Brigade is supposed to be exercised by Lieutenant General CHE, the Commander of ROK Forces in Vietnam. In fact, control seems to be exercised by the Commandant of the ROK Marine Corps in Seoul. This complicates changes in TAORs and operations outside the officially designated TAOR, since in most instances these changes or modifications must receive concurrence by the Korean Government.

6. The following courses of action are suggested as partial remedies to the

CONFIDENTIAL - NOFORN

problem areas identified in paragraph three above.

f. GVN Authority - There is some evidence that many ROKs do not understand that the Government of Vietnam is a free and autonomous government with all the perogatives associated thereto. The ROKs in many instances ignore the police and related law enforcement responsibilities of the GVN. One example of this is the frequent preempting of traffic control authority in ROK TAOR when military police assume traffic control and roadblock functions. This is a complicated problem and the Study Group can suggest only one course of action that may possibly assist in establishing fuller recognition of GVN authority. It is suggested that LTG LAM be asked to invite BG KIM to the Saturday I Corps conferences. It seems logical that as the senior Korean in the ICTZ, BG KIM should be included in discussions at the Commanders' conferences on a regular basis. This would possibly impress him with the sovereignty of South Vietnam.

End of excerpts.

L. D. PUCKETT

Enclosure #5

#5

CONFIDENTIAL

DEPUTY FOR CORDS TO COMUSMACV

RCd/DN9
7/13/68
V.

TO: DEPCORDS I CTZ

SUBJECT: Deficiencies of 2d ROK Marine Brigade with Respect to Pacification

1. Attached end-March evaluation presents glaring deficiencies of the 2d ROK Marine Brigade with respect to cooperation with advisors, liaison with GVN province and district headquarters, and support of pacification.

2. Has this situation improved? Give me a current reading on ROK Marines. If they are still this bad, remedial action is clearly indicated.

1 Incl
as

RWK

R. W. KOMER

cc: Chief of Staff
AC/S CORDS

DATE: 11 July 1968

CONFIDENTIAL

꽝남성 디엔반 자료집

꽝남성 디엔반현 문화통신청에서 1995년에 작성한 퐁니 · 퐁넛 사건 자료집의 베트남어 원문과 한국어 번역본을 공개한다. 당시 디엔반현 문화통신청은 프랑스 식민지 시대부터 한국군 주둔 시절까지의 사건들을 두루 조사해 박물관 자료로 삼으려 했다. 이때 디엔반현 문화통신청은 현 산하 20개사에 특기할 만한 역사와 문화유적이 없는지 보고하라고 지시했고, 디엔안사(옛 탄퐁사)에서는 퐁니 · 퐁넛 사건을 적어 올렸다. 이후 디엔반현 문화통신청 직원 르엉미린은 이틀 동안 퐁니 · 퐁넛에 내려와 주민들의 증언을 수집한 뒤 사건의 줄거리를 담은 자료집을 제작했다. 필자의 취재결과, 이 자료집의 내용 중 실제 사실관계와 다른 부분이 일부 있음을 확인했지만 원문 그대로 싣는다.

르엉미린
Lương Mỹ Linh

Tư liệu lưu trữ của huyện Điện Bàn, tỉnh Quảng Nam

Xin công bố văn bản gốc bằng tiếng Việt kèm theo bản dịch tiếng Hàn của tư liệu lịch sử về sự kiện Phong Nhất – Phong Nhị do Sở Văn hóa Thông tin huyện Điện Bàn, tỉnh Quảng Nam thu thập vào năm 1995.

Đương thời, Sở Văn hóa Thông tin huyện Điện Bàn đã cho tiến hành điều tra và khảo sát tất cả các sự kiện lịch sử xảy ra trong giai đoạn từ thời thực dân thuộc địa cho đến thời kỳ quân đội Hàn Quốc đến đóng quân trên địa bàn, xem đây là những tư liệu lưu trữ cho bảo tàng của địa phương.

Sở Văn hóa Thông tin huyện Điện Bàn đã chỉ đạo cho 20 xã trên địa bàn huyện báo cáo về những di tích lịch sử văn hóa đáng chú ý của từng xã. Và xã Điện An đã ghi chép để báo cáo lên cho huyện về sự kiện Phong Nhất-Phong Nhị.

Sau đó, cán bộ Lương Mỹ Linh của Sở Văn hóa Thông tin huyện Điện Bàn đã đi thực tế điều tra ở Phong Nhất-Phong Nhị trong 02 ngày, thu thập lại những chứng ngôn của người dân ở đây và biên soạn thành tập tài liệu ghi chép về những câu chuyện liên quan đến vụ việc.

Dựa theo kết quả tác nghiệp tại hiện trường, tác giả Koh Kyeong Tae xác nhận có một số nội dung trong tập tài liệu này sai khác với thực tế sự thật. Tuy nhiên, tác giả vẫn công bố văn bản gốc của tài liệu này.

TƯ LIỆU

VỤ THẢM SÁT TẠI CÂY DA DÙ
PHONG NHỊ, ĐIỆN AN

Điện An, tháng 12 năm 1995

Tặng

CÂY DA DÙ ĐIỆN AN
Một ngày kinh hoàng

Người thực hiện : Lương Mỹ Linh

1- Vẫn những mùa xuân . . .

Tôi về Điện An khi cái nhộn nhịp của ngày tết vừa lắng xuống. Sắp đến rằm tháng giêng, khí trời như thoáng đảng hơn. Đó đây, những đóa hoa mãn khai vẫn còn khoe sắc. Theo lời chỉ dẫn của bà con, tôi tìm đến cây Da Dù đứng chơ vơ giữa đồng thôn Phong Nhị (thuộc xã Điện An, huyện Điện Bàn, cách Đà Nẵng 23 km về phía Nam). Trong tiếng rào rạt nhựa sống, tôi còn nghe âm vọng về mùa xuân 28 năm xưa : ***"Nơi cây Da Dù - một cuộc thảm sát"***.

2- Một cái tết đầy lo âu, thắc thỏm . . .

Mùa xuân 68, đất trời vẫn giao hòa cho cỏ cây trơ mình. Từng nhóm người dân nôn nóng quay về vườn cũ, thắp nén nhang tưởng nhớ ông bà. Không khí Tết dường như chùng xuống, những lời thầm thì : *"Sẽ ác liệt lắm đấy"* vang vọng đến từng ngôi nhà. Đêm giao thừa, từng chùm pháo sáng treo lơ lửng, tiếng đì đùng của đạn cối cứ lúc gần, lúc xa. Ngày Tết mà trên các nẻo đường Phong Nhất, Phong Nhị (Điện An) dường như vắng ngắt. Thanh niên đi đâu hết, chỉ có ông bà già, phụ nữ và trẻ em đêm đêm nghe ngóng tiếng súng từ trục lộ Bắc Nam chạy ngang qua xã. Không biết tự khi nào, đoạn đường từ cầu Thanh Quýt (xã Điện Thắng) đến cầu Giáp Ba (xã Điện An) được thay bằng cái tên rùng rợn : *"Đường giảm thọ"*, bởi chồng chất những xác người chôn vội hai bên lề. Một sự yên lặng đáng sợ bao trùm lên thôn xóm, người người nhắc nhau : *"Hãy ráng giữ mình để sống cùng quê cha đất tổ..."*

Ngày 12 tháng Giêng năm Mậu Thân (1968), từ tờ mờ sáng, tiếng súng đã dội vào thôn Phong Nhị. Từng loạt đạn vu vơ đe dọa... Ông Lê Hay (sinh năm 1932) lui cui gánh đất từ ngoài vườn vào đắp hầm. Một trái cối dội lên, thân người cùng gánh đất văng tung tóe...

Ngày 13, một tốp lính Nam Triều Tiên lùng sục quanh thôn Phong Nhị, những cái nhìn soi mói cùng tiếng trọ trẹ : *"Vixi, vixi"*. Rồi tốp lính bỏ đi, để lại những tiếng thở dài lo ngại. Suốt cả ngày hôm ấy tuyệt nhiên yên lặng.

3- Về ngày máu lửa :

**** Tại xóm Lập Nam thôn Phong Nhị, 8 giờ sáng ngày 14 tháng Giêng năm Mậu Thân (1968) :***

Một này mới với sự tịch mịch khác thường : không có pháo cối, không có tiếng súng vu vơ. Bà Trần Thị Được (sinh năm 1927) nói với bà Phan Thị Trì (sinh năm 1934) : *"Sáng nay nghe yên yên, chắc cũng như ngày qua, bà với tôi đi chợ, mua chút chi cúng rằm"*. Cậu bé Trịnh Chờ (12 tuổi - con bà Được) cũng hớn hở : *"Con dắt trâu đi ăn, mẹ nhé"*. Bà Được cùng bà Trì vừa cắp rổ đến đầu xóm thì nghe tiếng xôn xao cùng tiếng súng đạn khua lách cách ngoài quốc lộ. Nhìn ra, hai bà hoảng hốt khi thấy lố nhố những lính là lính. Bà Trì la lên : *"Bọn Đại Hàn lên đó bà con ơi !"* rồi níu tay bà Được chạy vào. Ngoài quốc lộ I, đoạn gần cầu Giáp Ba, khoảng chừng một đại đội lính Nam Triều Tiên (thuộc lữ đoàn Thanh Long, đóng tại Hội An) đang dàn quân. Lấy cây Da Dù làm điểm xuất phát, bọn lính càn vào phía xóm Lập Nam cách đó 100m về hướng Tây. Tiếng súng tiểu liên, trung liên từng loạt cùng tiếng la hét *"Vixi vixi"* của bọn lính. Những người dân hoảng sợ, cuống cuồng chạy chụm vào nhau. Bà Được vừa chạy đến đầu ngõ, không thấy cậu bé Chờ đâu cả, bà hớt hải chạy ra đồng. Vừa đến đám ruộng của bà Phan Thị Ngữ, một loạt đạn làm bà ngã sấp xuống. Bà nghe đau nhói ở sườn và bắp vế phải, lại nghe tiếng la hét cùng bước chân người lội ào ào xuống ruộng ở phía sau, bà gượng lên định chạy tiếp thì hàng loạt đạn vang lên, những tiếng rú thảm thiết cùng những thân người đổ ầm lên người bà Được. Máu loang đỏ cả ruộng, mắt bà Được hoa cả lên...

Bà Trì cùng chồng và ba con núp trong hầm nổi, nhìn ra thấy bà Được cùng đám người bì bắn té nhào xuống đám ruộng, lại có tiếng giày khua cùng tiếng la hét ngoài ngõ, bà níu chồng (ông Nguyễn Phường - sinh năm 1929) dắt ba con chạy băng ra lối sau.[1] Đến cầu ao bà Huệ, ông Phường khựng lại vì một loạt đạn vào chân. Bà Trì nhào đến : *"Ông Phường, ông Phường"* và cũng đổ rầm vào người ông. Bà Trần Thị Trách, Nguyễn Thị Cận, Đỗ Thị Cái, Lê Dung, Lê Đình Củng.... cũng từ đâu chạy gom lại . Tiếng súng tiểu liên, trung liên nả liên hồi, những xác người nhào cả xuống ao. Có tiếng khóc thét phía sau, ông Phường trườn người dậy; con Trọng nằm lật ngửa, mắt mở to, miệng há hốc; thằng Trường mới lên 6 tuổi bị xác mẹ đè lên, miệng méo xệch; thằng Sang mặt mày chân tay đỏ ối máu, từ bụng nó, một đùm ruột lồi ra.[2]

Nhà ông Phan Lường ở sâu trong xóm, nghe tiếng la thất thanh cùng tiếng súng, ông dắt vợ cùng 6 con quáng quàng chui xuống hầm. Vợ ông hổn hển : *"Nhà mình nhà tranh... cháy - cháy hết. Qua nhà ông Nghệ, đi qua..."*. Gia đình ông dắt díu băng vườn sau. Ngay trước thềm nhà ông Nghệ, xác ông Nguyễn Nghệ, Nguyễn Gừng, bà Thân Thị Lý, Trịnh Thị An cùng bé Hòa (lên 5), bé Thuận (lên 2) đổ chùm vào nhau, nghi nhút bốc khói.[3] Bà An nằm ngửa, bé Thuận nằm úp lên, hai tay vẫn còn thò vào áo mẹ. Ông Lường lôi vợ con chui qua rào tre, chạy ào vào sân nhà bà Được. Con trâu buông mũi chặn ngang ngõ, xác thằng bé Trịnh Chờ nằm sấp trước mũi con trâu. Ông Lường choáng cả người, kéo vợ con chạy vội vào nhà, chúi nhủi người

1) Kết quả khảo sát của Koh Kyoung Tae cho thấy nội dung này sai khác với sự thật.
Nguyễn Phường và Phan Thị Trì là cha và mẹ của Nguyễn Thị Thanh, nạn nhân bị đạn bắn gây thương tích vào ngày xảy ra thảm sát và sau đó được đưa đi điều trị.
Trong nhiều lần gặp gỡ và trả lời phỏng vấn của Koh Kyoung Tae, Nguyễn Thị Thanh xác nhận rằng: thời điểm xảy ra thảm sát, mẹ bà là bà Phan Thị Trì không có mặt ở nhà mà đang cùng bà Trần Thị Được đi chợ và bị trúng đạn, chết ngoài ruộng, không kịp trở về nhà; còn cha Nguyễn Phường thì thực tế đã bị mất tích từ trước đó rất lâu nên những thông tin nhắc đến ông Nguyễn Phường trong ngày xảy ra thảm sát như tài liệu này đề cập là điều không thể xảy ra.

xuống gầm giường. Một tốp lính Nam Triều Tiên lục xục kéo đến, tiếng giày khua lộp cộp, tiếng súng lách cách, con trâu cúi gầm đầu xuống, miệng thở phì phì. Tốp lính xí xồ, lên đạn răng rắc, con trâu vẫn gằm gằm cái đầu. Có tiếng người la hét bên kia bờ đậu, tốp lính quay súng ào sang...

10 giờ, cả xóm Lập Nam chìm trong máu và lửa. Rơm rạ, phên dậu cùng da thịt người ngùn ngụt bốc khói ...

*** *Tại Phong Nhất - cách Lập Nam một con mương lớn và khoảng 100m đường ruộng* :**

Nghe tiếng súng dồn dập cùng khói lửa nghi ngút dưới xóm Lập Nam, bà con thôn Phong Nhất nhốn nháo cả lên. Mấy bà già run lẩy bẩy : *"Chạy đâu bây giờ"*. Bà Phạm Thị Cam (sinh năm 1928) vội vã giục chồng là Nguyễn Dân : *"Chạy đi ông, chạy tất qua Phong Ngũ, các ông chạy hết đi, để đàn bà chúng tôi ở lại với bọn trẻ, chúng nỡ nào..."*. Ông Dân chần chừ, bà Cam càng cuống quýt : *"...Ông đi đi, kệ mẹ con tôi ở đây, không sao đâu..."*. Ông Trần Do (74 tuổi) chậm rãi : *"Cái thân già chạy đâu cho được, cứ ở đây, chết trong nhà cũng yên lòng"*. Người già, phụ nữ, con nít cứ lóng ngóng, túm tụm lại. Bà Nguyễn Thị Tha (sinh năm 1929) quát lên : *"Núp hết vô hầm, chúng không càn lên mà lạc đạn thì cũng khốn cả đám"*. Mọi người tản ra, ai về nhà nấy, nơm nớp nhìn xuống Lập Nam.

10 giờ 30 phút, những chiếc mũ sắt tràn qua con mương, lội ào lên đám ruộng. Chúng xông vào nhà Nguyễn Dần, bà Cam lấy thân ép chặt ba con vào góc hầm. Một trái, hai trái... lựu đạn tung vào, căn hầm bùng lửa nghi ngút. Xác người mẹ cháy sém nhưng vẫn còn nguyên tư thế khom người che chở cho con. Ông Trần Văn Lội (sinh năm 1927) kể lại : *"Thấy chúng xộc vào sân, tôi bò ra ngoài bụi chuối, thằng Xu (15 tuổi) bò theo sau. Dán người sát bờ dậu tre, tôi nghe bên nhà ông Huề có tiếng người : "Tôi*

2) Điểm này cũng khác biệt so với kết quả điều tra của Koh Kyoung Tae. Trọng, Trường và Sang, như đã đề cập trong chú thích 1), lần lượt là chị gái, em trai, và anh trai của Nguyễn Thị Thanh. Sự thật là những người này đã bị chết hoặc bị thương, nhưng nội dung nói rằng chính người cha Nguyễn Phường đã chứng kiến điều đó là sai khác với lời làm chứng không chỉ của bà Nguyễn Thị Thanh mà còn của người dân trong làng.

3) Theo kết quả điều tra năm 2013 của Koh Kyoung Tae, ông Nghệ đã bị bắn ở ngoài ruộng chứ không phải trong nhà. Nguyên lão của làng là ông Nguyễn Xu (từ trần năm 2015) và con trai ông là Nguyễn Thanh Cơ đã làm chứng cho điều này.

lạy mấy ông, lạy mấy ông tha cho gia đình tôi, tha ch ..." Ông Huề chưa dứt lời, một loạt đạn, hai loạt đạn rít lên, bên ấy im bặt. Không biết thằng Xu nằm sau tôi thấy gì mà tự dưng á lên, hàng tràng tiểu liên nổ liên tiếp, chân tôi đau nhói, hai tai ù đi".

4- Âm vọng đau thương :

Lặng đi hồi lâu, ông Phan Lường (người duy nhất cùng gia đình sống sót nguyên vẹn ở xóm Lập Nam) chậm rãi : *"Khoảng 12 giờ trưa, tiếng súng lặp đi, nhưng phên tre còn lẹt đẹt nổ. Không thấy bóng người nào cả, tôi nhủ vợ con nằm yên, lỡ đâu bọn Đại Hàn quay lại. Đến 2 giờ chiều, tôi lom khom chui ra khỏi hầm, nhìn xuống quốc lộ thấy lố nhố bóng lính nghĩa quân cùng người dân, nhìn lên Phong Nhất, thấy bà con đang xúm quanh những ngôi nhà bị cháy. Tôi gọi vợ con lên, cùng đổ ra ngõ, kéo đến chỗ ao bà Huệ. Ông Xu, ông chồng bà Được cùng mấy người nữa cũng ở đâu kéo qua. Tổng cộng là 17 xác người, phụ nữ, trẻ em, ông bà già đang chồng lên nhau. Chợt tôi nghe tiếng rên khe khẻ, thì ra là thằng Sang (Nguyễn Đức Sang- sinh năm 1954), một cánh tay nó bị dập nát, ruột lòi ra, nhưng tim nó hãy còn đập thoi thóp. Thằng cu Mức (Lê Đình Mức mới 1 tuổi) cũng bị thương ở bụng, nó nằm sấp lên xác mẹ..."*

Ông Nguyễn Xu (sinh năm 1928) kể tiếp : *"Kéo hết 17 xác người ở ao bà Huệ lên, chúng tôi chạy vội đến đám ruộng bà Ngữ. Dọc đường vấp 4, 5 xác người nữa. Có người cháy đen cả mặt mày, tay chân không thể nhận ra là ai. Cảnh tượng tại đám ruộng bà Ngữ thật là khủng khiếp, người cụt tay, người bể sọ, người phạnh cả ruột gan. Bà Đoàn Thị Y (60 tuổi) nằm sát mép ruộng, bà ấy còn rên khe khẻ. Ông Được nhào đến bên vợ, gào lên :*

"Bà ơi !". Người bà Được mềm oặt, ở hông và bắp vế phải của bà máu đông đặc lại. Ông Được ốp tay vào ngực bà, còn nghe thoi thóp. Ông bế xốc vợ lên. Xác 10 người tại đám ruộng này đã bắt đầu khô cứng lại...

Đến 3 giờ chiều, 61 xác người cùng 17 người bị thương được quy tập lại. Có mấy người ở thôn Phong Nhất, Phong Nhị theo lính nghĩa quân cũng kéo lên, nhìn xác người thân bị cháy đen, dầm nước, cụt đầu, đứt chân, cứ đứng lặng chẳng nói được gì. Bà con sống sót phẩn uất, hô hào đem xác người xuống đồn Kiểm Lu đòi đền mạng. Nhà cửa cháy sạch trụi, không đủ chăn, võng để khiêng, bà con bỏ xác trẻ em vào thúng, mủng, xác người lớn vào nong, kẻ khiêng, người gồng gánh ... kéo cả xuống đồn. Tụi lính đóng cửa đồn không cho vào, bà con đặt xác người nằm dọc trục lộ, máu tanh, da thịt người bốc lên khét nghẹt. Nhượng bộ, lính trong đồn chịu cung cấp ván, vải để chôn cất người chết ... Nhưng không phải như vậy là chấm hết. Người chết vẫn có quyền của người chết, người sống phải đòi, phải trả. Ván, vải có thể chôn được xác người, nhưng không thể chôn vùi nỗi ám ảnh kinh hoàng cùng những tang thương trong lòng người dân Điện An chúng tôi."

Theo hướng chỉ của ông Nguyễn Xu, tôi tìm đến nhà bà Được. Gia đình bà đang làm giỗ lần thứ 28 cho cậu bé Trịnh Chờ. Bà Được đang nằm trên giường và bị cảm cúm. Nghe tôi nhắc về ngày thảm sát ấy, bà đưa tay lên xoa vết sẹo nơi đùi phải, giọng khàng đục : *"Kinh khủng lắm con à, làm răng bà quên được. Mỗi lần trời trở gió, vết thương lại nhức buốt và gần đến ngày giỗ dường như càng đau hơn. Những năm còn khỏe, trong những ngày này, bà thường cố gắng đến các nhà trong xóm. Bà con ngày ấy đã lấy xác mình đỡ đạn cho bà. Sống, chết sao như trở bàn tay...”*

5- Đôi điều cảm nhận :

Đã 28 năm qua kể từ ngày máu, lửa ấy. Xóm Lập Nam hôm nay đã thay da đổi thịt, cây Da Dù vẫn vi vu cùng lúa đồng. Gió heo may cùng mùi hương trầm từ các gia đình đồng cúng giỗ *“trận Đại Hàn”* làm tôi rùng mình. Chiến tranh - cái mất, cái còn. Chết là một điều tất yếu của mỗi đời người, nhưng đối với những người dân lành kia, họ ra đi mà vẫn không hiểu mình có tội gì. Nỗi oan ức ấy làm sao giải bày hết được ? . Khái niệm chiến tranh không còn dừng lại ở nghĩa là sự tranh chấp giữa hai bên thù địch mà đồng nghĩa với bắn, giết, tàn sát ... những người may mắn sống sót thì vẫn phải mang trong mình những vết thương nhức nhối. Và máu, lửa, tiếng gào rú, những cánh tay khô cứng van xin sẽ đeo đuổi họ suốt đời. Nhà văn N.ĐUM BÁT XÊ trong “Quy luật của muôn đời” có nói : *“Nỗi đau tinh thần nặng gấp trăm lần thể xác”*. Vậy mà ở đây, những người dân thôn Phong Nhất, Phong Nhị, ngoài nỗi đau tinh thần phải chịu thêm cái nhức buốt của thể xác. Lẽ tất nhiên, đến một ngày nào đó, họ sẽ vĩnh viễn ra đi, nhưng còn lịch sử, còn tòa án tối cao : Lương tâm nhân loại - sẽ phải nói gì ?

Tôi qùy xuống mảnh đất dưới chân. Cho đến bao giờ mặt đất này thật sự nguôi ngoai ?

Điện An, ngày 05 tháng 12 năm 1995

L.M.L

Bà Trần Thị Được (sinh năm 1927)
bị thương trong trận Cây Da Xã Điện An đang
đứng bên bàn thờ con nhân ngày giỗ. Cái
thứ 28 (11 tháng giêng Mậu Thân (1968)
14 tháng giêng Bính Tý (1996)

위 사진은 본문 90~91쪽에 나오는 쩐티드억 할머니.

CÂY DA DÙ — *Một ngày kinh hoàng*

DANH SÁCH

Nhân dân bị lính Nam Triều Tiên thảm sát
Ngày 12/2/1968 *(Ngày 14 tháng Giêng năm Mậu Thân)*
Tại thôn Phong Nhất, Phong Nhị - xã Điện An
(Xếp theo thứ tự tuổi từ cao xuống thấp)

Số TT	HỌ VÀ TÊN	Năm sinh	Trú quán
1	Nguyễn Thị Mót	1890	Phong Lục - Điện Thắng
2	Nguyễn Nghệ	1900	Phong Nhị - Điện An
3	Trần Lọ	1901	Phong Nhất - Điện An
4	Nguyễn Gừng	1902	Phong Nhị - Điện An
5	Nguyễn Thị Châu	1903	Phong Nhị - Điện An
6	Võ Thị Canh	1904	Phong Nhất - Điện An
7	Lê Dung	1904	Phong Nhị - Điện An
8	Nguyễn Thị Lý	1905	Phong Nhị - Điện An
9	Nguyễn Thị Thêm		Phong Nhị - Điện An
10	Trần Nuôi	1910	Phong Nhất - Điện An
11	Lê Thị Thiệt	1910	Phong Nhị - Điện An
12	Nguyễn Điễn Lai	1911	Phong Nhất - Điện An
13	Đỗ Thị Cái	1913	Phong Nhị - Điện An
14	Hà Thị Miễn	1913	Phong Nhị - Điện An
15	Nguyễn Thị Cận	1914	Phong Nhị - Điện An
16	Nguyễn Thị Lai	1915	Phong Nhất - Điện An
17	Trần Thị Chút	1917	Phong Nhất - Điện An
18	Trần Văn Hổ	1921	Phong Nhất - Điện An
19	Dương Thị Chức	1922	Phong Nhất - Điện An
20	Trần Thị Trách	1922	Phong Nhị - Điện An
21	Nguyễn Thị Liểu	1923	Phong Nhất - Điện An

● 사망자 74명의 이름과 생년, 소속 마을.

22	Trần Văn Cự	1924	Phong Nhất - Điện An
23	Trần Thị Bảy	1926	Nông Sơn - Điện Phước
24	Thái Thị Khải	1926	La Hòa - Điện Phước
25	Phạm Thị Cam	1927	Phong Nhất - Điện An
26	Nguyễn Thị Thọ	1928	Phong Nhất - Điện An
27	Nguyễn Thị Liễu	1928	Phong Nhị - Điện An
28	Huỳnh Thị Tư	1930	Nông Sơn - Điện Phước
29	Phan Thị Trí	1934	Phong Nhị - Điện An
30	Hà Thị Diên	1934	Phong Nhị - Điện An
31	Nguyễn Thị Soạn	1935	Phong Nhất - Điện An
32	Nguyễn Thị Thới	1935	Phong Nhị - Điện An
33	Trịnh Thị An	1935	Phong Nhị - Điện An
34	Phan Thị Ngự	1936	Phong Nhị - Điện An
35	Phan Thị Thanh	1936	La Hòa - Điện Phước
36	Nguyễn Thị Xe	1936	Phong Lục - Điện Thắng
37	Lê Thị Mía	1937	Phong Nhị - Điện An
38	Nguyễn Thị Ngọt	1938	Phong Lục - Điện Thắng
39	Nguyễn Thị Thanh	1947	Phong Nhất - Điện An
40	Trần Hòa	1955	Phong Nhất - Điện An
41	Nguyễn Thị Miên	1956	Phong Nhất - Điện An
42	Nguyễn Thị Trọng	1956	Phong Nhị - Điện An
43	Trịnh Chờ	1956	Phong Nhị - Điện An
44	Nguyễn Thị Thụy	1956	La Thọ - Điện Hòa
45	Đỗ Mãi	1956	Phong Lục - Điện Thắng
46	Nguyễn Thị Hường	1957	Phong Nhất - Điện An
47	Trần Văn Hòa	1957	Phong Nhất - Điện An
48	Nguyễn Thị Ngót	1957	Phong Lục - Điện Thắng
49	Nguyễn Thị Thuyền	1958	La Thọ - Điện Hòa

50	Trần Văn Thuận	1959	Phong Nhất - Điện An
51	Nguyễn Đức Bên	1959	Phong Lục - Điện Thắng
52	Trần Thử	1960	Phong Nhất - Điện An
53	Trần Văn Ninh	1960	Phong Nhất - Điện An
54	Phan Thị Hồng	1960	Phong Nhị - Điện An
55	Nguyễn Thị Thu	1960	Phong Nhị - Điện An
56	Nguyễn Thị Bé	1960	Phong Lục - Điện Thắng
57	Trần Văn Thảo	1961	Phong Nhất - Điện An
58	Phan Sáng	1961	Phong Lục - Điện Thắng
59	Nguyễn Thị Bé	1961	Phong Lục - Điện Thắng
60	Phan Thị Đào	1962	Phong Nhị - Điện An
61	Trần Thị Lành	1963	Phong Nhất - Điện An
62	Nguyễn Đức Trường	1963	Phong Nhị - Điện An
63	Nguyễn Thị Hòa	1963	Phong Nhị - Điện An
64	Đoàn Thế Minh	1963	Phong Nhị - Điện An
65	Trần Văn Năm	1964	Phong Nhất - Điện An
66	Lê Đình Đích	1964	Phong Nhị - Điện An
67	Trần Thị Thàng	1965	Phong Nhất - Điện An
68	Nguyễn Thị Thuận	1966	Phong Nhị - Điện An
69	Nguyễn Đình Hết	1966	Nông Sơn - Điện Phước
70	Nguyễn Cu	1966	Phong Lục - Điện Thắng
71	Trần Thị An	1967	Phong Nhất - Điện An
72	Trần Văn Mạnh	1967	Phong Nhất - Điện An
73	Nguyễn Đình Đào	1967	Nông Sơn - Điện Phước
74	Trần Vô Danh		Nông Sơn - Điện Phước

Tổng cộng 74 người chết

DANH SÁCH

Nhân dân bị thương trong cuộc thảm sát
Ngày 12/2/1968 ***(Ngày 14 tháng Giêng năm Mậu Thân)***
Tại thôn Phong Nhất, Phong Nhị - xã Điện An

(Xếp theo thứ tự tuổi từ cao xuống thấp)

Số TT	HỌ VÀ TÊN	Năm sinh	Trú quán
1	Trần Hoành	1901	Phong Nhất - Điện An
2	Hà Thị Mâu	1908	Phong Nhất - Điện An
3	Đoàn Thị Y	1908	Phong Nhị - Điện An
4	Phan Thị Duyên	1910	Phong Nhất - Điện An
5	Đỗ Đôn	1911	Điện Thắng - Điện Bàn
6	Trần Thị Thu	1923	Phong Nhất - Điện An
7	Nguyễn Thị Nữ	1925	Điện Hòa - Điện Bàn
8	Trần Thị Được	1927	Phong Nhị - Điện An
9	Nguyễn Thị Thoa	1929	Phong Nhất - Điện An
10	Trần Diệp	1953	Phong Nhất - Điện An
11	Trần Thị Được	1954	Phong Nhất - Điện An
12	Nguyễn Đức Xang	1954	Phong Nhị - Điện An
13	Trần Thị Thuận	1957	Phong Nhất - Điện An
14	Trần Thị Phúc	1960	Phong Nhất - Điện An
15	Nguyễn Thị Thanh	1965	Phong Nhị - Điện An
16	Nguyễn Oanh	1967	Phong Nhất - Điện An
17	Trần Văn Tha	1968	Phong Nhất - Điện An

Tổng cộng 17 người bị thương

(*) Trong danh sách những người bị thương này, có những người hiện nay đã chết.

● 부상자 17명의 이름과 생년, 소속 마을.

디엔안 야유나무…
끔찍한 어느 날

르엉미린
(꽝남성 디엔반현 문화통신청 직원)

1. 봄은 다시 오고...

설날의 떠들썩한 분위기가 약간 사라지면서 디엔안[1]에 돌아왔다. 대보름이 다가오면서 공기가 맑았다. 여기저기 봄꽃들이 밝은 색깔을 내뿜고 있었다. 마을 사람들이 가리키는 대로 퐁니촌 논 가운데 외롭게 서 있는 야유나무로 찾아갔다. 만물이 생동하는 분위기 속에서 나는 28년 전 어느 봄 날의 음성들이 아직도 들리는 것 같았다.
“야유나무에서 한 민간인 학살이 있었다.”

2. 염려와 걱정이 가득한 한 설날

1968년 봄[2], 땅과 하늘의 교류 속에서 나무와 풀들이 자랐다. 사람들은 서둘러 조상의 제단 위에 향을 올리려 옛날 집에 찾아가고 있었다. 설날 분위기가 조금 무거워졌다. 속삭거리는 소리들이 집집마다 들려왔다. “아마 아주 끔찍하겠다.” 그믐날(구정 전) 밤하늘에는 야광탄이 번쩍거리고, 소총 소리가 멀리서 또는 가까운 곳에서 들려왔다. 구정인데 퐁넛과 퐁니의 거리엔 아무도 없었다. 청년들이 다 어디론가 갔다. 할아버지, 할머니, 여성들, 그리고 아이들만 디엔안사를 지나가는 1번 국도(베트남 북과 남을 잇는 국도)에서 나오는 총소리들을 밤마다 들었다. 언젠지 모르겠지만 디엔탕사 탄퀴엣 다리에서 지압바 다리까지가 무서운 “단명의 거리”로 불리게 되었다. 왜냐하면 이 거리의 양쪽 가에서 사람들이 많이 죽었고, 그 시신들은 그곳에 대충 묻혀 있었다. 무서운 분위기가 전체 마을을 덮고 있었다. 사람들은 서로 “조상의 땅을 지키도록 몸조심 합시다”라고 말했다.

원숭이해(1968년) 음력 1월12일 이른 새벽 총소리가 퐁니 마을에 들려왔다. 총소리들은 사람의 정신을 협박했다. 레하이 아저씨(1932년생)는 동굴을 만들려고 마당에서 흙을 짊어지고 있었다. 폭탄 하나가 터져 레하이 아저씨의 몸이 부서지고 흙이 산산이 흩어졌다.

1월13일, 한 그룹의 남조선[3] 군인들이 퐁니 마을 주변을 수색했다. 의심스러운 눈빛과 “비씨, 비씨”[4] 하는 말소리들. 남조선 군인들은 곧 가 버렸다. 마을 사람들은 걱정스러운 한숨을 내쉬었다. 그 하루는 아주 조용했다.

---

1) 퐁니 · 퐁넛은 꽝남성 디엔반현 디엔안사 소속이다. ‘사’(Xa)는 한국으로 치면 읍 · 면의 행정단위다. 전쟁 당시의 지명은 ‘디엔안’이 아닌 ‘탄퐁’이었다.

2) 베트남의 봄은 1, 2, 3월이다.

3) 베트남 중부 사람들은 ‘남조선’이라는 말이 익숙하다. ‘따이한’이라는 말도 쓴다.

4) VC는 베트콩(VietCong)의 준말이다.

***원숭이해 1월14일 아침 8시. 퐁니촌 럽남 마을에서**

새 날이 이상하게 조용했다. 폭탄 소리도, 총소리도 없었다. 쩐티드억 아주머니(1927년생)는 판티찌 아주머니(1934년생)에게 이렇게 말했다. "오늘 아침 조용하네. 아마도 어제와 같이 괜찮을 거야. 나하고 같이 시장에 가서 대보름 제사 준비하기 위해 뭘 좀 사자." 쩐티드억 아주머니의 열두 살짜리 아들 찐쩌가 신나해 하면서 "엄마, 나는 물소 먹이러 갈 거예요"라고 말했다. 쩐티드억과 판티찌 아주머니가 바구니를 들고 마을의 입구로 나갔을 때 1번 국도에서 총소리가 몇 차례 들렸다. 그곳에 군인들이 있었다. 당황한 판티찌 아주머니가 크게 소리쳤다. "따이한 놈들이 쳐들어오고 있다." 그러곤 쩐티드억 아주머니의 손을 잡고 마을 쪽으로 달려갔다. 1번 국도의 지압바 다리 근처에선 일개 중대의 남조선 군인들이 행군을 하고 있었다(청룡여단, 호이안 주둔). 야유나무를 출발점으로 해서 군인들이 서쪽으로 1백 미터 떨어진 럽남 마을로 들어갔다. 소총이 덜그럭거리는 소리, 군인들이 "비씨, 비씨"라고 외치는 소리들. 공포에 질린 마을 사람들이 서둘러 모인 채로 달아났다. 쩐티드억 아주머니가 집 앞으로 달려갔지만 아들 찐쩌가 보이지 않았다. 다시 논 쪽으로 달려갔다. 판티응우 아주머니의 논에 이르렀을 때 총에 맞고 쓰러지고 말았다. 쩐티드억 아주머니는 오른쪽 옆구리와 오른쪽 허벅지에 통증을 느꼈다. 뒤에서 논으로 내려가는 사람들의 발소리와 함께 비명이 들려와서 일어나 달리려고 했다. 또 총소리가 한참 들렸다. 비참한 비명들과 함께 사람들이 쩐티드억 아주머니의 몸 위로 엎어졌다. 피가 논을 빨갛게 적셨다. 쩐티드억 아주머니의 눈이 아득해졌다.

판티찌 아주머니와 그의 남편(응우옌득푸엉, 1929년생)과 자식 세 명은 함께 동굴 안에 숨었는데[5] 밖을 바라보니 쩐티드억 아주머니와 마을 사람들이 논에 쓰러져 있었다. 그때 집 앞쪽에서 군화 소리와 군인들의 외침 소리가 들렸다. 판티찌 아주머니와 남편, 자식 세 명이 뒷문으로 달려갔다. 후에 아주머니 집 연못과 연결된 작은 다리에 이르렀을 때 남편 푸엉 아저씨가 갑자기 다리에 총을 맞고 멈춰섰다. 판티찌 아주머니가 남편한테 달려가 "푸엉, 푸엉" 외치면서 그의 몸에 쓰러졌다. 쩐티짝, 응우옌티껀, 도티까이, 레중, 레딘꿍이 사방에서 달려왔다. 총소리가 계속 터져 나왔다. 사람들이 그 연못에 빠졌다. 뒤에서 비명이 들려서 푸엉 아저씨가 안간힘을 써 몸을 일으켜 상황을 보았다. 딸 쫑이 누워 있는데 눈은 떠 있었고, 입은 벌어져있었다. 여섯 살 난 아들 쯔엉은 어머니 몸 밑에 깔려 있었는데 입 모양이 뒤틀려 있었다. 아들 상은 얼굴과 몸이 피로 젖었고, 배 쪽에서 내장이 나와 있었다[6].

판르엉 아저씨 집은 마을 깊은 곳에 있었다. 총소리와 비명이 들리자 그의 아내와 여섯 명의 아이들은 서둘러 동굴 안으로 들어가서 숨었다. 그의 아내가 숨을 헐떡이면서 "우리 집은 초가집인데 불타면 어떡하나. 응예 아저씨 집으로 가자"고 말했다. 가족들은 함께 뒷마당을 통해 응예 아저씨 집으로 갔다. 응예 아저씨 집 앞에 응예 아저씨와 응우옌꿍 아저씨, 턴티리 아주머니, 찐티안 아주머니, 호아(5세), 투언(2세)의 시신들이 뭉쳐 있었다[7]. 연기가 피어올랐고, 찐티안 아주머니는 쓰러져 있었으며, 갓난아기인 투언은 엄마인 쩐티안 아주머니의 몸 위에 엎드린 채 죽어 있었다. 아기의 두 손은 아직 엄마 가슴에 있었다. 판르엉 아저씨가 아내와 자식들을 데리고 대나무들을 지나가서 쩐티드억 아주머니 집 마당으로 달려갔다. 물소 한 마리가 집 앞에서 막았고, 물소 밑에 쩐티드억 아주머니의 아들 찐쩌가 죽은 채 엎드려 있었다. 판르엉 아저씨는 어지러움을 느꼈다. 아내와 자식들을 데리고 집 안으로 달려 들어가 침대 밑에 숨었다. 한 그룹의 남조선 군인들이 쿵쿵거리는 군화 소리와 총이 달그락거리는 소리를 내며 들어오려 했는데 물소가

---

5) 고경태의 조사 결과 이 부분은 사실과 달라 보인다. 판티찌와 응우옌득푸엉은 사건 당일 총상을 입고 후송된 응우옌티탄의 어머니와 아버지이다. 응우옌티탄은 여러 차례 고경태와의 인터뷰에서 "어머니 판티찌는 사건 당일 집에 있었던 것이 아니라 쩐티드억 아주머니와 장을 보러 나갔다가 집에 돌아오지 못한 채 들판에서 총에 맞았고, 아버지 응우옌득푸엉은 당시 마을에 없었을 뿐 아니라 실종상태였다"고 증언했다.

6) 이 부분 역시 고경태의 조사와는 차이가 있다. 쫑과 쯔엉, 상은 각각 각주5)에서 언급한 응우옌티탄의 언니, 동생, 오빠이다. 이들이 죽거나 부상당한 것은 사실이나, 이들을 아버지 푸엉이 목격했다는 부분은 응우옌티탄을 비롯한 마을 주민들의 증언과 차이가 있다.

7) 고경태의 2013년 조사결과에 따르면, 응예 아저씨는 집이 아닌 논에서 총을 맞았다. 마을 원로 응우옌쑤(2015년 별세)와 그의 아들 응우옌탄꺼가 증언했다.

머리를 숙이고 코를 벌름거리며 성을 냈다. 군인들이 무엇인가 알 수 없는 말을 하면서 노리쇠를 장전하고 총을 쏘려고 했고, 물소는 그 자세를 취한 채 계속 있었다. 그때 다른 쪽에서 사람들의 외침 소리가 들려오자, 군인들이 그쪽을 향해 갔다.

10시, 럽남 마을은 피와 불바다 속으로 가라앉고 있었다. 볏단 그리고 대나무로 엮은 가구들, 사람의 살이 연기 속에서 태워지고 있었다.

***럽남 마을에서 개울 하나와 논길 100미터 정도 떨어진 퐁넛에서**

럽남 마을 쪽에서 총소리가 들리고 연기가 보이자 퐁넛촌 사람들이 웅성거렸다. 할머니들이 떨면서 "우리는 어디로 가야 하냐"고 이야기했다. 팜티깜은 서둘러 남편 응우옌전에게 이렇게 말했다. "빨리 나가라. 남자들은 다 가라. (퐁넛 인근) 퐁응우 마을을 지나서 빨리 나가라. 마을 남자들과 같이 빨리 나가고 우리 여자들과 아이들은 여기에 남겠다. 그들(군인)이 설마 우리를 죽이겠나." 응우옌전 아저씨가 갈까 말까 망설이자 깜 아주머니의 마음이 더 급해졌다. "빨리 가. 빨리 가…. 나하고 자식들은 여기 남겠어. 괜찮아."

쩐조(당시 74세)는 천천히 말했다. "이 노인의 몸으로 어디를 가겠는가. 나는 그냥 여기 남겠다. 집에서 죽는 게 그래도 맘 편하다." 노인, 여성, 아이 들이 웅성거리면서 모였다. 응우옌티타 아주머니(1929년생)가 큰 소리로 외쳤다. "동굴에 빨리 들어가라. 군인 놈들이 여기 안 들어와도 멀리서 쏜 총알을 맞으면 죽을 수 있다. 위험하다." 사람들이 흩어져 각각 집으로 돌아가 걱정하면서 럽남 마을 쪽을 바라봤다.

10시 30분경, 철모를 쓴 군인들이 개울을 넘고 논을 지나서 왔다. 그들이 응우옌전 집에 들어왔는데 깜 아주머니는 동굴 구석에서 세 명의 자식을 꽉 안고 있었다. 수류탄 한 개, 두 개…. 동굴에 불이 붙었고 연기가 뿜어져 나왔다. 어머니의 몸이 타올랐는데 아직도 자식들을 꽉 끌어안은 자세로 있었다. 쩐반로이(1927년생)가 말했다. "그놈들이 집 앞에 들어왔을 때 나는 바나나나무들 쪽으로 기어갔다. 쑤(15세)가 내 뒤에서 기어 따라왔다. 대나무 숲 속에 숨었을 때 나는 후에 아저씨 집 쪽에서 사람들이 말하는 소리를 들었다. '제발, 제발, 우리 가족들을 죽이지 마라.' 그 말이 채 끝나지 않았는데 총성이 터지며 이후 아무 소리도 안 들렸다. 그때 내 뒤에 누워 있는 쑤가 무엇을 봤는지 모르겠지만 갑자기 '아' 하고 외쳤다. 그때 또 총소리가 끊임없이 들려왔다. 난 발에 통증을 느꼈다. 귀에는 아무 소리도 안 들렸다."

4. 남아 있는 아픔

한참의 침묵이 흐른 뒤에 판르엉(럽남 마을에서 유일하게 가족 전체가 살아남은 집)이 느리게 말했다. "당일 점심 12시경 총소리가 가라앉았는데 대나무로 된 벽은 아직도 불에 타느라 쌕쌕거리는 소리가 들렸다. 주변엔 아무도 없었다. 나는 아내와 아이들을 보고 '가만히 있어라. 따이한 놈들이 어쩌면 다시 들어올지도 모른다'고 말했다. 오후 2시 나는 동굴에서 기어 나왔다. 1번국도 쪽을 보니 남베트남 군인들과 사람들이 많이 있었다. 퐁넛 쪽을 바라보니 마을 사람들이 불타 오르는 집 근처에 모여 있었다. 나는 아내와 자식들을 불러와 집 정문으로 나갔다. 그리고 후에 아주머니 집 연못으로 갔다. 응우옌쑤(1928년생) 아저씨, 쩐티드억 아주머니의 남편[8] 그리고 다른 사람들이 사방에서 몰려왔다. 모두 합해 17구의 시신을 발견했다. 여성, 아이, 노인의 시신들이 서로 포개져 있었다. 갑자기 나는 아주 작은 신음 소리를 들었다. 응우옌득상(1954년생)이 한쪽 팔에 중상을 입었는데 내장이 드러났고 심장은 뛰고 있었다. 묵 아이도 배를 다쳤다. 어머니의 시신 위에 엎어져 있었다."

응우옌쑤가 이어서 말했다. "후에 아주머니네 연못의 17구 시신들을 다 꺼낸 후에 우리는 판티응우 아주머니 논 쪽으로 달려가는 길에 4,5구의 시신들을 밟았다. 어떤 시신은 얼굴과 팔, 손, 발이 다 불에 타 버려서 누구인지 알 수 없었다. 판티응우 아주머니네 논 현장은 아주 끔찍했다. 어떤 시신은 발이 없어졌고 어떤 시신은 머리가 부서졌다. 어떤 시신은 배의 내장이 다 나와 있었다. 도안티 할머니(당시 60세)는 논 한쪽에 누워 있었는데 아직도 신음이 조금씩 새어 나왔다. 쩐티드억 아주머니의 남편이 아내 쪽으로 달려가서 외쳤다. '여보.' 쩐티드억 아주머니는 힘이 하나도 없었다. 허리 쪽과 오른쪽 허벅지가 피투성이였다. 남편이 아내의 가슴에 손을 얹었다. 심장은 아직 뛰고 있었다. 남편은 아내를

---

8) 베트남어 원문에는 '쩐티드억 아주머니의 남편'으로만 나와 있다. 남편 이름은 '찐떠이'다.

훌쩍 들었다. 이 논에서 10구의 시신이 굳어지기 시작했다.

오후 3시, 61구의 시신, 그리고 17명의 부상자가 한곳에 모였다. 퐁니 · 퐁넛 마을에 남베트남 군인들이 왔다. 불에 타 새까만 시신, 물속에 오래 담가진 시신, 머리 없는 시신, 다리 없는 시신들을 보면서 아무 말도 못 했다. 아직 살아남은 마을 사람들이 억울해서 이 시신들을 (1번 국도 근처의) 키엠루 초소 쪽으로 옮겨 항의하자고 했다. 집들이 다 타 버렸고 이불과 해먹도 부족해서 마을 사람들은 아이들의 시신은 큰 바구니에 담고 어른의 시신은 그보다 더 큰 벼 말리는 아주 큰 바구니에 담아서 키엠루 초소 쪽으로 갔다. 군인들이 초소 문을 닫고 들어오지 못하게 했다. 마을 사람들은 시신들을 1번 국도 상에 놔두었다. 피 냄새, 그리고 불에 탄 시체 냄새. 초소의 군인들이 죽은 사람을 묻기 위한 나무와 천을 제공 해줬다. 그게 끝이 아니었다. 죽은 사람은 죽은 사람의 권리가 있다. 살아 있는 사람은, 죽은 사람의 권리를 보호해 줘야 한다. 그런 나무와 천으로 사람의 시신을 묻을 수는 있지만 우리 디엔안 시민들의 마음속에 있는 아픔과 끔찍한 기억들을 묻을 수는 없다."

응우옌쑤 할아버지가 가리키는 방향으로 나는 쩐티드억 할머니 집으로 찾아갔다. 집에서 아들의 28번째 제사를 지내고 있었다. 쩐티드억 할머니가 침대에 누워 있었다. 할머니는 감기에 걸려 있었다. 그날 학살 얘기를 꺼내자 할머니가 오른쪽 허벅지 흉터를 만지면서 성마른 목소리로 이야기했다. "아주 끔찍했다. 나는 잊을 수 없다. 날씨가 바뀔 때마다 몸에 난 상처가 시리고, 제삿날이 다가오면 더 아파진다. 몸이 건강했을 땐 제삿날마다 마을의 다른 집에 찾아가곤 했다. 사건 당일 마을 사람들이 자신의 몸으로 나를 보호해 줬다. 사는 것과 죽는 것은 왜 그렇게 쉬운 것인가."

5. 스스로 느낌

그날로부터 28년이 지나갔다. 오늘날의 럽남 마을은 많이 변했지만 야유나무는 아직도 논의 벼들과 함께 노래하고 있다. 봄바람과 '따이한 전투' 제사 지내는 집들에서 맡는 향냄새가 나를 소름 돋게 했다. 전쟁, 어떤 것은 사라졌고 어떤 것은 남아 있다. 죽음은 한 인생에 반드시 오기 마련인데…. 그 양민들은 죄가 없었는데 왜 죽어야 했는지 이해할 수 없었다. 그 억울함을 어떻게 설명할 수 있을까. 전쟁이란 양쪽의 분쟁과 싸움에 머물지 않고 총 쏘는 것, 사람을 죽이는 것, 학살하는 것과 같은 뜻이다. 운이 좋아서 아직도 살아 있는 사람들은 마음속에 아픈 상처를 지니고 있다. 그리고 피, 불, 비명, 피가 마른 팔들은 살아남은 이들의 뇌리에 끊임없이 떠오른다. 듬밧세 작가는 〈만대에 규율〉이라는 작품에서 이렇게 말했다. "정신의 아픔은 신체의 아픔보다 백배 더 무겁다." 그런데 퐁니 · 퐁넛 마을 사람들은 정신의 아픔 외에도 신체의 아픔까지 다 감당해야 한다. 물론 어느 날엔가 그 사람들도 모두 죽겠지만 역사와 인류의 양심인 최고의 법정은 어떻게 말할 것인가.

나는 이 땅에 무릎 꿇었다. 언제 이 땅은 아픔을 식힐 수 있을까.

(1995년)

번역:응우옌응옥뜨옌(다낭대학교 강사 · 중앙대학교 국문학과 박사과정)

베트남 꽝남성 우정연합회 쩌우신 부주석의 요청으로 꽝남성 주민들에게 2015년 2월 발간한 《1968년 2월12일-베트남 퐁니 · 퐁넛 학살 그리고 세계》에 관해 소개한 글이다. 베트남어 번역본을 함께 싣는다.

1968년 2월12일

고경태

그날이 무슨 날인지 아시나요? 꽝남성에 사는 여러분들 중 얼마나 알고 있는지 궁금합니다. 한국 사람들요? 잘 모르지요. 과연 1968년 2월12일에 무슨 일이 있었을까요.

저는 그 '1968년 2월12일'을 제목으로 하여 책을 냈습니다. 공교롭게도 그날로부터 47년이 흐른 올해 2월12일에 책이 나왔습니다. 저는 그 책 20여 권을 들고 지난 2월14일 꽝남성을 찾았지요. 1968년 2월12일을 기억하는 분들을 만나 책을 나눠 드렸습니다. 참 감회가 깊었습니다.

1968년은 베트남전쟁이 치열하던 때였습니다. 1월30일부터 '뗏 공세'가 있었지요. 제가 알기로 '뗏 공세'는 베트남전쟁의 국면을 전환시킨 결정적인 계기였습니다. 그럼에도 북베트남군과 비엣공은 타격을 크게 입었지요. 2월부터는 미군과 그 동맹군인 한국군의 반격이 시작됐습니다. 1968년 2월12일은 바로 그날 중 하루입니다.

1968년 2월12일 오전, 한국군 군복을 입은 해병제2여단 제1대대 1중대 군인들이 꽝남성 디엔반현 탄퐁사(현재 디엔안사) 퐁니 · 퐁넛 마을 외곽에서 수색 · 정찰 활동을 벌이고 있었습니다. 1중대의 선두에는 1소대가 있었습니다. 1소대의 지휘관인 소대장(소위)의 이름은 최영언입니다. 부대는 갑자기 숲속으로 부터 저격을 받게 됩니다. 한국 군인 한 명이 부상을 당합니다. 1소대장 최영언은 그 부상병을 뒤로 보내고 마을로 들어갑니다. 아마도 화가 났을까요? 군인들은 집집마다 뒤지면서 젊은 남자를 찾아내려고 합니다. 하지만 젊은 남자는 한 명도 없었습니다. 모두 노인, 부녀자, 어린아이들이었습니다. 1소대장 최영언은 이 사람들을 뒤쪽으로 보냅니다. 뒤에는 2소대와 3소대가 있었다고 합니다. 소대장 최영언은 서쪽으로 마을 끝까지 나갔다가 콩 볶는 듯한 총소리를 듣습니다. 그는 불길한 느낌을 받습니다. 그 총소리는 왜 났을까요. 무슨 일이 벌어졌을까요?

저의 책 《1968년 2월12일》은 바로 그날 퐁니 · 퐁넛에서 벌어졌던 일을 쓴 것입니다. 그날 그곳에는 많은 사람들이 있었습니다. 먼저 퐁니 · 퐁넛에서 논일과 밭일을 하던 주민들이 있었겠지요. 집에서 놀던 아이들이 있었겠지요. 그날 갑자기 저격을 받고 마을로 들어간 한국군인들이 있었겠지요. 한국군인들이 마을을 휘젓고 나간 뒤엔, 그 뒤를 따라 들어간 미군과 남베트남 군인들이 있었습니다. 저는 그날 그곳에 들어간 사람들을 만나기 위해 최대한 노력했습니다. 퐁니 · 퐁넛 마을도 네 번이나 방문했지요. 2000년, 2001년, 2013년, 2014년에 때로는 하루, 때로는 일주일간 머물며 그날을 기억하는 분들의 증언을 듣고 인터뷰를 했습니다. 한국 군인들도 만났습니다. 맨 처음 마을로 들어온 1소대장 최영언 씨는 무려 10번이 넘게 만났습니다. 마을로 가장 늦게 들어온 3소대 지휘관도 만났습니다. 그러나 그분은 딱 한 번만 저를 만나 주고는 그 뒤로 저를 만나지 않으려 합니다. 자꾸 저를 피합니다. 인터뷰를 하겠다고 약속을 잡아 놓고서는, 장소에 나타나지 않은 적도 있습니다. 왜 그럴까요? 무엇인가 찔리는 게 있을까요?

베트남전쟁 때 한국은 32만 명의 대군을 파병했습니다. 매해 5만 명이 베트남에 주둔하며 중부 5개 성(꽝남, 꽝응아이, 빈딘, 푸옌, 카인호아)에서 비엣공을 상대로 전투를 했습니다. 한국에서는 이러한 파병이 정당하고 적절했느냐를 놓고 논쟁이 많습니다. 그건 잠시 미뤄 놓고라도, 더 큰 문제가 있습니다. 한국군이 전투는 안 하고 애꿎은 민간인들을 죽였다는 것입니다. 베트남 쪽과 한국의 조사를 종합 해보면, 1965년부터 1972년까지 중부 5개 성에서 민간인 약 9천여 명이 한국군에 의해 목숨을 잃었다고 합니다. 이 중 절반에 약간 못 미치는 4000명은 꽝남성의 민간인들입니다. 이들은 1968년 1월부터 1969년 11월까지 주이쑤엔현, 꾸에선현, 탕빈현 등에서 채 2년이 안 되는 기간에 희생된 이들입니다. 다시 말하자면, 꽝남성이야말로 베트남전 기간 중 한국군에 의한 피해가 가장 큰 지역입니다.

다시 퐁니 · 퐁넛 이야기를 하겠습니다. 퐁니 · 퐁넛에는 민간인 학살 희생자를 추모하는 위령비가 있습니다. 다행히도 이 위령비는 한국의 시민단체에서 돈을 들여 지었습니다. 이 위령비에는 74명의 명단이 새겨져 있습니다. 대부분 노인, 여성, 어린아이들이라 안타깝습니다. 1968년 2월12일 그날, 한국군 부대가 마을을 지나간 뒤 주검으로 발견된 이들입니다. 74명? 많은가요? 베트남전 기간 한국군에 의한 중부5개성의 희생자는 9000명이고, 꽝남성의 희생자는 4000명인데 74명이라면 그야말로 '빙산의 일각'이지요. 빈딘성의 따이선현 고자이 마을 같은 경우엔 380명이나 죽었고, 꽝남성 디엔반현의 하미 마을에선 138명이나 죽었습니다. 상대적으로 희생자가 적은데도 왜 퐁니 · 퐁넛 마을을 주제로 책을 썼는지 여러분이 궁금해 할지도 모릅니다.

한국군에 의한 대부분의 학살 사건은 그냥 묻혀 버렸습니다. 거의 조사가 되지 않았다는 말이지요. 유일하게 남은 것은 마을 주민들의 증언뿐입니다. 하지만 다행히도 퐁니 · 퐁넛 사건은 미군이 조사를 했고 유일하게 사진이 20장이나 남아있습니다. 당시 주베트남미군사령관 웨스트몰랜드는 역시 당시 주베트남한국군사령관이던 채명신에게 "전쟁범죄 의혹 사건을 해명하라"는 편지를 보내기도 했습니다. 사건이 문제가 되자 한국군 쪽에선 퐁니 · 퐁넛 마을에 들어간 해당 부대 중대장을 조기 귀국시키기도 했습니다. 당시 베트남에 다녀온 한국군들은 이 사건을 '제2의 밀라이사건', '한국판 밀라이사건'이라고 불렀다고 합니다. 밀라이사건을 아십니까? 1968년 3월16일 꽝응아이성에서 미군 중대에 의해 504명의 무고한 민간인이 죽은 사건 말입니다.

한국군이 베트남전에 대병력을 파견하던 시기, 남북한이 대치하던 한반도도 준 전쟁 상황이었습니다. 북한은 그 전에 비해 10배가 넘는 군인들을 남쪽으로 보내 싸움을 걸었습니다. 1968년 1월21일, 31명의 특수부대원들이 휴전선을 넘어 북한산을 타고 와 박정희 대통령이 있는 청와대로 돌격하다가 실패한 적도 있습니다. 그해 10월엔 울진 · 삼척 지역에 100명이 넘는 게릴라를 보내 남한 부대와 교전을 했고, 민가로 들어가 민간인을 죽이기도 했습니다. 남한군이 북한으로 넘어가 공격한 적도 있습니다. 이렇게 한반도가 준 전시상황이었던 것은, 북한이 베트남전 지원을 천명한 것과 관련이 깊습니다. 북한은 북베트남을 지원하기 위해 남한 정부를 괴롭혔다는 말이지요. 박정희 대통령은 이러한 위기를 잘 활용해 장기집권을 하게 됩니다.

여기까지 말씀을 드렸지만, 여러분이 제 책을 읽을 수 없어 아쉽습니다. 한글로 된 제 책이 베트남어로 번역돼, 꽝남성에 계시는 분들도 읽으면 좋겠습니다. 한국과 베트남의 현대사를 이해하는 데 도움이 될 텐데 말입니다.
고맙습니다.

Thư gửi Quảng Nam

Đây là bài viết được viết theo yêu cầu của ông Châu Sinh, phó Chủ tịch hội Liên hiệp các Tổ chức Hữu nghị tỉnh Quảng Nam, để giới thiệu cho người dân tỉnh Quảng Nam về cuốn sách <Ngày 12 tháng 2 năm 1968 – Thảm sát Phong Nhất-Phong Nhị Việt Nam và thế giới> xuất bản vào tháng 2 năm 2015.

NGÀY 12 THÁNG 2 NĂM 1968

Koh Kyoung Tae

Các bạn có biết ngày ấy là ngày gì không? Tôi tò mò không biết trong số các bạn, những người sống ở Quảng Nam, có bao nhiêu người biết về ngày này. Có lẽ các bạn cũng không biết rõ phải không? Điều gì đã xảy ra vào ngày 12 tháng 2 năm 1968 nhỉ?

Tôi đã viết và cho in cuốn sách với tựa đề "Ngày 12 tháng 2 năm 1968". Thật tình cờ khi cuốn sách ra đời đúng vào ngày 12 tháng 2 năm nay, tức tròn 47 năm trôi qua kể từ ngày ấy. Cầm trên tay hơn 20 cuốn sách này, ngày 14 tháng 2 vừa qua, tôi đã trở lại Quảng Nam. Tôi đã gặp những người biết và nhớ về ngày 12 tháng 2 năm 1968 để trao tặng sách. Cảm xúc bồi hồi thật khó tả!

Năm 1968 là một thời điểm khốc liệt của chiến tranh Việt Nam. Bắt đầu từ ngày 30 tháng 1, "Cuộc tổng tiến công và nổi dậy Tết Mậu Thân" diễn ra trên toàn miền Nam. Về cuộc tổng tiến công Tết Mậu Thân này, hẳn các bạn đã biết rõ hơn tôi. Theo như những gì tôi biết, cuộc tổng tiến công Tết Mậu Thân là một thời cơ mang tính quyết định đến việc thay đổi cục diện của cuộc chiến tranh Việt Nam. Tuy vậy, trong cuộc tiến công này, cả lực lượng bộ đội chủ lực Bắc Việt Nam và quân đội Việt Cộng đều gánh chịu những tổn thất nặng nề. Và tiếp đó, kể từ tháng 2, những đòn phản kích của quân đội Mỹ và quân đồng minh của Mỹ là Hàn Quốc đã bắt đầu. Ngày 12 tháng 2 năm 1968 chính là một ngày trong chuỗi ngày đó.

Sáng ngày 12 tháng 2 năm 1968, những binh lính thuộc đại đội 1 tiểu đoàn 1 của lữ đoàn 2 lính thủy đánh bộ trong quân phục của quân đội Hàn Quốc đã tiến hành hoạt động trinh sát, lục soát ở khu vực gần quốc lộ 01, nằm ở vành ngoài của làng Phong Nhất, Phong Nhị thuộc xã Thanh Phong (nay là xã Điện An), huyện Điện Bàn, tỉnh Quảng Nam. Dẫn đầu cho đại đội 1 là trung đội 1. Trung đội trưởng chỉ huy trung đội 1 là trung uý Choi Yeong Eon. Cả đơn vị đang tiến hành hoạt động bỗng bất ngờ bị bắn tỉa từ phía trong rừng. Một người lính Hàn Quốc bị thương. Cho người lính bị thương rút về phía sau, trung đội trưởng Choi Yeong Eon mang theo súng và lựu đạn, cùng với các binh lính trong trung đội 1 tiến vào trong làng. Có phải họ đã nổi giận? Binh lính vào tận từng nhà để truy tìm những người đàn ông trẻ tuổi. Họ cũng lùng sục từng căn hầm. Nhưng không có lấy một bóng đàn ông trẻ tuổi nào. Tất cả đều là những người già, phụ nữ và trẻ em. Trung đội trưởng Choi Yeong Eon cho những người này ra phía sau. Từ phía sau, trung đội 2 và trung đội 3 nghe nói cũng đang tiến đến. Sau khi đi băng qua hết ngôi làng, trung đội trưởng Choi Yeong Eon bỗng nghe tiếng súng nổ như đậu rang. Anh cảm thấy có điều gì đó không hay. Sao lại có tiếng súng? Có điều gì đã xảy ra?

Cuốn sách "Ngày 12 tháng 2 năm 1968" của tôi viết lại những chuyện đã xảy ra tại làng Phong Nhất, Phong

Nhị ngày ấy. Đã có rất nhiều người ở đó trong ngày hôm ấy. Trước hết tất nhiên là dân làng, những người dân làm việc đồng áng ở làng Phong Nhất, Phong Nhị. Sau khi binh lính Hàn Quốc vào xáo tung cả làng rồi rút lui, binh lính Mỹ và binh lính Việt Nam Cộng hòa tiếp tục hành quân vào làng. Tôi đã tìm gặp những con người đã từng bước chân vào nơi này trong ngày ấy để phỏng vấn. Riêng làng Phong Nhất, Phong Nhị, tôi đã về thăm bốn lần: năm 2000, 2001, 2013, 2014. Có lúc tôi ở lại một ngày, có lúc tôi ở lại cả một tuần để gặp và nghe những chứng ngôn từ những con người còn giữ ký ức về ngày ấy. Tôi cũng đã gặp những người lính Hàn Quốc. Riêng trung đội trưởng trung đội 1 Choi Yeong Eon, người đầu tiên bước chân vào làng ngày ấy, tôi đã gặp hơn 10 lần để phỏng vấn. Tôi cũng đã gặp chỉ huy của trung đội 03, tức đơn vị kéo vào làng sau cùng trong ngày hôm ấy. Nhưng người này chỉ cho tôi gặp đúng một lần, từ sau đó, người này không còn muốn gặp tôi nữa. Ông ta luôn cố tránh mặt tôi. Có lúc ông đã đồng ý hẹn gặp cho tôi phỏng vấn, nhưng sau đó ông lại không xuất hiện ở nơi hẹn. Vì sao lại thế? Phải chăng có điều gì khiến lòng ông ta vướng bận?

Trong chiến tranh Việt Nam, chính phủ Park Chung Hee của Hàn Quốc đã gởi tổng cộng 320.000 quân sang tham chiến. Từ năm 1965 đến năm 1972, mỗi năm có 50.000 quân đội Hàn Quốc đóng quân tại Việt Nam và chiến đấu với quân đội Việt Cộng tại 5 tỉnh thành khu vực miền Trung Việt Nam (Quảng Nam, Quảng Ngãi, Bình Định, Phú Yên, Khánh Hòa). Ở Hàn Quốc, đến bây giờ vẫn còn nhiều tranh luận xoay quanh vấn đề việc gửi quân đội sang tham chiến lúc ấy có chính đáng và hợp lý hay không. Tạm thời chúng ta chưa cần bàn tới vấn đề này bởi còn có một vấn đề lớn hơn rất nhiều. Đó là những chỉ trích cho rằng quân đội Hàn Quốc đã không chiến đấu với quân địch mà lại đi giết hại những thường dân vô tội. Tổng hợp những điều tra từ hai phía Việt Nam và Hàn Quốc cho thấy, từ năm 1965 đến năm 1972, quân đội Hàn Quốc đã giết chết khoảng 9.000 thường dân ở 5 tỉnh miền Trung Việt Nam. Một nửa trong số đó, gần 4.000 người là dân của tỉnh Quảng Nam thuộc các huyện Duy Xuyên, Quế Sơn, Thăng Bình... Họ đã chết trong khoảng thời gian từ tháng 1 năm 1968 đến tháng 11 năm 1969, tức chưa đầy hai năm. Nói cách khác, tỉnh Quảng Nam là địa phương chịu nhiều nhất những thiệt hại do quân đội Hàn Quốc gây ra trong thời gian chiến tranh Việt Nam. Vấn đề này đã được đưa ra lần đầu tiên vào tháng 9 năm 1999 trên tuần báo <Hankyoreh 21> của tòa soạn báo Hankyoreh nơi tôi đang làm việc. Từ sau đó, trong suốt một năm, <Hankyoreh 21> đã cho đăng tải hằng tuần chuyên mục về vấn đề thảm sát thường dân do quân đội Hàn Quốc gây ra trong thời gian chiến tranh Việt Nam và tổ chức chương trình vận động quyên góp giúp đỡ những nạn nhân chiến tranh.

Xin trở lại câu chuyện về Phong Nhất, Phong Nhị. Ở Phong Nhất – Phong Nhị có một công trình bia tưởng niệm để tưởng nhớ đến những nạn nhân trong vụ thảm sát thường dân ngày ấy. May mắn thay, bia tưởng niệm này chính là do một tổ chức xã hội ở Hàn Quốc quyên tiền xây dựng nên. Trên bia tưởng niệm này có khắc tên của 74 nạn nhân đã chết trong vụ thảm sát. Tiếc thương thay khi hầu hết nạn nhân là người già, phụ nữ, và trẻ em. Những con người khi được phát hiện chỉ còn là những xác chết sau khi quân đội Hàn Quốc rút hết khỏi làng vào ngày ấy, ngày 12 tháng 2 năm 1968. 74 người? Có nhiều hay không? Như trên đã nói, số người chết do quân đội Hàn Quốc gây ra tại 5 tỉnh miền Trung trong thời gian chiến tranh Việt Nam là 9.000 người, riêng số người chết ở tỉnh Quảng Nam là 4.000 người, vậy thì con số 74 người kể cũng chỉ là một mảnh ghép nhỏ mà thôi. Trường hợp tương tự ở làng Gò Dài, huyện Tây Sơn, tỉnh Bình Định, một ngày thảm sát đã khiến 380 người chết, hay tại làng Hà My, huyện Điện Bàn, tỉnh Quảng Nam có khoảng 138 người chết. Không biết các bạn có tò mò vì sao tôi lại chọn làng Phong Nhất, Phong Nhị để viết sách trong khi số người chết trong vụ thảm sát này so ra lại khá ít như vậy?

Hầu hết các vụ thảm sát do quân đội Hàn Quốc gây ra đều bị ém nhẹm và vùi lấp thông tin. Có nghĩa là chúng ta gần như không thể điều tra được gì về các vụ thảm sát đó. Các bài báo hay thông tin ngôn luận về điều này lại càng không thể có. Điều duy nhất còn sót lại chính là những lời kể của người dân trong làng mà thôi. Thế nhưng, thật may mắn khi vụ việc ở Phong Nhất, Phong Nhị lại được lính Mỹ điều tra và các tư liệu điều tra cùng khoảng 20 tấm ảnh về vụ việc vẫn còn được lưu giữ. Còn đó cả chứng cứ về việc Tư lệnh quân đội Mỹ đóng tại Việt Nam Westmoreland gửi thư cho Chae Myeong Sin, Tư lệnh quân đội Hàn Quốc tại Việt Nam, yêu cầu "Giải trình về vụ việc bị tình nghi là tội ác chiến tranh" này. Những tư liệu này đã được giải hạn bảo mật vào năm 2000 tại Cơ quan Quản lý và Lưu trữ Văn thư Quốc gia Mỹ, và tháng 11 cùng năm, các tư liệu này đã được đăng tải trên báo Hankyoreh của Hàn Quốc. Tư liệu cho thấy, ngay sau khi nhận thấy vụ việc trở thành vấn đề nghiêm trọng, phía quân đội Hàn Quốc đã cho đại đội trưởng của đơn vị quân đội gây ra vụ việc ở làng Phong Nhất, Phong Nhị trở về Hàn Quốc sớm. Và đương thời, những binh lính Hàn Quốc trở về từ Việt Nam cũng gọi vụ việc này là "sự kiện Mỹ Lai thứ 2", hay "sự kiện Mỹ Lai phiên bản Hàn Quốc". Các bạn có biết về sự kiện Mỹ Lai? Đó là sự kiện 504 thường dân của tỉnh Quảng Ngãi đã bị đại đội Mỹ giết hại trong ngày 16 tháng 3 năm 1968.

Thời kỳ quân đội Hàn Quốc sang tham chiến tại Việt Nam với số lượng binh lực lớn cũng là khi bán đảo Hàn Quốc đang nằm trong tình trạng chiến tranh. Bắc Hàn phái xuống phía Nam một quân lực lớn hơn 10 lần so với trước đây để khiêu chiến. Ngày 21 tháng 1 năm 1968, 31 lính đặc công của Bắc Hàn đã băng qua khu phi quân sự, trèo qua núi Bắc Hàn xuống định đột kích vào Nhà Xanh của Tổng thống Park Chung Hee nhưng cuối cùng đã thất bại. Tháng 10 năm ấy, Bắc Hàn còn gởi hơn 100 quân du kích xuống vùng Uljin,Samcheok và trực tiếp giao chiến với quân đội Nam Hàn, tiến vào nhà dân và giết hại thường dân. Cũng có lúc, quân đội Nam Hàn cũng tổ chức tấn công lên Bắc Hàn. Tình trạng chiến tranh trên bán đảo Hàn Quốc lúc ấy có liên quan sâu sắc đến việc Bắc Hàn tuyên bố sẽ hỗ trợ cho chiến tranh Việt Nam. Điều này có nghĩa là Bắc Hàn đã quấy phá chính phủ Nam Hàn nhằm mục đích hỗ trợ cho Bắc Việt Nam. Tổng thống Park Chung Hee đã nhân thời cơ đó mà tập quyền chính trị dài hạn.

Tôi đã chia sẻ với các bạn đến đây nhưng rất tiếc các bạn không thể đọc được cuốn sách của tôi. Tôi mong rằng cuốn sách của tôi sẽ được dịch ra tiếng Việt để các bạn, những người sống tại Quảng Nam đều có thể đọc được. Bởi nó là một tư liệu có thể giúp đỡ nhiều cho các bạn trong việc tìm hiểu lịch sử hiện đại của Việt Nam và Hàn Quốc. Xin cám ơn.

국 방 부

우140-701 서울시 용산구 용산동 3가-1번지/전화(02)748-6221/전송796-0369
기본정책과 과장 해군 대령 최지홍 담당자 육군 중령 유영조

문서번호 : 정기 33060- 49
시행일자 : '00. 2. 8 (비공개)
(경유)
수 신 : 군사연구소장
참 조 : 전사부장

선람	소 장	[signature]	지시	1부 복사(예)제출
접수	일자 시간	2000. 2. 8	결재·공람	부 장 [signature]
	번호	101		실 장 [signature]
처리과		기획운영부		
담당자		김연호		
심사자			심 사 일	

제 목 : 「월남전」 전사자료 확인(시달)

1. 관련근거 : 장관 구두지시(2000.2.8)

2. 위 관련근거에 따라 월남전 전사자료 확인을 아래와 같이 시달합니다.

가. 목적 : 「베트남」 양민학살 주장 사건과 한국군의 실제 작전과의 연관성을 확인하며, 한국군에 의한 피해자가 최초 적대적 의도와 무장을 갖추고 한국군에 대항 했었음을 입증할 수 있는 자료를 확보하기 위함임.

나. 자료수집 범위 : 언론에 보도된 모든 사건을 망라하여 파월 한국군 전사, 전투상보 등과 비교하여 확인

다. 제출기한 : 2000. 2. 15(화)한. 끝.

붙임 1. 언론보도와 「파월 한국군 전사」 비교(예문) 1부.
2. 「베트남」 양민학살 관련 보도 현황 1부. 끝.

국 방 부 장 관

전결 정책기획국차장 준장 김태영

25 - 87

「베트남」 양민학살 관련 보도 현황

1. 한겨레21 제 256호 ('99. 4. 29) : 아, 몸서리 쳐지는 한국군!

2. 한겨레21 제 273호 ('99. 8. 26) : 베트남의 원혼을 기억하라

3. 한겨레 신문 ('99. 11. 13) : 따이한 총부리에 주민 떼죽음

4. MBC 시사메거진 2580 ('99. 11. 14) : 베트남전의 기억

5. 한겨레21 제 287호 ('99. 12. 8) : 베트남의 뜨거운 감동

6. 월간 '말'지 제 163호 ('99. 12. 20) : 강간, 민간인 집단 사살은 실제로 있었지만···

7. 한겨레21 제 289호 ('99. 12. 23) : 살아남기 위해 우리는 죽였다

8. 한겨레신문 광고 ('00. 1. 1) : 베트남 민중들에게 진심으로 사죄합니다

9 한겨레21 제 292호 ('00. 1. 13) : 월남에서 돌아간 새까만 김중사

10. 한겨레 신문 ('00. 1. 15) : 한국군 베트남 민간인 1천여명 학살

11. 한겨레21 제 293호 ('00. 1. 20) : 한국군 양민학살 세계적 이슈로

12. 한겨레21 제 294호 ('00. 1. 26) : 총성 소리만 듣고 보복

13. 대한매일신문 ('00. 1. 26) : 한국의 어두운 베트남 전쟁의 유산

14. 한겨레신문 ('00. 2. 2) : 부끄러운 역사에 용서를 빌자

15. 한겨레21 제 295호 ('00. 2. 3) : 사람들을 모아놓고 쏘았다

16. 한겨레신문 ('00. 2. 8) : '따이한' 어두운 역사를 걷어낸다

국 방 군 사 연 구 소

우 140-021 서울시 용산구 용산동 1가 8번지/ 전화 709-3175 / 전송 709-3111
전사부 부장 고제남 담당자 손문식

문서번호 국군연 제 108호
시행일자 2000. 2. 21
경유
받음 : 국방부장관
참조 : 정책기획국장

보존기간		소 장	
공개여부			
부 장	고제남		
실 장			
기 안 자	손문식		협조
심 사 자	김연천	심 사 일	2000. 2. 21

제목 : 「월남전」 전사자료 확인 보고

1. 관련근거: 정기 33060-49(2000.2.8)

2. 위의 관련근거에 의거 한겨레신문이 보도한 한국군의 월남민간인 학살내용을 파월한국군 전사와 비교검토한 결과를 붙임과 같이 보고합니다.

붙임: 언론보도와 「파월 한국군 전사」 비교 1부. 끝

통제필 2000. 2. 21 총서관계인

국 방 군 사 연 구 소 장

보 도 내 용	파월 한국군 전사	비교 결과
ㅇ 퐁니촌 사건 · 일시 : 1968. 2. 12 · 장소 : 쿠앙남성 디엔반현 탄퐁사 퐁니촌 · 한국군 : 한국 해병대 · 내용 : 인원미상의 주민사살 · 근거 : 다이앤 & 마이클존스의 보고서 * 1972.2.13「뉴욕타임스」에도 보도		· 유사한 작전 없음
ㅇ 쑤옌쩌우사 사건 · 일시 : 1969. 3. 15 · 장소 : 쿠앙남성 유이쑤옌현 쑤옌쩌우사 · 한국군 : 청룡부대 6중대 · 내용 : 한국군이 주둔하는 동안 약 300명을 사살 · 근거 : 다이앤 & 마이클존스의 보고서 * 현지 마을사람 진술		· 유사한 작전없음

- 12 -

이 문서는 2000년 봄, 고경태가 국방부 관계자로부터 입수했다. 퐁니·퐁넛 사건에 대해 국방군사연구소는 ≪파월한국군 전사≫(국방부 전사편찬위원회 편)와의 비교를 통해 유사한 작전이 없다고 보고했지만, 사실과는 다르다. (《파월한국군전사 4~5》는 1968년 2월12일 해병제2여단 1대대1중대가 퐁니 마을에 진입했다고 기록하고 있다.)

총 12쪽에 걸쳐 22건에 이르는 베트남 민간인 학살에 관해 검토한 이 보고서는 부실조사라는 비난을 피하기 힘들다.

당시 국방부 정책기획국의 한 장성은 《한겨레21》에 베트남 민간인 학살에 관한 베트남 전범조사위의 베트남어 원문 자료를 요청했고, 고경태는 구수정을 통해 이를 국방부 쪽에 전달한 바 있다. 국방부가 이 자료를 얼마나 검토했는지는 확인된 바 없다.

책을 내며

국뽕, 짬뽕

이 책은 기록집이다.
지난해 펴낸 《1968년 2월12일》과는 이란성 쌍둥이다.
사진과 1차 기록물이 중요한 비중을 차지한다.
결정적으로 '나'가 등장한다는 차이도 있다.
《1968년 2월12일》엔 글을 쓴 '나'를 숨겼다.
이 책에선 지극히 사사로운 기록도 상당 부분 담았다.
나는 왜 베트남전쟁의 험한 이야기를 오래 붙들고 있는가.
1부 '퐁니 · 퐁넛과 나'는 그 질문에 대한 답이다.
2부 '말하다 그들'은 내가 만난 퐁니 · 퐁넛 주민들의 초상이다.
각자의 인생에 들이친 폭풍과 번개들을 여덟 줄 카피에 녹였다.
3부 '숨쉬는 기록'은 불친절하다. 1차 자료의 공유에 의미를 두었다.
기록집 발간을 처음 제안하고 도맡아준 서해성 작가에게 감사드린다.
과연 전시를 하고 책으로 묶을만한 사진과 글인지, 의심하고 또 의심했다.
그 과정을 통해 베트남에 대해 더 몰입하게 되었다.
요즘 '국뽕'이라는 말이 유행한다. 국가주의와 히로뽕의 합성어다.
과도한 국가주의나 애국심에 취하면 정신이 병든다.
정부는 국뽕을 권장하는 분위기다. 어쩌면 베트남전 파병 당시와 비슷하다.
그때는 박정희 대통령이었고, 지금은 그의 딸 박근혜 대통령이다.
퐁니 · 퐁넛에 관한 기록은 대한민국에 도취된 이들을 기분 나쁘게 한다.
'국뽕 예방주사'로서 이 기록집의 작은 가치를 기대해본다.
아니면, 국뽕에 밥맛이 떨어지는 한 그릇 짬뽕 정도.

2016년 8월31일 고경태

지은이 고경태는 2016년 9월 현재, 한겨레신문사에서 23년째 일한다. 1994년 2월 시사주간지 《한겨레21》 창간 직전 입사해, 《한겨레21》 편집장, 한겨레 esc팀장, 《씨네21》 편집장, 문화부 부편집장, 오피니언넷부문 기자, 문화스포츠에디터, 토요판 에디터 등을 지냈다. 2016년 3월부터 편집국 신문부문장을 맡고 있다. 1999년 《한겨레21》 편집팀에서 해외통신원 기사를 담당하던 시절 베트남과 인연을 맺기 시작해 여기까지 왔다.

1968-2016

한 마을 이야기

한국, 베트남, 퐁니 · 퐁넛 고경태의 기록

초판 1쇄 발행 2016년 9월 9일
초판 2쇄 발행 2018년 2월 27일

지은이 | 고경태
기획 | 서해성
편집 | 김송희
북디자인 | 디자인공장
사진보정 | 이재갑
펴낸이 | 권종택
펴낸곳 | (주)보림출판사
주소 | 10881 경기도 파주시 광인사길 88번지 (문발동)
전화 | 031-955-3456
팩스 | 031-955-3500
홈페이지 | www.borimpress.com
ISBN 978-89-433-1041-7 03900

*책값은 뒤표지에 있습니다.
*파본은 구입하신 서점에서 바꿔드립니다.